权威·前沿·原创

皮书系列为
"十二五""十三五"国家重点图书出版规划项目

中国社会科学院创新工程学术出版项目

甘肃蓝皮书
BLUE BOOK OF GANSU

甘肃县域和农村发展报告（2017）

COUNTY AND RURAL DEVELOPMENT REPORT OF GANSU (2017)

主　编／朱智文　包东红　王建兵

图书在版编目(CIP)数据

甘肃县域和农村发展报告.2017/朱智文,包东红,王建兵主编. --北京:社会科学文献出版社,2017.1
(甘肃蓝皮书)
ISBN 978-7-5201-0175-2

Ⅰ.①甘… Ⅱ.①朱… ②包… ③王… Ⅲ.①县级经济-经济发展-研究报告-甘肃-2017 ②农村经济发展-研究报告-甘肃-2017 Ⅳ.①F127.42 ②F327.42

中国版本图书馆 CIP 数据核字(2016)第 312927 号

甘肃蓝皮书
甘肃县域和农村发展报告(2017)

主　　编／朱智文　包东红　王建兵

出 版 人／谢寿光
项目统筹／邓泳红　吴　敏
责任编辑／高振华　刘晶晶

出　　版／社会科学文献出版社·皮书出版分社(010)59367127
　　　　　地址:北京市北三环中路甲29号院华龙大厦　邮编:100029
　　　　　网址:www.ssap.com.cn

发　　行／市场营销中心(010)59367081　59367018
印　　装／三河市东方印刷有限公司

规　　格／开本:787mm×1092mm　1/16
　　　　　印张:18.5　字数:282千字

版　　次／2017年1月第1版　2017年1月第1次印刷

书　　号／ISBN 978-7-5201-0175-2

定　　价／79.00元

皮书序列号／PSN B-2013-316-5/6

本书如有印装质量问题,请与读者服务中心(010-59367028)联系

▲ 版权所有 翻印必究

甘肃蓝皮书编辑委员会

主　　任　梁言顺　夏红民
副 主 任　彭鸿嘉　范　鹏　王福生　沙拜次力　杨咏中
　　　　　张应华　包东红　都　伟　李秀娟　王永生
　　　　　梁和平
总 主 编　王福生
成　　员　陈双梅　朱智文　安文华　刘进军　马廷旭
　　　　　王俊莲　董积生　高应恒　王灵凤　刘玉顺
　　　　　侯万锋

甘肃蓝皮书编辑委员会办公室

主　　任　董积生
副 主 任　侯万锋

《甘肃县域和农村发展报告（2017）》
编辑委员会

主　　任　王福生

副 主 任　陈双梅　朱智文　安文华　刘进军　马廷旭
　　　　　　王俊莲　杨言勇

委　　员　董积生　李忠东　王建兵　何　瑛　罗　哲
　　　　　　刘雅杰　胡政平　高应恒　熊艳翎　徐立文

主　　编　朱智文　包东红　王建兵

首席专家　王建兵

主要编撰者简介

朱智文　1963年9月生,甘肃省社会科学院副院长,研究员,经济学博士,甘肃省领军人才(第一层次)。西北师范大学和甘肃农业大学硕士研究生导师,省委党校、西北民族大学、甘肃政法学院等多所高校特聘教授。

长期从事宏观经济和区域经济、农村经济问题研究。先后出版《再铸丰碑——中国农村基层民主研究》《西部开发中的"三农"问题研究》等多部著作。其中《西部开发中的"三农"问题研究》一书在国内比较早地提出了必须高度重视西部地区的"三农"问题,该书被中共中央宣传部、国家新闻出版总署确定为全国迎接十六大重点图书,并获甘肃省社会科学优秀成果一等奖。主编"三农谈丛书"获甘肃省社会科学优秀成果二等奖。《"十二五"规划前期若干重大问题研究》获甘肃省科技进步二等奖。多次参加了全省经济发展重大问题的研究和决策咨询。

包东红　甘肃武山人,中共党员,1965年8月出生,1986年7月参加工作,华中科技大学工学学士,经济师(金融),现任甘肃省统计局党组书记、局长;甘肃统计学会第七届理事会会长。历任中共甘肃省敦煌市委副书记、政府代市长;中共甘肃省敦煌市委书记副书记、市长;中共甘肃省敦煌市委书记;甘肃省物价局党组成员、副局长;甘肃省发展和改革委员会党组成员、副主任;甘肃省统计局党组副书记、副局长。在《中国信息报》《甘肃工作》《甘肃日报》等报刊上发表文章几十篇。

王建兵　男,汉族,1971年1月出生,甘肃武威人。1996年本科毕业于甘肃农业大学、2005年获得农业经济硕士学位、2013年获得农学博士学位。主要从事生态经济、农村发展和贫困问题领域的研究工作。1996年至今在甘肃省社会科学院工作，现任甘肃省社会科学院农村发展研究所所长，甘肃省社会科学院贫困问题研究中心主任、研究员。社会主要兼职有甘肃农业大学硕士研究生导师、中国劳动经济学会理事、中国社科农经协作网络理事、甘肃省委讲师团成员、甘肃省委党校特聘教授、甘肃省政协智库专家、定西市牧草联盟特聘专家。主持完成国家社会科学基金西部项目2项，主持或参与完成国家自然科学基金、美国国立健康研究项目、世界银行项目、联合国环境署GEF项目、中科院战略先导科技专项等国际国内项目数十项。在《草地学报》《草业学报》《中国沙漠》《中国农学通报》等国家级、省级刊物上发表学术论文数十篇。连续三年作为首席专家主编"甘肃蓝皮书·县域"；主编完成专著《与农民朋友谈旱作农业》，2010年获西部优秀科技图书二等奖和甘肃省社科优秀成果二等奖。

总　序

"甘肃蓝皮书"已走过了十一个春秋，编纂规模由最初的 2 种发展到如今的 10 种，社会影响由最初省社科院的科研平台发展成为如今的甘肃省内智库的第一品牌。"甘肃蓝皮书"的诞生、发展，充分展现了传统社会科学研究机构向现代特色智库、高端智库、智能智库转型的创新历程。

"甘肃蓝皮书"的诞生、发展是贯彻落实中央和省委精神的过程。2004 年中央下发《关于进一步繁荣发展哲学社会科学的意见》（中发〔2004〕3 号，以下简称《意见》），把繁荣发展哲学社会科学提到党和国家事业发展的战略高度，明确了哲学社会科学"认识世界、传承文明、创新理论、咨政育人、服务社会"的职能定位和重要作用，指出地方社会科学研究机构应主要围绕本地区经济社会发展的实际，开展应用对策研究。为了贯彻落实《意见》精神，甘肃省委下发《关于繁荣发展哲学社会科学的实施意见》（省委发〔2004〕33 号），明确指出，省社科院主要围绕省委省政府中心工作开展应用对策研究。甘肃省社会科学院按照这一新的职能要求，提出了"六个以"的办院方针，积极建构发挥省委省政府"思想库"和"智囊团"作用的长效机制，努力探索服务甘肃经济社会发展的可行路径，倾力打造发挥智库功能为省委省政府决策服务的战略平台。经过两年的酝酿和探索，在"十一五"开局之年的 2006 年，我院编研的《甘肃经济社会发展分析与预测》和《甘肃舆情分析与预测》面世，引起社会各界的热烈反响，标志着"甘肃蓝皮书"的正式诞生。至"十一五"末，甘肃蓝皮书规模已由原来的 2 种增加到 5 种，覆盖了经济、政治、社会、文化、县域等研究领域，成为省委省政府及有关部门的决策参考资料，成为省内各级人大代表、政协委

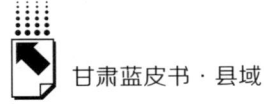

员、专家学者和社会各界非常重视的民主决策、参政议政、科学研究和认识省情的重要参考书。

"十二五"期间,省社科院又确定了"拓展合作领域、扩展编研规模、壮大编研队伍、提升编研水平、加强成果转化"的蓝皮书编研思路。我院首倡西北五省区社科院联合编研出版"西北蓝皮书",在陕西、宁夏、青海、新疆等省区社科院的一致支持和努力下,2011年首部《中国西北发展报告》诞生。"西北蓝皮书"的编研和出版发行,使我院系列蓝皮书的研究拓展到了"丝绸之路经济带"的国内主要区域。

从2014年起,我院持续发挥"甘肃蓝皮书"品牌效应,拓展与省上重要部门和市州的合作。在我院原有的经济、社会、文化、舆情、县域5本蓝皮书的基础上,与省住房和城乡建设厅、省民族事务委员会、酒泉市政府、省商务厅先后合作,编研出版了《甘肃住房和城乡建设发展分析与预测》《甘肃民族地区发展分析与预测》《甘肃酒泉经济社会发展报告》《甘肃商贸流通发展分析与预测》,加上参编"西北蓝皮书",形成了"5+4+1"的蓝皮书编研格局,为我院陇原特色新型智库建设起到了很好的宣传作用。2016年,我院计划建立5个县级皮书数据观测点,已建成并启用4个,这使得甘肃蓝皮书的原始数据收集有了自己的渠道,进一步提升了甘肃蓝皮书的自主性、原创性与权威性。

在壮大"甘肃蓝皮书"的过程中,我院及时适应和贯彻了中央加强特色新型智库建设的新要求、新形势。2014年11月,中央办公厅、国务院办公厅印发《关于加强中国特色新型智库建设的意见》,要求充分发挥中国特色新型智库咨政建言、理论创新、舆论引导、社会服务、公共外交等重要功能,明确了社会科学院在特色新型智库体系中的重要地位,要求地方社科院"要着力为地方党委和政府决策服务",这为今后地方社科院的工作指明了方向。2016年5月17日,习近平总书记在哲学社会科学工作座谈会发表的重要讲话中要求:我国哲学社会科学应该以我们正在做的事情为中心,从我国改革发展的实践中挖掘新材料、发现新问题、提出新观点、构建新理论,加强对改革开放和社会主义现代化建设实践经验的系统总结,加强对发展社会主义市场经济、民主政治、先进文化、和谐社会、生态文明以及党的执政能力建设等领域的分析研究，加强对党中央治国理政新理念、新思想、新战略的研究阐释，提炼出有学理性的新理论，概括出有规律性的新实践。以此为契机，我院立足国情和甘肃实际，依托自身学科和人才优势，整合院内现有智库资源，坚持以政策研究咨询为主攻方向，以改革创新为动力，启动和推进陇原特色新型智库建设。目前，正在全力实施"33971"工程，紧紧围绕甘肃全面深化改革和经济社会发展中的重大问题及公共政策开展研究，服务国家发展战略，服务甘肃省委省政府科学民主依法决策，服务甘肃经济社会发展，在智库的职能定位、重点工作、机构机制、科研管理等方面进行了探索，为实现甘肃与全国一道全面建成小康社会提供智力支撑。

在十一年的编研过程中，"甘肃蓝皮书"已形成了稳定规模、稳定机制，提升质量、提升影响的"双稳定、双提升"编研理念。"甘肃蓝皮书"始终坚持基本编研理念和运行机制：一是始终坚持原创，注重学术观点和科研方法的创新。坚持研究在先，编写在后，在继承中创新，注重连续性；从源头上抓质量，注重可靠性；在深入研究上下功夫，注重科学性；在服务上抓效果，注重影响力。二是始终坚持追踪前沿，注重选题创新。追踪前沿就是让专家学者更多地参与社会实践，发现问题、研究问题、解决问题，最终通过蓝皮书为人们提供正确的指导，显示社科专家服务社会的能力和实力，提高蓝皮书的知名度和美誉度。三是始终坚持打造品牌，创新编研体制机制。十多年来，我们始终把蓝皮书的质量看作蓝皮书的生命线，组织有研究能力的专家开展深入研究，向社会提供事实根据充分、分析深入准确、结论科学可靠、对策具体可行的权威信息与权威性的研究成果。

目前，"甘肃蓝皮书"已经成为服务党委政府决策和全省经济社会发展的甘肃智库的第一品牌，甘肃社会科学界的学术品牌，甘肃文化领域的标志品牌，甘肃一些重要行业及市州工作的展示品牌。

展望未来，伴随国家和省委对建设特色新型智库、高端智库、智能智库

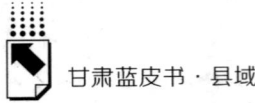

的高度重视，"甘肃蓝皮书"作用和影响将更加突出。"甘肃蓝皮书"作为我院打造陇原特色新型智库的核心载体，也将开启服务省委省政府决策，为甘肃经济社会发展提供智力支撑的新航程。

此为序。

王福生

2016年12月18日

摘 要

《甘肃县域和农村发展报告（2017）》是甘肃省社会科学院和甘肃省统计局共同合作编写的甘肃省县域经济社会分析的年度报告，由社会科学文献出版社出版。本书获中国社会科学院批准使用2017年度"中国社会科学院创新工程学术出版项目"标识，标志着这本蓝皮书的工作上了一个新的台阶，为不断提升县域蓝皮书的学术质量和社会影响力提供了良好的契机。

本书包括三部分。一是总报告。二是县域篇。首先构建了甘肃省县域综合竞争力评价指标体系，该评价指标体系共包括宏观经济竞争力、产业发展竞争力、基础设施竞争力、社会保障竞争力、公共服务竞争力、生活环境竞争力、社会结构竞争力和科学教育竞争力8个一级指标、21个二级指标和64个三级指标；其次是使用2015年甘肃省77个县（市、区）经济社会发展数据，对县域经济社会发展情况进行计量处理和统计分析；最后对县域发展程度进行打分、排序。三是农村篇。选择当前甘肃农村发展的相关专题和热点进行研究，主要有甘肃省农产品质量安全问题研究、甘肃省精准扶贫模式研究、甘肃农业竞争力研究、甘肃贫困地区农村居民自我发展能力研究、农民生产行为视角下农村土地承包经营权流转调查研究、甘肃农村医疗卫生发展与居民健康促进模式研究、精准扶贫背景下甘肃省农民市民化意愿调查和精准扶贫背景下甘肃农村产业融合发展研究等，通过专题研究，以期为甘肃省农业和农村发展提出可参考的建议与对策。

通过对2015年甘肃省77个县（市、区）经济社会发展数据处理分析，总结出2015年甘肃省县域竞争力发展特征：一是县域经济下行压力大，但结构性改革效果初显；二是县域社会子系统变化幅度较大，县域发展特征日趋明显；三是城乡居民生活质量明显改善，但县域间发展程度不均衡；四是城镇化水平不断提升,但县域内部差距较大;五是生活环境质量总体向好,但环境保护任重道远;六是教育事业发展快速,但县域科技支出明显不足。提出县域经济社会发展的对策与建议:一是要建立和完善县域投融资体系,为县域发展提供资金支持;二是建立和完善知识产权保护体系,为县域发展提供技术支持;三是建立和完善人才引进培养机制,为县域发展提供智力支持;四是建立健全生态保护体系,为城乡居民提供安居乐业的环境。

县域经济社会发展是区域协调发展的基石,甘肃省面对经济新常态下经济下行的严峻形势,以供给侧结构性改革为主线,牢牢把握去产能、去库存、去杠杆、降成本、补短板工作总基调,县域发展态势良好,各项经济社会事业都已取得了较大的进步,为到2020年全面建成小康社会奠定了坚实的基础。

Abstract

County and Rural Development Report of Gansu (2017) is an annual analysis report of counties and villages in Gansu Province, which compiled by Gansu Academy of Social Sciences together with Gansu Statistic Bureau and published by Social Sciences academic Press. It has been granted to use the logo of "Academic Publishing Project of Chinese Academy of Sciences Knowledge Innovation Engineering " by Chinese Academy of Social Sciences that means this book has got on a new level and ran into a good opportunity to improve the academic quality social influence of the book.

This book includes three parts. First part is General Report. Second part, we set up an evaluation index system for comprehensive competitiveness of counties in Gansu province, which includes 8 first-class indexes (macro-economy competitiveness, industry development competitiveness, infrastructure competitiveness, social security competitiveness, public service competitiveness, living condition competitiveness, social structure competitiveness, science education competitiveness) and 21 second-class indexes 64 third-class indexes. Then, we use the economic and social development data of 2015 from 77 counties to measure and go through statistic analysis. Finally, we grade and sort the development degree of the counties. The third part is about the rural development. We choose the hot topics to study, mainly include such topics: study on the quality safety of agricultural in Gansu province, study on the precise models for poverty alleviation in Gansu province, study on the route of the agriculture competitiveness in Gansu province, study on the self-development ability of rural residents in the poor areas in Gansu province, study on the production behavior of farmers in the land transfer process in Gansu province, study on the model of the healthcare development and health promotion of rural residents in Gansu province, study on the investigation of willingness to be townspeople of farmers on the background of the precise poverty alleviation, study

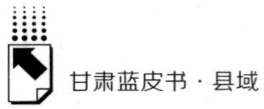

on the industrial convergence of counties in Gansu province. We aim to offer more advisory opinion and strategies for the agriculture and the rural development of Gansu province through the special research.

By analyzing the economic and social development data of 2015 from 77 counties, we include the characteristics of counties competitiveness of Gansu Province, 2015. Firstly, the county economy is under great downward pressure, but the structural reform is having a demonstrable effect; Secondly, the subsystem of county society has changed greatly and the county development characteristics are more and more obviously; Thirdly, the quality of life of the urban and rural residents has improved clearly, but the development degree between different counties is imbalanced; Fourthly, the level of urbanization is continuously improved, but the difference between counties is contrasted sharply; Fifthly, the quality of life environment trends to be promising overall, but the environmental protection continues to face arduous tasks; Sixthly, the development of education developed rapidly, but the expenditures on scientific is facing a shortage obviously. Based on those conclusions, we advise that firstly, establishing and perfecting the investment and financing system to providing financial support for the county development. Secondly, establishing and perfecting the intellectual property protection system to providing technical assistance for the county development. Thirdly, establishing and perfecting the recruitment program to providing the intellectual supports for the county development; Fourthly, establishing and perfecting the ecological protection system to providing a good living for the rural and urban residents.

The economic and social development of counties is the basement of the balanced development among regions. Facing the economical downward pressure, Gansu province living on the supply-side structural reform, holding the principal line of removing production capacity, removing stock, removing leverage, cutting the cost, correcting the short. Based on those measures, the trend of the county development showed a good developing tendency. Each economic society item has made great progress that has laied a foundation for the well-off society, 2020.

目 录

Ⅰ 总报告

B.1 甘肃省县域经济社会发展总报告
　　　　　　　　　　　　　　　　王建兵　李忠东　潘从银 / 001

Ⅱ 县域篇

B.2 甘肃省县域综合竞争力评价指标体系构建
　　　　　　　　　　　　　　　　　　潘从银　王建兵 / 022
B.3 甘肃省县域竞争力综合评价报告 ……… 潘从银　王建兵 / 029
B.4 甘肃省各市（州）所辖县域综合竞争力评价报告
　　　　　　　　　　　　　　　　　　潘从银　王建兵 / 086
B.5 甘肃省县域综合竞争力空间格局 ……… 徐吉宏　潘从银 / 099

Ⅲ 农村篇

B.6 甘肃省农产品质量安全问题研究 …………………… 何　剑 / 115
B.7 甘肃精准扶贫模式研究 …………………………… 段翠清 / 135

B.8　甘肃省农业竞争力研究 …………………… 李振东　潘从银 / 150
B.9　甘肃贫困地区农村居民自我发展能力研究 …………… 刘伯霞 / 178
B.10　精准扶贫背景下甘肃省农村产业融合发展研究 ……… 刘燕平 / 192
B.11　甘肃农村医疗卫生发展与居民健康促进模式研究 …… 贾　琼 / 202
B.12　精准扶贫背景下甘肃省农民市民化意愿调查
　　　……………………… 李振东　徐吉宏　潘从银　胡　苗 / 220
B.13　农民生产行为视角下农村土地承包经营权流转调查研究
　　　………………………………………………… 胡　苗　徐吉宏 / 241
B.14　创新甘肃农业生产经营体制研究 …………… 李忠东　冯展远 / 254
B.15　甘肃省小城镇发展研究 ……………………… 李忠东　高　军 / 264

皮书数据库阅读使用指南

CONTENTS

I General Report

B.1 County Development Reports of Gansu
Wang Jianbing, Li Zhongdong and Pan Congyin / 001

II County Articles

B.2 Construction of Evaluation Index System for Comprehensive Competitiveness of Counties in Gansu Province
Pan Congyin, Wang Jianbing / 022

B.3 Evaluation Report of Counties Comprehensive Competitiveness in Gansu Province
Pan Congyin, Wang Jianbing / 029

B.4 The Counties Comprehensive Competitiveness Evaluation Report of the Regions within the Jurisdiction of Each City States in Gansu Province
Pan Congyin, Wang Jianbing / 086

B.5 Spatial Pattern of Comprehensive Competitiveness of Counties in Gansu Province
Xu Jihong, Pan Congyin / 099

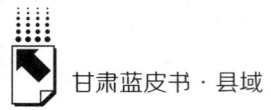

Ⅲ Rural Articles

B.6　Study on the Quality Safety of Agricultural Products in
　　　Gansu Province　　　　　　　　　　　　　　　*He Jian* / 115

B.7　Study on Precise Models for Poverty Alleviation in Gansu
　　　　　　　　　　　　　　　　　　　　　　Duan Cuiqing / 135

B.8　Study on Agricultural Competitive Power of Gansu Province
　　　　　　　　　　　　　　　　　Li Zhendong, Pan Congyin / 150

B.9　The Research of Self-development Capacity of Rural Residents in
　　　Poor Areas of Gansu Province　　　　　　　*Liu Boxia* / 178

B.10　The Research of Rural Industrial Integrative Development in a
　　　Targeted Poverty Alleviation Context　　　*Liu Yanping* / 192

B.11　Study on Medical and Health Development and Health
　　　Promotion Model of Rural Residents in Gansu　*Jia Qiong* / 202

B.12　To Investigate the Willingness of Peasant's Citizenship in a
　　　Targeted Poverty Alleviation Context in Gansu Province
　　　　　　　Li Zhendong, Xu Jihong, Pan Congyin and Hu Miao / 220

B.13　Research on the Transfer of Contract and Management Right of
　　　Farming Land in the Perspective of Farmers Produce Behavior
　　　　　　　　　　　　　　　　　　　Hu Miao, Xu Jihong / 241

B.14　Innovation Research on Agricultural Production and Operation
　　　System of Gansu Province　　*Li Zhongdong, Feng Zhangyuan* / 254

B.15　Study on the Development of Small Cities and Towns in
　　　Gansu Povince　　　　　　　　　*Li Zhongdong, Gao Jun* / 264

总 报 告

General Report

B.1 甘肃省县域经济社会发展总报告

王建兵　李忠东　潘从银*

摘　要： 面对复杂的国际国内环境以及全省经济下行压力不断加大的严峻形势，甘肃省各县（市）积极进行供给侧结构性改革，以去产能、去库存、去杠杆、降成本、补短板为重点，推进了县域经济社会持续健康发展。虽然2015年77个县（市、区）的县域生产总值较上年略有下降，但人均地方财政收入、人均固定资产完成额、城镇居民人均可支配收入、农村居民人均纯收入、人均地方财政收入、县域金融机构存款余额、人均固定资产投资完成额、新增固定资产等重要指标都较上年显著增加，产业结构调整效果明显，产业效率明显提升。为实现到2020

---

* 王建兵，甘肃省社会科学院农村发展研究所所长、研究员，博士，研究方向为生态经济和农村发展；李忠东，甘肃省统计局农村工作处处长；潘从银，甘肃省社会科学院助理研究员，区域经济学硕士，主要从事农村经济发展研究。

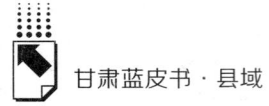

年全面建成小康社会的目标，甘肃省县域经济社会发展一是要建立和完善县域投融资体系，为县域发展提供资金支持；二是建立和完善知识产权保护体系，为县域发展提供技术支持；三是建立和完善人才引进培养机制，为县域发展提供智力支持；四是建立健全生态保护体系，为城乡居民提供安居乐业的环境。

关键词： 县域　经济社会　发展　甘肃省

一　甘肃省县域经济社会发展基本情况

县域经济社会发展是区域协调发展的基石，2015年，甘肃省面对经济新常态下经济下行的严峻形势，以供给侧结构性改革为主线，牢牢把握去产能、去库存、去杠杆、降成本、补短板工作总基调，县域发展态势良好，各项经济社会事业都取得了较大的进步，为到2020年全面建成小康社会奠定了坚实的基础。

甘肃省现设14个市（州），其中有12个地级市（兰州、嘉峪关、金昌、白银、武威、酒泉、张掖、天水、定西、平凉、庆阳、陇南）和2个自治州（临夏回族自治州和甘南藏族自治州，又称临夏州和甘南州），下辖86个县（市、区）。根据2015年甘肃省统计局的数据，课题组对甘肃省除兰州市5区（城关区、七里河区、西固区、安宁区、红古区）、金昌市1区（金川区）、白银市2区（白银区、平川区）、天水市1区（秦州区）及嘉峪关市之外的77个县（市、区）进行了县域经济社会发展的评价与分析。

（一）宏观经济竞争力

1. 经济均量

2015年县域人均GDP为24281元，人均地方财政收入1801元，人均固定资产完成额45986元，城镇居民人均可支配收入20105元，农村居民人均纯收入7593元，人均社会消费品零售额7041元。人均地方财政收入较上年增长5.87%，人均固定资产完成额较上年增长12.30%，城镇居民人均可支配收入较上年增长13.98%，农村居民人均纯收入较上年增长19.17%，人均社会消费品零售额较上年增长14.58%。

2. 经济总量

2015年县域GDP为4102亿元，地方财政收入236亿元，社会消费品零售总额1516亿元。地方财政收入较上年增长2.89%，社会消费品零售总额较上年增长19.47%。

3. 金融资本

2015年县域金融机构存款余额7176亿元，金融机构贷款余额5234亿元，固定资产投资完成额6381亿元，新增固定资产4334亿元，分别较上年增长14.01%、23.91%、9.21%、20.26%。

（二）产业发展竞争力

1. 产业总量

2015年县域第二产业增加值为954亿元，较上年下降41.76%；第三产业增加值1913亿元，较上年增长10.45%；规模以上工业总产值3712亿元，较上年下降0.1%。

2. 产业结构

2015年县域第二产业占GDP的比重为29.15%，较上年下降4.96个百分点；第三产业占GDP的比重为47.80%，较上年增长3.98个百分点。

3. 产业效率

县域第二产业近5年平均增长速度为4.59%，较上一个周期增长2.63个百分点；县域第三产业近5年平均增长速度为5.80%，较上一个周期增长3.63个百分点。

（三）基础设施竞争力

1. 居住条件

2015年县域城乡住房砖木结构以上的比重均值为60.57%，较上年增长1.73

个百分点；农村自来水受益村的比重均值为87.75%，较上年增长5.81个百分点；农村有线电视普及村庄的比重均值为50.21%，较上年增长5.13个百分点。

2. 交通通信

2015年县域每百人公共汽车营运车辆数为0.06辆，国际互联网用户占总户数比重均值为27.51%，固定电话用户占总户数比重均值为32.21%，移动电话用户占总人口比重均值为61.81%，境内公路密度均值为54.49公里/百平方公里。

（四）社会保障竞争力

1. 医疗保险

2015年县域参加城镇基本医疗保险人数占城镇人口比重为56.49%，参加农村合作医疗的人数占农村人口的比重为94.42%。

2. 养老保险

2015年县域参加城镇基本养老保险人数占城镇人口比重为19.28%，参加农村养老保险人数占农村人口比重为60.75%。

3. 基本生活保障

2015年县域城镇最低生活保障人口占城镇人口比重（逆指标）为14.91%，农村最低生活保障人口占农村人口比重（逆指标）为17.82%。

（五）公共服务竞争力

1. 科技服务

2015年县域每万人拥有专业技术人员数167人，每万人专利授权数1.71个。

2. 文化娱乐

2015年县域每十万人拥有体育场馆个数1.17个，每十万人拥有剧场、影剧院数1.31个，人均拥有公共图书馆图书数1.35册。

3. 医疗卫生

2015年县域每万人拥有医疗卫生机构专业技术人员数41.26人，每万人拥有医院、卫生院床位数45.14张，每万人拥有执业（助理）医师数18.19人，医院总卫生技术人员数81593人，医院总床位数88608张。

（六）生活环境竞争力

1. 生活环境

2015年县域森林覆盖率为20.07%，污水处理厂集中处理率为69.79%。

2. 环境保护

2015年县域每万元GDP工业二氧化硫排放量0.03吨。每万元GDP氮氧化物排放量0.003吨，每万元GDP烟（粉）尘排放量0.003吨，水土流失综合治理面积7364.45千公顷。

3. 农业环境

2015年县域单位第一产业增加值使用化肥量90.13千克/万元（逆指标），单位第一产业增加值施用农药量6.68千克/万元（逆指标），单位第一产业增加值使用地膜量12.68千克/万元（逆指标）。

（七）社会结构竞争力

1. 人口结构

2015年县域非农人口占总人口的比重为21.29%。

2. 城乡结构

2015年县域农村从事非农产业的劳动力占农村总劳动力的比重为38.69%。

（八）科学教育竞争力

1. 科教支出

2015年县域科技支出4.86亿元、教育支出341亿元，科技支出占GDP的比重为13.39%，在校学生人均教育经费14929元。

2. 科教资源

2015年县域每万人普通中学在校生拥有专任中学教师971人，每万人

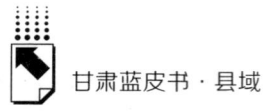

小学在校生拥有专任小学教师873人,每千户居民拥有普通中学0.25所,每千户居民拥有小学1.77所。

二 县域综合竞争力比较

2015年甘肃省县域综合竞争力评价指标体系共包括宏观经济竞争力、产业发展竞争力、基础设施竞争力、社会保障竞争力、公共服务竞争力、生活环境竞争力、社会结构竞争力、科学教育竞争力8个一级指标。二级指标为21个,其中:宏观经济竞争力包含经济均量、经济总量、金融资本3个二级指标;产业发展竞争力包含产业总量、产业结构、产业效率3个二级指标;基础设施竞争力包含居住条件、交通通信2个二级指标;社会保障竞争力包含医疗保险、养老保险、基本生活保障3个二级指标;公共服务竞争力包含科技服务、文化娱乐、医疗卫生3个二级指标;生活环境竞争力包含生活环境、环境保护、农业环境3个二级指标;社会结构竞争力包含人口结构、城乡结构2个二级指标;科学教育竞争力包含科教支出、科教资源2个二级指标。与二级指标相对应的三级指标有64个。

通过对宏观经济竞争力、产业发展竞争力、基础设施竞争力、社会保障竞争力、公共服务竞争力、生活环境竞争力、社会结构竞争力、科学教育竞争力8个一级指标进行计算和分析,得出2015年甘肃省77个县(市、区)县域综合竞争力及各项竞争力排前十位的情况,如表1所示。

表1 甘肃省县域综合竞争力及各项竞争力排名

指标名称	前十强名单
综合竞争力	凉州区、西峰区、甘州区、肃州区、临夏市、崆峒区、麦积区、敦煌市、肃北蒙古族自治县、玉门市
宏观经济竞争力	凉州区、肃州区、西峰区、甘州区、敦煌市、崆峒区、麦积区、玉门市、瓜州县、肃北蒙古族自治县
产业发展竞争力	凉州区、麦积区、西峰区、永登县、皋兰县、华池县、临夏市、甘州区、庆城县、武都区
基础设施竞争力	西峰区、阿克塞哈萨克族自治县、临夏市、山丹县、肃州区、民乐县、甘州区、高台县、玉门市、临泽县

续表

指标名称	前十强名单
社会保障竞争力	敦煌市、肃北蒙古族自治县、瓜州县、民勤县、金塔县、山丹县、甘州区、西峰区、榆中县、灵台县
公共服务竞争力	阿克塞哈萨克族自治县、肃北蒙古族自治县、碌曲县、甘州区、肃州区、瓜州县、肃南裕固族自治县、华亭县、崆峒区、西峰区
生活环境竞争力	玛曲县、舟曲县、康县、会宁县、灵台县、肃南裕固族自治县、泾川县、文县、徽县、天祝藏族自治县
社会结构竞争力	凉州区、临夏市、武都区、崆峒区、甘州区、肃州区、山丹县、华亭县、麦积区、西峰区
科学教育竞争力	环县、礼县、文县、肃南裕固族自治县、卓尼县、通渭县、肃北蒙古族自治县、天祝藏族自治县、迭部县、临潭县

注：肃北蒙古族自治县、肃南裕固族自治县、阿克塞哈萨克族自治县分别简称为肃北县、肃南县、阿克塞县。

从2015年甘肃省县域竞争力综合得分来看，均值为69.44，县域竞争力整体处于一般劣势；极差为7.60，在最大赋值范围内偏离21.71%，反映出研究县域范围内县域竞争力得分最高县域与得分最低县域存在较大差异，发展相对不均衡；同时，方差为2.05，标准差为1.43，反映出研究县域范围内县域竞争力整体差异不大（见表2）。结合均值、极差、方差及标准差，2015年甘肃省县域竞争力整体而言在较低水平上存在一定不均衡性。

从2015年甘肃省县域竞争力水平归类分布来看，绝对优势、一般优势、绝对劣势均为0个，中势23个，一般劣势54个。其中相对竞争力水平较好的23个县（市、区），除环县、成县、华亭县为河东地区，其余均为市（州）所在地或河西地区及兰州市周边县（市）。所以，2015年甘肃省县域竞争力水平分布与行政区域分布有较大相关性；随着这几年扶贫开发力度的加大，贫困县县域竞争力有上升趋势。

就2015年甘肃省县域竞争力8个一级指标而言，从均值来看，生活环境竞争力均值75.69，处于一般优势；社会保障竞争力均值73.54、基础设施竞争力均值73.14、社会结构竞争力均值70.64，处于中势；产业发展竞争力均值68.22、宏观经济竞争力均值66.22、科学教育竞争力均值65.93，处于一般劣势；公共服务竞争力均值64.31，处于绝对劣势（见表2）。从极差、方差、标准差来看，所研究县域内，社会结构、宏观经济、基础设施、社会保障、公共服务等竞争力均存在较大差异，科学教育、生活环境、产业发展等竞争力存在一定差异。所以2015年甘肃省县域竞争力研究区域内各县域要素投入方面存在较大差异。

2015年甘肃省13个市（州）（不含嘉峪关市）县域竞争力综合得分：酒泉市70.81、张掖市70.73、武威市70.66、庆阳市70.06、兰州市（不含5区）70.06，处于中势；平凉市69.83、金昌市（不含金川区）69.69、陇南市69.12、天水市（不含秦州区）69.09、定西市68.85、白银市（不含白银区、平川区）68.69、临夏州68.42、甘南州67.91，处于一般劣势。13个市（州）（不含嘉峪关市）县域竞争力综合得分均无处于绝对优势、一般优势、绝对劣势的情况。总体来看，均值为69.53，与77个县（市、区）一样，均处在一般劣势；极差、方差、标准差明显缩小，说明13个市（州）（不含嘉峪关市）之间总体差异不大，结合77个县（市、区）的评价结果，反映出各市（州）所辖县域之间存在较大差异，各市（州）所辖县域之间发展不均衡。从县域竞争力8个一级指标的极差、方差、标准差来看，其与77个县（市、区）相比明显缩小，但仍然存在一定差异，要素配置不均衡；同时结合77个县（市、区）的评价结果，也说明各市（州）所辖县域之间存在较大差异，各市（州）所辖县域之间要素配置不均衡。

三 县域经济社会发展的特点及存在的问题

（一）县域经济下行压力大，但结构性改革效果初显

从宏观经济分析来看，虽然2015年77个县（市、区）的县域GDP较上年下降1.29%，县域人均GDP较上年下降7.35%，但人均地方财政收入较上年增长5.87%，人均固定资产投资完成额较上年增长12.30%，城镇居民人均可支配收入较上年增长13.98%，农村居民人均纯收入较上年增长19.17%，人均社会消费品零售额较上年增长14.58%，地方财政收入较上年增长

2.89%，社会消费品零售总额较上年增长19.47%。县域金融机构存款余额较上年增长14.01%，金融机构贷款余额较上年增长23.91%，固定资产投资完成额较上年增长9.21%，新增固定资产较上年增长20.26%。

从产业总量来看，2015年县域第二产业增加值较上年下降41.76%，下降幅度较大，降幅超过50%的县有34个，最大降幅为86.83%；第三产业增加值较上年增长10.45%，增速超过50%的县有3个，分别是肃北蒙古族自治县（77.42%）、华亭县（71.62%）和崇信县（59.46%）；规模以上工业总产值较上年下降0.1%。从产业结构看，第二产业占GDP的比重为29.15%，较上年下降了4.96个百分点；第三产业占GDP的比重为47.80%，较上年增长3.98个百分点。从产业效率来看，县域第二产业近5年平均增长速度为4.59%，较上一个周期增长2.63个百分点；县域第三产业近5年平均增长速度为5.80%，较上一个周期增长3.63个百分点。产业结构调整效果明显，产业效率明显提升。

从县域经济均量分布来看，2015年77个县（市、区）中人均GDP超过平均值的有25个，人均地方财政收入超过平均值的有18个，人均固定资产投资完成额超过平均值的有15个，城镇居民人均可支配收入超过平均值的有29个，农村居民人均纯收入超过平均值的有23个，人均社会消费品零售额超过平均值的有30个，县域之间的差异极为显著。

从数量上看，2015年77个县（市、区）中GDP超过100亿的有8个，即凉州区（261亿元）、麦积区（163亿元）、肃州区（161亿元）、甘州区（157亿元）、西峰区（155亿元）、崆峒区（120亿元）、玉门市（110亿元）和敦煌市（102亿元），比2014年的凉州区（260亿元）、肃州区（196亿元）、西峰区（174亿元）、麦积区（149亿元）、甘州区（148亿元）、玉门市（125亿元）、崆峒区（111亿元）、永登县（104亿元）、庆城县（103亿元）和敦煌市（101亿元）减少了2个（庆城县和永登县）。2015年GDP较上年增长的县（市、区）有46个，占77个县（市、区）的59.74%，经济下行压力明显。

（二）县域经济社会子系统变化幅度较大，县域发展特征日趋明显

2015年甘肃省77个县（市、区）经济社会发展各项指标变化水平不一，县域不同子系统间的发展水平不同，存在明显的差异。

从均值方面看，在测评的宏观经济竞争力、产业发展竞争力、基础设施竞争力、社会保障竞争力、公共服务竞争力、生活环境竞争力、社会结构竞争力、科学教育竞争力等8项指标中，平均得分最高的是生活环境竞争力（75.69分），其余依次为社会保障竞争力（73.54分）、基础设施竞争力（73.14分）、社会结构竞争力（70.64分）、产业发展竞争力（68.22分）、宏观经济竞争力（66.22分）、科学教育竞争力（65.93分）和公共服务竞争力（64.31分），有4个竞争力低于平均值。

从标准差方面看，在测评的宏观经济竞争力、产业发展竞争力、基础设施竞争力、社会保障竞争力、公共服务竞争力、生活环境竞争力、社会结构竞争力、科学教育竞争力等8项指标中，77个县（市、区）得分差异较大的是宏观经济竞争力、社会结构竞争力和基础设施竞争力，其标准差均超过3，这也间接反映了县域之间在经济发展水平、城镇化发展水平、基础设施水平等方面都存在较大的差异。

甘肃省县域经济社会发展综合水平及子系统比较如表2所示。

表2 甘肃省县域经济社会发展综合水平及子系统比较

指标	综合竞争力	2015年县域竞争力							
		宏观经济竞争力	产业发展竞争力	基础设施竞争力	社会保障竞争力	公共服务竞争力	生活环境竞争力	社会结构竞争力	科学教育竞争力
均值	69.44	66.22	68.22	73.14	73.54	64.31	75.69	70.64	65.93
极差	7.60	17.82	9.55	14.86	13.63	12.93	9.78	18.91	10.36
方差	2.05	12.18	3.68	9.67	6.51	5.02	5.91	11.36	3.50
标准差	1.43	3.49	1.92	3.11	2.55	2.24	2.43	3.37	1.87

（三）城乡居民生活质量明显改善，但县域间发展程度不均衡

2015年甘肃省77个县（市、区）县域宏观经济竞争力得分均值为66.22，处于一般劣势，其极差、方差、标准差均相对较大，差异性较大，77个县（市、区）之间发展很不均衡。经济均量均值为70.49，处于中势；经济总量均值为65.15，处于一般劣势；金融资本均值为64.25，处于绝对

劣势。从3个二级指标的极差、方差、标准差来看，都存在较大差异，在77个县（市、区）之间，经济均量、经济总量、金融资本3个要素配置严重失衡。从77个县（市、区）宏观经济竞争力水平归类分布来看，行政区域分布特征明显；市（州）所辖贫困县域宏观经济竞争力提升较快，其他贫困县域宏观经济竞争力提升相对较慢。

从居民收入水平看（见图1），2015年甘肃省77个县（市、区）城镇居民可支配收入最高的是阿克塞哈萨克族自治县（31178元），最低的是合作市（13512元），均值为20105元，中位数为19445元。2015年甘肃省77个县（市、区）县域农村人均纯收入最高值是最低值的5.72倍，较2013年

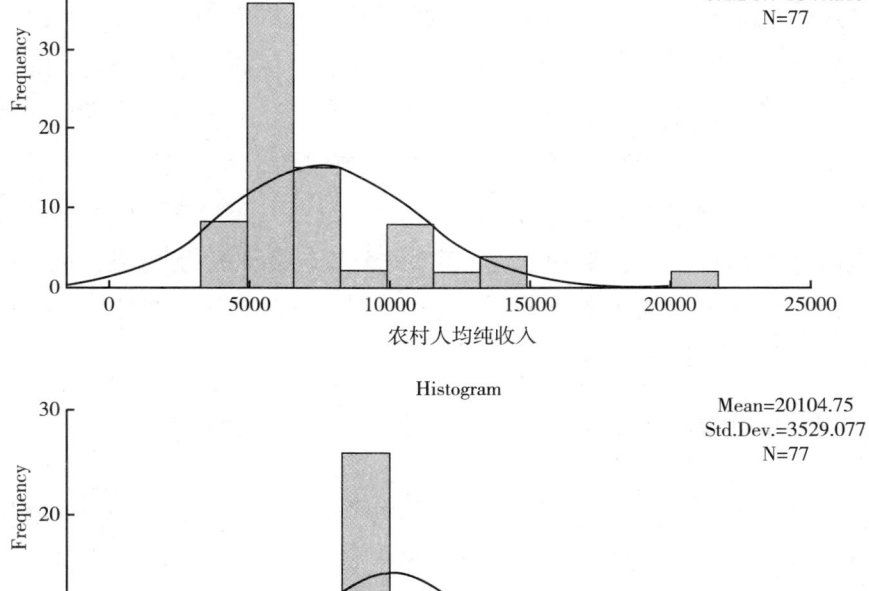

图1　2015年甘肃省县域城乡居民收入情况

的6.29倍略有缩小。农村人均纯收入最高的是阿克塞哈萨克族自治县（21462元），最低的是临潭县（3750元），中位数为6388元。农村人均纯收入均值为7593元，其中2015年县域农村人均纯收入超过均值的有23个。

从居住条件来看（见图2），2015年甘肃省77个县（市、区）城乡住房砖木结构以上比重均值为60.57%，最大值为92%（皋兰县），最小值为14%（卓尼县），中位数为64%。2015年甘肃省77个县（市、区）自来水受益村比重均值为87.75%，最大值为100%（有22个县实现了自来水全覆盖），最小值为5%（环县），中位数为96%。2015年甘肃省77个县（市、区）农村有线电视普及村比重均值为50.21%，最大值为100%，有14个县普及率达到了100%，有45个县普及率不足50%。

从交通通信方面来看（见图3），2015年甘肃省77个县（市、区）国际互联网用户占总户数的比重均值为27.51%，中位数为23.49%，比重在5%以下的有5个县（积石山县、宕昌县、东乡县、张家川县和漳县）。移动电话用户占总人口的比重均值为61.81%，中位数为63.72%，达到100%的有11个县，比重小于10%的有3个县（宕昌县、东乡县和卓尼县）。县域境内公路密度均值为54.49公里/百平方公里，最小值为2.54公里/百平方公里（敦煌市），最大值为161.01公里/百平方公里（广河县），中位数为52.52公里/百平方公里。

（四）城镇化水平不断提升，但县域内部差距较大

自国家新型城镇化规划颁布以来，甘肃省大力推进基础设施建设，道路交通、供水供电、污水和垃圾处理等基础设施显著改善。但甘肃省整体发展水平较低，相对于发达地区发展较为缓慢。

横向比较来看，2015年甘肃城镇化率为43.19%，而全国为56.10%，较全国低12.91个百分点，城镇化率差距明显；同西部其他省份中排名第一的重庆相比，低17.75个百分点，居西部第9位（见表3）。2010年第六次全国人口普查中甘肃城镇化率为36.12%，相对来说，甘肃省城镇化率发展较快，但其与全国和西部其他省份的差距还有进一步拉大的趋势。

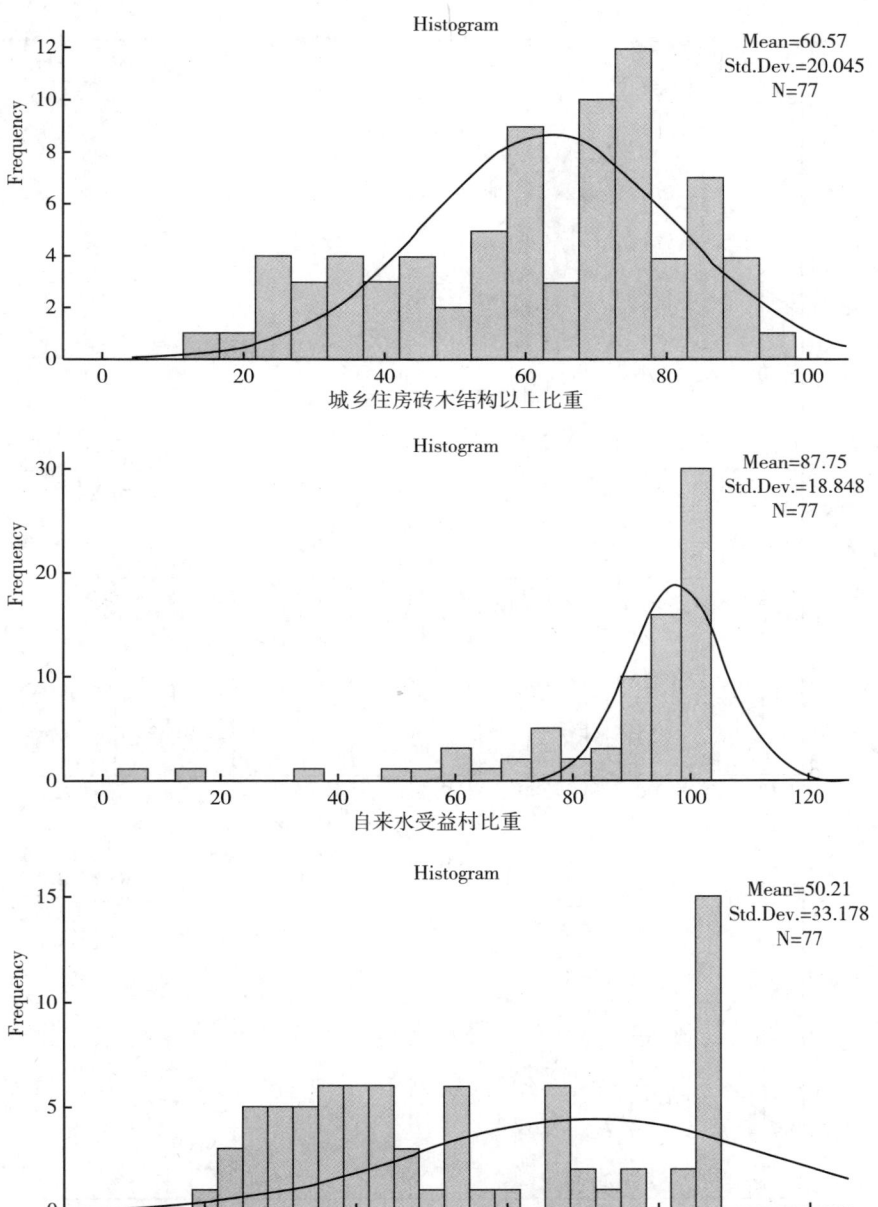

图 2　2015 年甘肃省县域城乡居住情况

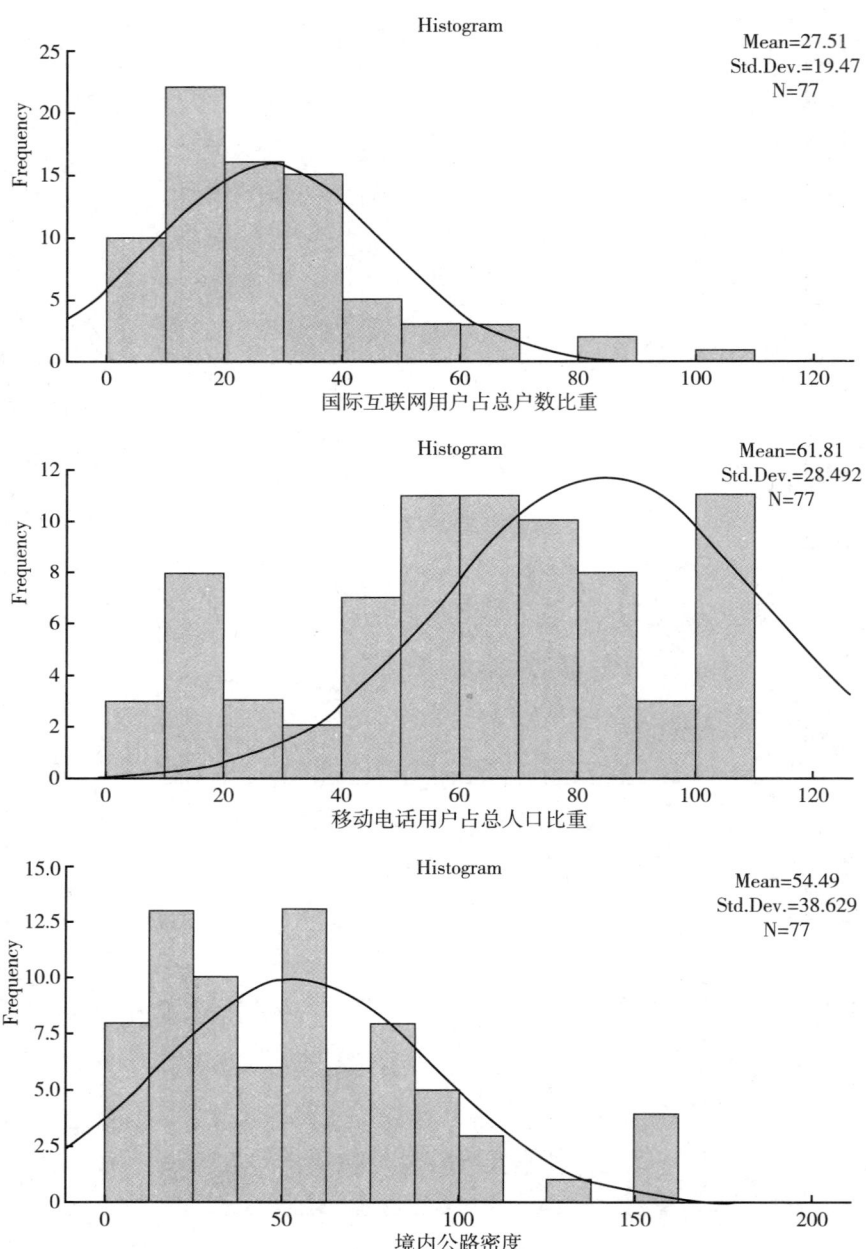

图3 2015年甘肃省县域城乡交通通信情况

表3 2015年西部12省（区、市）城镇化率比较

单位：%

地区	城镇化率	排名	地区	城镇化率	排名
重庆	60.94	1	新疆	47.25	7
内蒙古	60.30	2	广西	47.06	8
宁夏	55.23	3	甘肃	43.19	9
陕西	53.92	4	云南	42.90	10
青海	49.80	5	贵州	42.01	11
四川	47.70	6	西藏	25.75	12

资料来源：各省（区、市）国民经济和社会发展统计公报。

县域内部比较来看，2015年甘肃省77个县（市、区）中非农人口占总人口比重的最小值为6.23%（渭源县），最大值为68.89%（阿克塞哈萨克族自治县），均值为21.29%。2015年县域非农人口占总人口的比重比2014年增长了2.68个百分点。2015年县域农村从事非农产业的劳动力占农村总劳动力比重的最小值为7.51%（玛曲县），最大值为60.75%（临夏市），均值为38.69%。2015年县域农村从事非农产业的劳动力占农村总劳动力的比重增长幅度较小，仅比2014年增长0.22个百分点。

（五）生活环境质量总体向好，但环境保护任重道远

2015年甘肃省77个县（市、区）县域生活环境竞争力得分均值为75.69，处于一般优势，其极差、方差、标准差均相对较大，差异性较大，77个县（市、区）之间发展很不均衡；农业环境均值为79.37、环境保护均值为76.12，处于一般优势，生活环境均值为72.69，处于中势；从3个二级指标的极差、方差、标准差来看，都存在较大差异，在77个县（市、区）之间，3个要素配置存在较大失衡。从77个县（市、区）生活环境竞争力水平归类分布来看，经济结构特征均较为明显，工业化发展较快的地区生活环境竞争力水平相对较低，而产业单一或以农业发展为主的地区生活环境竞争力水平相对较高。整体而言，甘肃省县域经济社会发展工业化程度较低，因此，生活环境竞争力整体水平相对较高。

2015年甘肃省77个县（市、区）从单项指标森林覆盖率来看，县域森林覆盖率最小值为0.32%（皋兰县），最大值为82%（两当县），均值为22.07%，略高于全国21.63%的平均水平，森林覆盖率大于全国平均值的县有27个。2015年甘肃省77个县（市、区）共计水土流失治理面积7364.45千公顷，其中居前三位的是天祝县（371千公顷）、会宁县（361千公顷）和安定区（283千公顷）。

2015年甘肃省77个县（市、区）从环境保护的指标来看，大气污染中工业二氧化硫排放量占首位，其次是氮氧化物和烟（粉）尘。工业二氧化硫排放量占前三位的是靖远县、庄浪县和积石山县，氮氧化物排放量占前三位的是崆峒区、崇信县和景泰县，烟（粉）尘排放量占前三位的是皋兰县、榆中县和天祝县。农村面源污染的三项指标中，单位第一产业增加值使用化肥量占前三位的是民勤县、环县和通渭县，单位第一产业增加值施用农药量占前三位的是秦安县、合水县和两当县，单位第一产业增加值使用地膜量占前三位的是环县、通渭县和积石山县。

（六）教育事业发展快速，但县域科技支出明显不足

2015年甘肃省77个县（市、区）县域科学教育竞争力得分均值为65.93，处于一般劣势，其极差、方差、标准差均相对较大，差异性较大，77个县（市、区）之间发展很不均衡。科教资源均值为68.13，处于一般劣势；科教支出均值为63.73，处于绝对劣势。从2个二级指标的极差、方差、标准差来看，均存在较大差异，在77个县（市、区）之间，科教支出和科教资源配置存在较大失衡。从77个县（市、区）科学教育竞争力水平归类分布来看，行政区域分布特征、地理位置特征及贫困特征均不太明显。

2015年甘肃省77个县（市、区）教育投入持续增加，县域教育支出3416500万元，教育支出较上年增长了27.09%。教育支出占前三位的是礼县、凉州区和会宁县。县域在校生人均教育经费14929元，较上年增长25.33%。在校学生人均教育经费占前三位的是肃北县、阿克塞县和礼县。县域每万人普通中学在校生拥有专任中学教师971人，较上年增长7.9%。县域每万人普通中学在校生拥有专任中学教师数占前三位的是肃南县、积石山县和临潭县。

每万人小学在校生拥有专任小学教师873人，较上年增长1.71%。每万人小学在校生拥有专任小学教师数占前三位的是碌曲县、天祝县和肃南县。但是每千户居民拥有普通中学0.25所，较上年下降2.93%；每千户居民拥有小学1.77所，较上年下降4.05%。

2015年甘肃省城乡教育投入情况如图4所示。

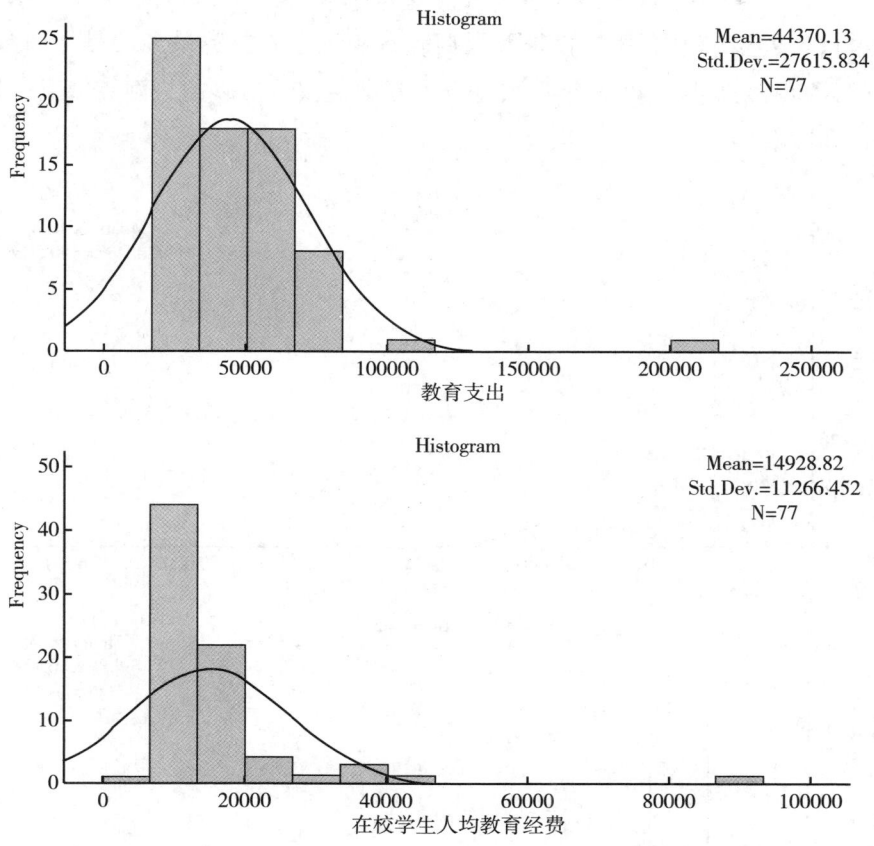

图4　2015年甘肃省县域城乡教育投入情况

2015年甘肃省77个县（市、区）科技投入明显不足，较2014年有所下降，科技支出4.86亿元，较上年下降14.64%。77个县（市、区）中有51个县2015年科技支出低于上年，县域间科技投入极不均衡；县域科技支出占GDP的比重较上年下降3.4个百分点，77个县（市、区）中有53个县2015年科技支出占GDP的比重低于上年。2015年甘肃省77个县（市、区）中科技支出最多的是环县、临夏市和民勤县，科技支出占GDP的比重最高的是环县、文县和岷县。2015年甘肃省县域科技支出情况如图5所示。

2015年甘肃省77个县（市、区）从科技服务的指标来看，每万人拥有专业技术人员167人，较上年增长0.57%；每万人专利授权1.71个，较上年增长8.93%。2015年县域每万人拥有专业技术人员数最多的是碌曲县、肃州区和阿克塞县，2015年县域每万人专利授权数最多的是阿克塞县、玉门市和肃南县。

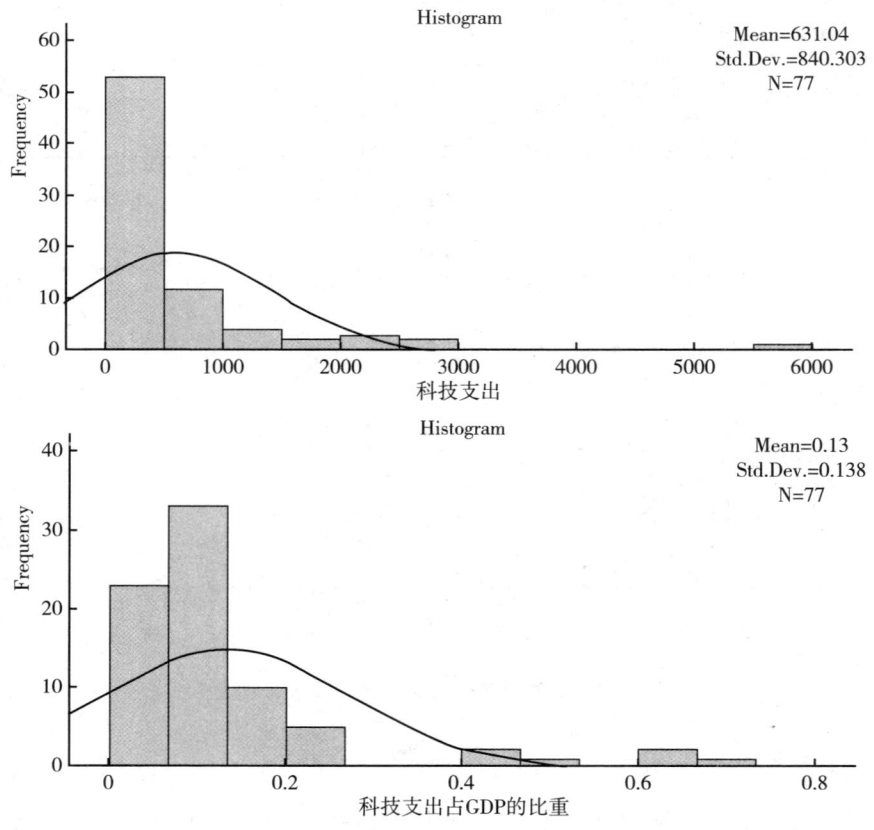

图5　2015年甘肃省县域科技支出情况

四 甘肃省县域发展的对策建议

（一）建立和完善县域投融资体系，为县域发展提供资金支持

经过多年的金融机构改革，我国县域金融体系初步形成了以国有金融机构为主导、以农村信用合作社为辅助的架构，主要具有政策性、商业性和合作金融的职能和特点。但是县域金融对县域经济发展的支持总体不足，县域金融信贷投入结构不合理、金融产品针对性不强、农村信用合作社融资能力弱等问题突出。因此，一是要建立适合县域发展的金融机构，发展一批服务县域经济发展的政策性或股份制金融机构，提高服务网点的覆盖率；二是要提高信贷管理水平，建立健全贷款风险约束机制、优质信贷资产激励机制、信贷用户信用等级评定机制等信贷管理体系；三是建立多层次资本市场，加快县域证券业和保险业的发展，进一步完善资本市场结构，丰富资本市场产品；四是加大财政对农村信用合作社的支持力度，在税收政策和财政政策方面为农村信用合作社提供优惠，强化其农村主力军的作用；五是建立健全以政策主导为主的农业保险体系，成立政策性农业保险公司，建立农业保险基金，鼓励商业性农业保险公司在县域设点。

（二）建立和完善知识产权保护体系，为县域发展提供技术支持

增强区域核心竞争力是推进县域经济可持续发展的动力，在"双创"背景下，县域经济的发展越来越需要一批自主创新能力强和拥有核心技术专利的地方企业来推动。一是企业自身要做好知识产权保护工作，建立专门的知识产权管理部门，制定专利、商标等知识产权管理制度，聘请专业知识产权保护法律顾问，保障自身合法权益；二是企业要建立专利和信息查询利用机制，将知识产权战略融合到企业的技术创新和管理工作中，积极吸收和借鉴国内外先进技术，科学预测技术和市场发展趋势，有针对性地进行技术创新，将产权优势转化为企业竞争力，规避侵权风险，为企业在市场竞争中争

取主动权;三是支持企业与高等院校、科研院所建立多种形式的技术研发与合作机制,鼓励企事业单位实行知识产权薪酬奖励或技术入股,鼓励企业或个人将知识产权以拍卖、转让、质押等方式实现知识产权的市场转化,促进知识产权的推广与应用;四是加强知识产权执法保护,建立力量充实的知识产权行政执法队伍,严厉打击侵犯知识产权的行为,营造良好的创新环境;五是充分利用行业协会、商会等各种工商组织的内部协调作用,引导企业采取有效措施应对各类知识产权纠纷,化解产权矛盾。

(三)建立和完善人才引进培养机制,为县域发展提供智力支持

县域经济要适应新常态,实现可持续发展,人才是关键因素之一。高层次人才的竞争已经成为国际竞争的重点,县域城市由于在城市影响力、产业配套设施、经济发展实力等方面无法与大中型城市相比,吸引高层次人才和创新创业人才到县域聚集、生活、工作就显得更加困难。因此,一是县域政府部门要真正把人才强县战略作为经济社会发展的核心战略,针对不同类型、不同发展阶段的高层次人才和创新创业人才的需求,在创业扶持、税收优惠、生活待遇、金融支持等方面制定明确政策和相关实施细则,切实解决人才项目发展过程中的重点问题;二是着力营造服务型政府,提升机关工作人员服务意识,提升服务质量和效率,努力创造基础设施完善、社会环境和谐、政府高效廉洁的服务环境;三是要在支柱产业和重点行业建立县域技术服务平台,帮助企业利用社会服务规避技术风险、降低开发成本、缩短研发周期,促进企业技术创新水平的提高和创新能力的完善;四是建立人才关爱机制,增强人才对落户地的信任感,形成吸引人才和留住人才的良性氛围,大力营造鼓励创新、支持创业和宽容失败的人才发展环境。

(四)建立健全生态保护体系,为城乡居民提供安居乐业的环境

习近平总书记提出"青山绿水就是金山银山",为新时期县域经济发展指出了一条更加理性的现代生态经济发展模式,这既不是以牺牲生态环境为代价的经济增长模式,也不是以牺牲经济增长为代价的生态保护模式,而是

生态环境与县域经济协调发展、均衡发展的生态经济发展模式。一是要在县域发展中充分融入生态文明的理念，县域的发展不仅要抓经济发展硬指标，更要将人民群众的生存环境、生活质量、幸福体验等软指标考虑进去，形成具有县域特色的社会主义生态文明建设氛围；二是县域产业的发展要以绿色、低碳为主，发展无污染、低消耗、资源再利用的绿色生产模式和工艺；三是县域建设要以规划为先导，建制镇要实施标准化的道路交通、卫生设施、城市管网的建设，打造宜居城镇，农村应积极推进山、水、林、田、房综合治理工程，引导农村居民集中居住，建设一批生态文明小康村。

县 域 篇

County Articles

B.2
甘肃省县域综合竞争力评价指标体系构建

潘从银 王建兵*

摘　要： 本文主要在借鉴国内外专家学者研究的基础之上，确立了甘肃省县域竞争力评价指标体系构建思路，并构建了甘肃省县域竞争力评价指标体系，同时确立了甘肃省县域竞争力评价方法和评价标准。甘肃省县域竞争力评价指标体系主要包含8个一级指标、21个二级指标、64个三级指标。甘肃省县域竞争力评价方法主要确定了评价的时间与地域范围、数据处理方法及指标权重确定方法。甘肃省县域竞争力评价标准划分为5级，即：绝对优势、一般优势、中

---

* 潘从银，甘肃省社会科学院助理研究员，区域经济学硕士，主要从事农村经济发展研究；王建兵，甘肃省社会科学院农村发展研究所所长，博士，研究方向为生态经济和农村发展。

势、一般劣势和绝对劣势。

关键词： 甘肃省　县域　竞争力　评价指标体系　构建

一　甘肃省县域竞争力评价指标体系构建

（一）甘肃省县域竞争力评价指标体系构建思路

县域竞争力由于涉及县域社会、经济、环境等多方面因素影响，涉及面较广，指标选择十分繁杂，课题组在充分把握国家对县域发展的相关政策文件的基础上，充分借鉴国内外学者对县域竞争力的研究，以准确、客观反映甘肃省县域竞争力为原则，综合了学术界、各级管理层面、统计系统等相关人员的意见和建议，结合专家学者对上一年县域竞争力评价指标体系的意见和建议，设计和构建了甘肃省县域竞争力评价指标体系。

（二）甘肃省县域竞争力评价指标体系构建说明

由表1可以看出，2015年甘肃省县域竞争力评价指标体系共包括宏观经济竞争力、产业发展竞争力、基础设施竞争力、社会保障竞争力、公共服务竞争力、生活环境竞争力、社会结构竞争力、科学教育竞争力8个一级指标。二级指标为21个，其中：宏观经济竞争力包含经济均量、经济总量、金融资本3个二级指标；产业发展竞争力包含产业总量、产业结构、产业效率3个二级指标；基础设施竞争力包含居住条件、交通通信2个二级指标；社会保障竞争力包含医疗保险、养老保险、基本生活保障3个二级指标；公共服务竞争力包含科技服务、文化娱乐、医疗卫生3个二级指标；生活环境竞争力包含生活环境、环境保护、农业环境3个二级指标；社会结构竞争力包含人口结构、城乡结构2个二级指标；科学教育竞争力包含科教支出、科教资源2个二级指标。与二级指标相对应的三级指标有64个。

其中2015年相对于2014年，指标构建方面略有调整，在一级指标生活环境竞争力中，删减了二级指标生活环境下面的一个三级指标，即每十万人口拥有垃圾处理站数，增加了二级指标环境保护下面一个三级指标，即水土流失综合治理面积。

表1 2015年甘肃省县域竞争力评价指标体系

一级指标（8个）	二级指标（21个）	三级指标（64个）（2014年）	三级指标（64个）（2015年）	变化情况
宏观经济竞争力	经济均量	①人均国内生产总值（元）	①人均国内生产总值（元）	未变
		②人均地方财政收入（元）	②人均地方财政收入（元）	未变
		③人均固定资产完成额（元）	③人均固定资产完成额（元）	未变
		④城镇居民可支配收入（元）	④城镇居民可支配收入（元）	未变
		⑤农村居民人均纯收入（元）	⑤农村居民人均纯收入（元）	未变
		⑥人均社会消费品零售额（元）	⑥人均社会消费品零售额（元）	未变
	经济总量	⑦国内生产总值（万元）	⑦国内生产总值（万元）	未变
		⑧地方财政收入（万元）	⑧地方财政收入（万元）	未变
		⑨社会消费品零售总额（万元）	⑨社会消费品零售总额（万元）	未变
	金融资本	⑩金融机构存款余额（万元）	⑩金融机构存款余额（万元）	未变
		⑪金融机构贷款余额（万元）	⑪金融机构贷款余额（万元）	未变
		⑫城镇固定资产投资完成额（万元）	⑫城镇固定资产投资完成额（万元）	未变
		⑬城镇新增固定资产	⑬城镇新增固定资产	未变
产业发展竞争力	产业总量	①第二产业增加值（万元）	①第二产业增加值（万元）	未变
		②第三产业增加值（万元）	②第三产业增加值（万元）	未变
		③规模以上工业总产值（万元）	③规模以上工业总产值（万元）	未变
	产业结构	④第二产业占GDP的比重（%）	④第二产业占GDP的比重（%）	未变
		⑤第三产业占GDP的比重（%）	⑤第三产业占GDP的比重（%）	未变
	产业效率	⑥第二产业近5年平均增长速度（%）	⑥第二产业近5年平均增长速度（%）	未变
		⑦第三产业近5年平均增长速度（%）	⑦第三产业近5年平均增长速度（%）	未变

续表

一级指标 (8个)	二级指标 (21个)	三级指标(64个)(2014年)	三级指标(64个)(2015年)	变化情况
基础设施竞争力	居住条件	①城乡住房砖木结构以上比重(%)	①城乡住房砖木结构以上比重(%)	未变
		②自来水受益村比重(%)	②自来水受益村比重(%)	未变
		③农村有线电视普及村庄比例(%)	③农村有线电视普及村庄比例(%)	未变
	交通通信	④每百人公共汽车营运车辆数	④每百人公共汽车营运车辆数	未变
		⑤国际互联网用户占总户数比重(%)	⑤国际互联网用户占总户数比重(%)	未变
		⑥固定电话用户占总户数比重(%)	⑥固定电话用户占总户数比重(%)	未变
		⑦移动电话用户占总人口比重(%)	⑦移动电话用户占总人口比重(%)	未变
		⑧境内公路密度(公路里程数/百平方公里)	⑧境内公路密度(公路里程数/百平方公里)	未变
社会保障竞争力	医疗保险	①参加城镇基本医疗保险的人数占城镇人口比重(%)	①参加城镇基本医疗保险的人数占城镇人口比重(%)	未变
		②参加农村合作医疗的人数占农村人口的比重(%)	②参加农村合作医疗的人数占农村人口的比重(%)	未变
	养老保险	③参加城镇基本养老保险的人数占城镇人口比重(%)	③参加城镇基本养老保险的人数占城镇人口比重(%)	未变
		④参加农村养老保险人数占农村人口比重(%)	④参加农村养老保险人数占农村人口比重(%)	未变
	基本生活保障	⑤城镇最低生活保障人口占城镇人口比重(逆指标)(%)	⑤城镇最低生活保障人口占城镇人口比重(逆指标)(%)	未变
		⑥农村最低生活保障人口占农村人口比重(逆指标)(%)	⑥农村最低生活保障人口占农村人口比重(逆指标)(%)	未变
公共服务竞争力	科技服务	①每万人拥有专业技术人员数(人)	①每万人拥有专业技术人员数(人)	未变
		②每万人专利授权数(个)	②每万人专利授权数(个)	未变
	文化娱乐	③每十万人拥有体育场馆个数(个)	③每十万人拥有体育场馆个数(个)	未变
		④每十万人拥有剧场、影剧院数(个)	④每十万人拥有剧场、影剧院数(个)	未变
		⑤人均拥有公共图书馆图书数(册)	⑤人均拥有公共图书馆图书数(册)	未变
	医疗卫生	⑥每万人拥有医疗卫生机构专业技术人员数(人)	⑥每万人拥有医疗卫生机构专业技术人员数(人)	未变
		⑦每万人的医院、卫生院床位数(张)	⑦每万人的医院、卫生院床位数(张)	未变
		⑧每万人拥有执业(助理)医师数(人)	⑧每万人拥有执业(助理)医师数(人)	未变
		⑨医院总卫生技术人员数(人)	⑨医院总卫生技术人员数(人)	未变
		⑩医院总床位数(张)	⑩医院总床位数(张)	未变

续表

一级指标(8个)	二级指标(21个)	三级指标(64个)(2014年)	三级指标(64个)(2015年)	变化情况
生活环境竞争力	生活环境	①森林覆盖率(%)	①森林覆盖率(%)	未变
		②每十万人口拥有垃圾处理站数(个)		删减
		③污水处理厂集中处理率	②污水处理厂集中处理率	未变
	环境保护	④每万元GDP工业二氧化硫排放量(吨)(逆指标)	③每万元GDP工业二氧化硫排放量(吨)(逆指标)	未变
		⑤每万元GDP氮氧化物排放量(吨)(逆指标)	④每万元GDP氮氧化物排放量(吨)(逆指标)	未变
		⑥每万元GDP烟(粉)尘排放量(吨)(逆指标)	⑤每万元GDP烟(粉)尘排放量(吨)(逆指标)	未变
			⑥水土流失综合治理面积(千公顷)	新增
	农业环境	⑦单位第一产业增加值施用化肥量(吨)(逆指标)	⑦单位第一产业增加值施用化肥量(吨)(逆指标)	未变
		⑧单位第一产业增加值施用农药量(吨)(逆指标)	⑧单位第一产业增加值施用农药量(吨)(逆指标)	未变
		⑨单位第一产业增加值使用地膜量(吨)(逆指标)	⑨单位第一产业增加值使用地膜量(吨)(逆指标)	未变
社会结构竞争力	人口结构	①非农人口占总人口的比重(%)	①非农人口占总人口的比重(%)	未变
		②县域人口占全省人口比重(%)	②县域人口占全省人口比重(%)	未变
	城乡结构	③农村从事非农产业的劳动力占农村总劳动力的比重(%)	③农村从事非农产业的劳动力占农村总劳动力的比重(%)	未变
科学教育竞争力	科教支出	①科技支出(万元)	①科技支出(万元)	未变
		②教育支出(万元)	②教育支出(万元)	未变
		③科技支出占GDP的比重(%)	③科技支出占GDP的比重(%)	未变
		④在校学生人均教育经费(元)	④在校学生人均教育经费(元)	未变
	科教资源	⑤每万人普通中学在校生拥有专任中学教师数(人)	⑤每万人普通中学在校生拥有专任中学教师数(人)	未变
		⑥每万人小学在校生拥有专任小学教师数(人)	⑥每万人小学在校生拥有专任小学教师数(人)	未变
		⑦每千户居民拥有普通中学数(所)	⑦每千户居民拥有普通中学数(所)	未变
		⑧每千户居民拥有小学数(所)	⑧每千户居民拥有小学数(所)	未变

二 甘肃省县域竞争力评价方法及评价标准

（一）甘肃省县域竞争力评价时间与地域范围

甘肃省县域竞争力评价以甘肃省统计局提供的各县域2015年度统计数据为依据，评价基准年份为2015年。

根据国家统计局农村调查司有关全国县域竞争力的测评范围，结合甘肃省统计局的具体要求，课题组对甘肃省除城关区、七里河区、西固区、安宁区、红古区、嘉峪关市、金川区、白银区、平川区、秦州区之外的77个县（市、区）进行了县域竞争力的评价与分析。

（二）甘肃省县域竞争力评价方法

数据的处理。在认真核对原始数据确保无误的情况下，对每一指标列数据进行标准化处理，使得各指标列数据形成无差异的标准化矩阵；在对数据进行标准化处理的基础上，分别以三级指标列为单位进行分值赋值，再进行加权加总得各级指标分值。

指标权重的确定。对于指标权重的确定，课题组是在专家打分的基础上运用层次分析法（Analytical Hierarchy Process，AHP）进行指标权重确定。2015年评价指标权重相对于2014年略有变化，总体上根据专家赋值结果，一是总量指标相对于均量指标权重略有上升，二是逆指标相对于正向指标权重略有下降。

（三）甘肃省县域竞争力评价标准

甘肃省县域竞争力评价标准划分为5级，即：绝对优势、一般优势、中势、一般劣势和绝对劣势。其评价的方法是根据77个县（市、区）对应指标的分值进行评价，其中：分值小于等于85、大于等于80为绝对优势，分值小于80、大于等于75为一般优势，分值小于75、大于等于70为中势，分值小于70、大于等于65为一般劣势，分值小于65、大于等于60为绝对劣势（见表2）。

表2 2015年甘肃省县域竞争力评价标准

评价标准	分值	评价标准	分值	评价标准	分值
绝对优势	≥80，≤85	中势	≥70，<75	绝对劣势	≥60，<65
一般优势	≥75，<80	一般劣势	≥65，<70		

B.3
甘肃省县域竞争力综合评价报告

潘从银　王建兵*

摘　要： 本章主要通过构建甘肃省县域竞争力评价指标体系，利用一定的数理分析方法，对2015年甘肃省77个县（市、区）经济社会发展数据进行处理分析，得出2015年甘肃省县域竞争力发展特征：一是甘肃省县域竞争力整体水平相对较低，但较2014年相比有明显提升；二是从8个一级指标来看，生活环境竞争力处于一般优势，社会保障、基础设施、社会结构竞争力处于中势，产业发展、宏观经济、科学教育竞争力处于一般劣势，公共服务竞争力处于绝对劣势；三是甘肃省县域竞争力各市（州）及各市（州）所辖县域之间差异性较大，县域竞争力发展很不均衡；四是甘肃省县域竞争力各市（州）及各市（州）所辖县域之间要素配置差异性较大，县域竞争力要素配置很不均衡；五是甘肃省各市（州）及各市（州）所辖县域之间县域竞争力具有一定的行政区域、地理位置、经济发展、经济结构等因素制约下的分布特征；六是甘肃省贫困地区县域竞争力上升趋势较为明显，且与2014年相比上升速度加快。

关键词： 甘肃省　县域　竞争力　评价

---

*　潘从银，甘肃省社会科学院助理研究员，区域经济学硕士，主要从事农村经济发展研究；王建兵，甘肃省社会科学院农村发展研究所所长，博士，研究方向为生态经济和农村发展。

一 甘肃省县域竞争力综合评价结果

（一）甘肃省县域竞争力综合评价结果

1. 评价结果

通过对宏观经济竞争力、产业发展竞争力、基础设施竞争力、社会保障竞争力、公共服务竞争力、生活环境竞争力、社会结构竞争力、科学教育竞争力8个一级指标进行计算和分析，得出2015年甘肃省77个县（市、区）县域竞争力综合评价情况，如表1所示。

表1 2015年甘肃省县域竞争力综合评价

县（市、区）	综合排序	综合得分	2015年县域竞争力							
			宏观经济得分	产业发展得分	基础设施得分	社会保障得分	公共服务得分	生活环境得分	社会结构得分	科学教育得分
凉州区	1	74.09	79.96	73.96	76.02	75.56	65.90	76.19	80.13	65.44
西峰区	2	73.46	75.53	71.97	79.93	76.75	66.67	77.84	74.29	65.28
甘州区	3	72.76	74.09	71.23	77.37	76.94	68.45	76.69	75.63	63.89
肃州区	4	72.19	76.48	70.83	78.04	72.70	68.33	70.96	75.49	64.27
临夏市	5	71.73	69.01	71.26	78.74	69.42	64.48	77.32	79.62	65.29
崆峒区	6	71.64	72.21	70.54	75.45	75.00	66.78	75.61	75.98	63.82
麦积区	7	71.45	72.08	73.88	72.81	73.87	63.73	77.22	74.36	64.78
敦煌市	8	71.34	72.70	69.50	75.98	78.90	64.03	76.09	71.78	63.54
肃北县	9	71.04	69.33	68.51	74.79	78.12	70.22	70.91	69.25	68.62
玉门市	10	70.75	71.71	69.32	76.60	73.28	64.92	75.04	71.25	64.36
山丹县	11	70.72	65.48	68.05	78.33	77.59	65.82	76.40	74.95	63.06
阿克塞	12	70.68	67.78	67.00	79.14	72.58	73.23	70.20	71.25	65.80
民勤县	13	70.52	68.39	68.35	74.21	77.77	65.52	77.07	67.20	67.47
肃南县	14	70.46	65.34	66.88	75.08	74.18	67.49	78.63	69.11	69.48
临泽县	15	70.41	66.27	67.99	76.37	74.98	66.08	76.93	73.10	64.70
高台县	16	70.41	66.70	68.27	77.00	76.07	66.02	76.66	72.02	63.55
环县	17	70.29	67.97	70.28	69.00	71.81	63.62	74.35	72.88	72.89
天祝县	18	70.28	66.54	68.85	72.73	73.92	65.75	78.41	70.01	68.38

续表

县 (市、区)	综合排序	综合得分	2015年县域竞争力							
			宏观经济得分	产业发展得分	基础设施得分	社会保障得分	公共服务得分	生活环境得分	社会结构得分	科学教育得分
武都区	19	70.27	68.76	70.84	71.81	73.40	62.46	77.10	76.40	64.12
成县	20	70.25	65.81	70.41	74.05	75.88	65.66	75.66	72.02	65.28
华亭县	21	70.22	67.41	67.17	75.51	70.38	67.04	77.45	74.77	64.95
永登县	22	70.19	67.10	71.60	72.94	73.66	63.58	75.13	73.44	65.75
皋兰县	23	70.06	65.73	71.35	76.30	72.18	64.45	72.61	71.09	66.83
庆城县	24	69.95	68.23	71.02	70.23	75.79	63.45	75.59	69.59	67.24
榆中县	25	69.93	68.29	69.26	71.89	76.50	63.65	75.06	70.95	65.99
金塔县	26	69.86	66.98	68.40	74.25	77.76	64.38	76.47	70.48	63.39
瓜州县	27	69.82	70.13	67.33	76.00	77.85	68.26	69.80	67.35	63.19
徽县	28	69.80	65.09	67.34	73.90	73.90	64.52	78.48	73.66	65.89
陇西县	29	69.75	67.47	68.18	70.85	74.11	65.04	75.64	71.31	67.76
宁县	30	69.70	66.63	68.56	73.19	75.31	61.66	74.62	72.33	67.02
永昌县	31	69.69	67.11	69.97	74.77	74.37	63.80	76.39	70.78	62.53
民乐县	32	69.62	64.93	67.46	77.67	74.76	64.09	76.36	69.39	64.31
华池县	33	69.47	67.85	71.30	71.00	73.34	64.85	78.14	64.13	66.02
泾川县	34	69.46	65.15	66.65	73.84	73.82	64.60	78.63	71.07	65.34
崇信县	35	69.45	64.75	66.35	76.35	75.91	64.92	72.61	72.39	65.01
两当县	36	69.45	62.29	64.41	76.11	76.23	65.92	77.41	69.68	67.36
甘谷县	37	69.44	66.36	66.89	73.49	73.17	63.01	76.02	74.14	65.31
合水县	38	69.40	65.36	69.14	74.63	73.37	63.96	77.64	68.80	64.36
庄浪县	39	69.39	64.43	66.53	74.71	75.58	65.06	73.80	72.75	65.43
临洮县	40	69.36	66.67	68.03	73.18	75.06	62.95	76.78	70.13	64.60
正宁县	41	69.36	64.97	66.04	74.78	75.14	62.02	77.08	70.96	66.50
灵台县	42	69.33	63.72	66.38	72.97	76.25	63.88	78.79	70.45	66.24
静宁县	43	69.32	65.42	66.64	74.36	73.02	65.00	74.29	69.75	67.65
康县	44	69.28	63.65	68.97	72.17	75.75	64.44	79.04	67.31	66.03
安定区	45	69.28	68.38	69.16	68.93	71.51	62.62	78.33	70.42	66.52
临夏县	46	69.13	63.23	67.76	74.05	72.65	62.87	76.30	73.95	65.28
文县	47	69.00	64.14	68.18	71.05	71.97	60.30	78.60	69.34	69.80
迭部县	48	68.97	62.95	65.28	74.58	72.83	65.51	77.04	68.42	67.79
景泰县	49	68.96	65.17	67.16	75.34	72.02	63.92	73.63	68.39	66.74
永靖县	50	68.95	64.70	67.49	73.20	70.62	65.33	75.19	70.05	66.79
清水县	51	68.92	64.11	67.30	74.08	72.69	61.97	76.26	68.36	67.77

续表

县（市、区）	综合排序	综合得分	2015年县域竞争力							
			宏观经济得分	产业发展得分	基础设施得分	社会保障得分	公共服务得分	生活环境得分	社会结构得分	科学教育得分
镇原县	52	68.87	66.59	68.23	71.28	73.75	62.24	72.31	72.56	65.82
武山县	53	68.76	65.03	66.31	71.93	73.07	62.88	76.33	72.42	65.34
靖远县	54	68.75	65.92	67.41	71.54	73.55	63.97	74.97	67.44	66.85
通渭县	55	68.71	63.84	67.42	68.21	74.23	64.03	75.09	71.40	68.75
礼县	56	68.59	64.28	67.28	65.07	74.14	61.62	77.15	71.77	70.89
岷县	57	68.48	64.18	66.98	74.80	72.71	62.83	71.67	68.16	66.97
碌曲县	58	68.45	62.75	67.07	70.53	74.60	69.54	77.10	62.28	66.95
会宁县	59	68.37	65.43	68.13	65.59	72.19	64.59	78.99	68.54	67.14
舟曲县	60	68.33	62.73	66.29	69.80	73.08	64.29	79.25	72.08	64.20
渭源县	61	68.26	63.51	66.58	71.96	74.01	63.16	77.26	66.73	65.60
和政县	62	68.18	62.72	67.61	71.95	71.25	61.76	75.03	73.31	64.72
合作市	63	68.16	64.44	68.97	71.61	70.04	61.89	76.96	67.96	64.79
漳县	64	68.14	63.10	68.28	71.77	72.61	61.06	72.27	73.66	64.77
张家川	65	68.12	63.35	67.33	73.13	72.76	63.24	71.73	69.64	65.42
临潭县	66	68.11	62.80	66.38	70.65	71.67	64.03	76.71	67.28	67.78
康乐县	67	68.07	62.61	66.78	71.93	73.22	62.74	77.47	67.37	65.29
秦安县	68	67.87	66.44	66.99	69.32	72.60	62.32	71.50	69.96	65.46
西和县	69	67.76	63.62	69.20	70.29	69.37	61.28	76.34	70.03	63.91
古浪县	70	67.74	64.88	67.16	70.98	70.89	62.96	71.33	68.91	65.86
宕昌县	71	67.68	63.41	68.94	70.42	72.01	62.73	72.23	68.25	64.97
广河县	72	67.61	62.83	67.72	75.66	65.68	62.69	75.28	67.77	63.57
卓尼县	73	67.37	62.86	64.73	70.32	71.40	64.28	73.33	63.81	69.34
东乡县	74	67.18	62.14	67.45	68.90	68.19	60.71	76.41	68.75	66.70
夏河县	75	67.15	62.98	66.62	66.98	72.24	61.89	77.00	65.78	66.50
玛曲县	76	66.74	63.00	66.22	67.03	71.52	65.14	79.58	61.22	63.73
积石山	77	66.49	62.64	65.82	70.79	65.28	62.18	70.08	69.36	66.08
均值		69.44	66.22	68.22	73.14	73.54	64.31	75.69	70.64	65.93
极差		7.60	17.82	9.55	14.86	13.63	12.93	9.78	18.91	10.36
方差		2.05	12.18	3.68	9.67	6.51	5.02	5.91	11.36	3.50
标准差		1.43	3.49	1.92	3.11	2.55	2.24	2.43	3.37	1.87

资料来源：根据《甘肃发展年鉴》（2015）和甘肃省统计局提供的数据处理而来。

根据 2015 年甘肃省县域竞争力综合得分，甘肃省 77 个县（市、区）中处于绝对优势的县（市、区）为 0 个；处于一般优势的县（市、区）也为 0 个；处于中势的县（市、区）有 23 个，包括凉州区，西峰区，甘州区，肃州区，临夏市，崆峒区，麦积区，敦煌市，肃北县，玉门市，山丹县，阿克塞，民勤县，肃南县，临泽县，高台县，环县，天祝县，武都区，成县，华亭县，永登县，皋兰；处于一般劣势的县（市、区）有 54 个，包括庆城县，榆中县，金塔县，瓜州县，徽县，陇西县，宁县，永昌县，民乐县，华池县，泾川县，崇信县，两当县，甘谷县，合水县，庄浪县，临洮县，正宁县，灵台县，静宁县，康县，安定区，临夏县，文县，迭部县，景泰县，永靖县，清水县，镇原县，武山县，靖远县，通渭县，礼县，岷县，碌曲县，会宁县，舟曲县，渭源县，和政县，合作市，漳县，张家川，临潭县，康乐县，秦安县，西和县，古浪县，宕昌县，广河县，卓尼县，东乡县，夏河县，玛曲县，积石山；处于绝对劣势的县（市、区）也为 0 个（见表 2）。

表 2　2015 年甘肃省县域竞争力水平归类分布一览

评价标准	县域名称（个数）
绝对优势	（0 个）
一般优势	（0 个）
中势	凉州区，西峰区，甘州区，肃州区，临夏市，崆峒区，麦积区，敦煌市，肃北县，玉门市，山丹县，阿克塞，民勤县，肃南县，临泽县，高台县，环县，天祝县，武都区，成县，华亭县，永登县，皋兰县（23 个）
一般劣势	庆城县，榆中县，金塔县，瓜州县，徽县，陇西县，宁县，永昌县，民乐县，华池县，泾川县，崇信县，两当县，甘谷县，合水县，庄浪县，临洮县，正宁县，灵台县，静宁县，康县，安定区，临夏县，文县，迭部县，景泰县，永靖县，清水县，镇原县，武山县，靖远县，通渭县，礼县，岷县，碌曲县，会宁县，舟曲县，渭源县，和政县，合作市，漳县，张家川，临潭县，康乐县，秦安县，西和县，古浪县，宕昌县，广河县，卓尼县，东乡县，夏河县，玛曲县，积石山（54 个）
绝对劣势	（0 个）

2. 结果分析

从 2015 年甘肃省县域竞争力综合得分来看（见表 1），均值为 69.44，县域竞争力整体处于一般劣势；极差为7.60，在最大赋值范围内偏离21.71%，反映出研究县域范围内县域竞争力得分最高县域与得分最低县域存在较大差异，发展相对不均衡；同时，方差为2.05，标准差为1.43，反映出研究县域范围内县域竞争力整体差异不大。结合均值、极差、方差及标准差，2015年甘肃省县域竞争力整体而言在较低水平上存在一定不均衡性。

从2015年甘肃省县域竞争力水平归类分布来看（见表2），处于绝对优势、一般优势、绝对劣势的县（市、区）均为0个，中势23个，一般劣势54个。其中相对竞争力水平较高的23个县（市、区）中，除环县、成县、华亭县为河东地区，其余均为市（州）所在地或河西地区及兰州市周边县（市）。所以，2015年甘肃省县域竞争力分布与行政区域分布有较大相关性；随着这几年扶贫开发力度加大，贫困县县域竞争力有上升趋势。

就2015年甘肃省县域竞争力8个一级指标而言（见表1），从均值来看，生活环境竞争力均值75.69，处于一般优势；社会保障竞争力均值73.54、基础设施竞争力均值73.14、社会结构竞争力均值70.64，处于中势；产业发展竞争力均值68.22、宏观经济竞争力均值66.22、科学教育竞争力均值65.93，处于一般劣势；公共服务竞争力均值64.31，处于绝对劣势。从极差、方差、标准差来看，所研究县域内，社会结构、宏观经济、基础设施、社会保障、公共服务等竞争力均存在较大差异，科学教育、生活环境、产业发展等竞争力存在一定差异。所以2015年甘肃省县域竞争力研究区域内各县域要素投入方面存在较大差异。

（二）甘肃省市（州）县域竞争力综合评价结果

1. 评价结果

2015年甘肃省13个市（州）（不含嘉峪关市）县域竞争力综合评价情况如表3所示。

表3 2015年甘肃省13个市（州）县域竞争力综合评价

市（州）	综合排序	综合得分	2015年县域竞争力							
			宏观经济得分	产业发展得分	基础设施得分	社会保障得分	公共服务得分	生活环境得分	社会结构得分	科学教育得分
酒泉市	1	70.81	70.73	68.70	76.40	75.88	67.62	72.78	70.98	64.74
张掖市	2	70.73	67.14	68.31	76.97	75.75	66.33	76.95	72.37	64.83
武威市	3	70.66	69.94	69.58	73.49	74.54	65.03	75.75	71.56	66.79
庆阳市	4	70.06	67.89	69.57	73.01	74.41	63.56	75.95	70.69	66.89
兰州市（不含5区）	5	70.06	67.04	70.74	73.71	74.11	63.89	74.27	71.83	66.19
平凉市	6	69.83	66.16	67.18	74.74	74.28	65.32	75.88	72.45	65.49
金昌市（不含金川区）	7	69.69	67.11	69.97	74.77	74.37	63.80	76.39	70.78	62.53
陇南市	8	69.12	64.56	68.40	71.58	73.63	63.22	76.89	70.94	66.47
天水市（不含秦州区）	9	69.09	66.23	68.12	72.46	73.03	62.86	74.84	71.48	65.68
定西市	10	68.85	65.31	67.80	71.38	73.46	63.08	75.29	70.33	66.42
白银市（不含白银区、平川区）	11	68.69	65.51	67.56	70.82	72.59	64.16	75.87	68.12	66.91
临夏州	12	68.42	63.73	67.74	73.15	69.54	62.84	75.38	71.27	65.46
甘南州	13	67.91	63.06	66.45	70.19	72.17	64.57	77.12	66.10	66.39
均值		69.53	66.49	68.47	73.28	73.67	64.33	75.64	70.69	65.75
极差		2.90	7.67	4.29	6.78	6.35	4.78	4.34	6.35	4.38
方差		0.87	4.88	1.47	4.23	2.71	2.05	1.43	3.07	1.47
标准差		0.93	2.21	1.21	2.06	1.65	1.43	1.19	1.75	1.21

注：不包含嘉峪关市。
资料来源：根据《甘肃发展年鉴》（2015）和甘肃省统计局提供的数据处理而来。

2015年甘肃省13个市（州）（不含嘉峪关市）县域竞争力综合得分：酒泉市70.81、张掖市70.73、武威市70.66、庆阳市70.06、兰州市（不含5区）70.06，处于中势；平凉市69.83、金昌市（不含金川区）69.69、陇南市69.12、天水市（不含秦州区）69.09、定西市68.85、白银市（不含白银区、平川区）68.69、临夏州68.42、甘南州67.91，处于一般劣势。13个市（州）（不含嘉峪关市）县域竞争力综合得分均无处于绝对优势、一般优势、绝对劣势的情况（见表4）。

表4 2015年甘肃省13市（州）县域竞争力水平归类分布一览

评价标准	市（州）名称（个数）
绝对优势	（0个）
一般优势	（0个）
中势	酒泉市、张掖市、武威市、庆阳市、兰州市（不含5区）（5个）
一般劣势	平凉市、金昌市（不含金川区）、陇南市、天水市（不含秦州区）、定西市、白银市（不含白银区、平川区）、临夏州、甘南州（8个）
绝对劣势	（0个）

注：不包含嘉峪关市。

2. 结果分析

从13个市（州）（不含嘉峪关市）总体来看，均值为69.53，与77个县（市、区）一样，均处在一般劣势；极差、方差、标准差明显缩小，说明13个市（州）（不含嘉峪关市）之间总体差异不大，结合77个县（市、区）的评价结果，反映出各市（州）所辖县域之间存在较大差异，各市（州）所辖县域之间发展不均衡（见表3）。

从13个市（州）（不含嘉峪关市）县域竞争力8个一级指标的极差、方差、标准差来看，与77个县（市、区）相比明显缩小，但仍然存在一定差异，要素配置不均衡；同时结合77个县（市、区）评价结果，也说明各市（州）所辖县域之间存在较大差异，各市（州）所辖县域之间要素配置不均衡（见表3）。

二 甘肃省县域竞争力子系统评价分析

（一）甘肃省县域宏观经济竞争力子系统评价分析

1. 甘肃省县域宏观经济竞争力子系统评价结果

（1）评价结果

通过对经济均量、经济总量、金融资本3个二级指标进行计算和分析，得出2015年甘肃省77个县（市、区）县域宏观经济竞争力评价情况，如表5所示。

表5 2015年甘肃省县域宏观经济竞争力评价

县（市、区）	排序	得分	宏观经济竞争力		
			经济均量	经济总量	金融资本
凉州区	1	79.96	71.99	85.00	79.05
肃州区	2	76.48	75.85	75.42	78.59
西峰区	3	75.53	73.56	76.14	76.27
甘州区	4	74.09	72.51	77.50	70.29
敦煌市	5	72.70	79.10	70.31	70.97
崆峒区	6	72.21	71.59	73.59	70.67
麦积区	7	72.08	70.93	75.95	67.25
玉门市	8	71.71	77.22	69.24	70.83
瓜州县	9	70.13	75.95	66.31	71.00
肃北县	10	69.33	91.19	61.90	62.27
临夏市	11	69.01	71.81	71.72	62.61
武都区	12	68.76	69.15	68.83	68.35
民勤县	13	68.39	70.99	66.33	69.31
安定区	14	68.38	69.50	67.63	68.58
榆中县	15	68.29	68.87	68.97	66.77
庆城县	16	68.23	71.60	68.93	64.38
环 县	17	67.97	71.78	67.96	64.81
华池县	18	67.85	73.31	67.67	63.60
阿克塞	19	67.78	88.53	60.82	60.95
陇西县	20	67.47	68.78	67.17	66.84
华亭县	21	67.41	72.32	66.13	65.25
永昌县	22	67.11	72.02	66.03	64.64
永登县	23	67.10	68.58	67.85	64.73
金塔县	24	66.98	74.22	64.37	64.87
高台县	25	66.70	71.84	66.71	62.39
临洮县	26	66.67	68.60	65.95	66.15
宁 县	27	66.63	69.92	65.95	64.91
镇原县	28	66.59	69.62	66.14	64.72
天祝县	29	66.54	70.43	65.86	64.31
秦安县	30	66.44	68.77	67.03	63.61

续表

县(市、区)	排序	得分	宏观经济竞争力		
			经济均量	经济总量	金融资本
甘谷县	31	66.36	68.78	66.40	64.28
临泽县	32	66.27	71.77	65.73	62.51
靖远县	33	65.92	69.18	65.82	63.36
成 县	34	65.81	69.10	65.13	64.10
皋兰县	35	65.73	70.33	65.02	62.97
山丹县	36	65.48	70.76	64.54	62.50
会宁县	37	65.43	67.41	65.22	64.09
静宁县	38	65.42	68.67	64.56	64.02
合水县	39	65.36	70.86	63.87	63.03
肃南县	40	65.34	75.59	62.21	61.50
景泰县	41	65.17	70.35	63.95	62.68
泾川县	42	65.15	69.31	64.08	63.29
徽 县	43	65.09	69.05	64.09	63.29
武山县	44	65.03	68.83	64.19	63.13
正宁县	45	64.97	70.13	62.74	64.01
民乐县	46	64.93	69.77	64.10	62.15
古浪县	47	64.88	68.23	63.98	63.46
崇信县	48	64.75	71.67	62.67	62.08
永靖县	49	64.70	68.20	63.83	63.09
合作市	50	64.44	70.20	62.73	62.22
庄浪县	51	64.43	68.64	63.31	62.61
礼 县	52	64.28	67.56	63.02	63.42
岷 县	53	64.18	67.89	63.14	62.65
文 县	54	64.14	68.03	62.21	63.78
清水县	55	64.11	68.37	63.23	61.89
通渭县	56	63.84	67.63	62.47	62.73
灵台县	57	63.72	68.49	62.01	62.31
康 县	58	63.65	68.09	61.49	63.18
西和县	59	63.62	67.53	62.25	62.41
渭源县	60	63.51	67.90	62.19	61.82
宕昌县	61	63.41	67.62	61.69	62.49
张家川	62	63.35	67.92	61.75	61.95
临夏县	63	63.23	67.29	62.14	61.48
漳 县	64	63.10	67.98	61.46	61.48

续表

县(市、区)	排序	得分	宏观经济竞争力		
			经济均量	经济总量	金融资本
玛曲县	65	63.00	70.19	60.69	60.48
夏河县	66	62.98	69.35	61.06	60.56
迭部县	67	62.95	69.41	60.52	61.21
卓尼县	68	62.86	68.70	60.60	61.38
广河县	69	62.83	67.30	61.30	61.41
临潭县	70	62.80	67.86	60.87	61.46
碌曲县	71	62.75	70.21	60.18	60.40
舟曲县	72	62.73	68.17	60.68	61.26
和政县	73	62.72	67.15	61.06	61.51
积石山	74	62.64	67.00	61.51	60.69
康乐县	75	62.61	67.24	61.16	60.93
两当县	76	62.29	68.63	60.05	60.36
东乡县	77	62.14	66.59	60.54	60.84
均值		66.22	70.49	65.15	64.25
极差		17.82	24.60	24.95	18.69
方差		12.18	16.37	20.69	14.81
标准差		3.49	4.05	4.55	3.85

资料来源：根据《甘肃发展年鉴》(2015) 和甘肃省统计局提供的数据处理而来。

根据 2015 年甘肃省县域宏观经济竞争力得分，甘肃省 77 个县（市、区）处于绝对优势的县（市、区）为 0 个；处于一般优势的县（市、区）也为 0 个；处于中势的县（市、区）有 9 个，包括凉州区、肃州区、西峰区、甘州区、敦煌市、崆峒区、麦积区、玉门市、瓜州县；处于一般劣势的县（市、区）有 35 个，包括肃北县、临夏市、武都区、民勤县、安定区、榆中县、庆城县、环县、华池县、阿克塞、陇西县、华亭县、永昌县、永登县、金塔县、高台县、临洮县、宁县、镇原县、天祝县、秦安县、甘谷县、临泽县、靖远县、成县、皋兰县、山丹县、会宁县、静宁县、合水县、肃南县、景泰县、泾川县、徽县、武山县；处于绝对劣势的县（市、区）有 33 个，包括正宁县、民乐县、古浪县、崇信县、永靖县、合作市、庄浪县、礼县、岷县、文县、清水县、通渭县、灵台县、康县、西和县、渭源县、宕昌县、张家川、临夏县、漳县、玛曲县、夏河县、迭部县、卓尼县、广河县、临潭县、碌曲县、舟曲县、和政县、积石山、康乐县、两当县、东乡县（见表6）。

表6　2015年甘肃省县域宏观经济竞争力水平归类分布一览

评价标准	县域名称（个数）
绝对优势	（0个）
一般优势	（0个）
中势	凉州区、肃州区、西峰区、甘州区、敦煌市、崆峒区、麦积区、玉门市、瓜州县（9个）
一般劣势	肃北县、临夏市、武都区、民勤县、安定区、榆中县、庆城县、环县、华池县、阿克塞、陇西县、华亭县、永昌县、永登县、金塔县、高台县、临洮县、宁县、镇原县、天祝县、秦安县、甘谷县、临泽县、靖远县、成县、皋兰县、山丹县、会宁县、静宁县、合水县、肃南县、景泰县、泾川县、徽县、武山县（35个）
绝对劣势	正宁县、民乐县、古浪县、崇信县、永靖县、合作市、庄浪县、礼县、岷县、文县、清水县、通渭县、灵台县、康县、西和县、渭源县、宕昌县、张家川、临夏县、漳县、玛曲县、夏河县、迭部县、卓尼县、广河县、临潭县、碌曲县、舟曲县、和政县、积石山、康乐县、两当县、东乡县（33个）

（2）结果分析

2015年甘肃省县域宏观经济竞争力77个县（市、区）得分均值为66.22，处于一般劣势，其极差、方差、标准差均相对较大，差异性较大，77个县（市、区）之间发展很不均衡；经济均量均值为70.49，处于中势，经济总量均值为65.15，处于一般劣势，金融资本均值为64.25，处于绝对劣势，从3个二级指标的极差、方差、标准差来看，都存在较大差异，在77个县（市、区）之间，3个要素配置严重失衡（见表5）。

从77个县（市、区）宏观经济竞争力水平归类分布来看，行政区域分布特征明显；市（州）所辖贫困县域宏观经济竞争力提升较快，其他贫困县域宏观经济竞争力提升相对较慢（见表6）。

2. 甘肃省市（州）县域宏观经济竞争力子系统评价分析

（1）评价结果

2015年甘肃省13个市（州）（不含嘉峪关市）县域宏观经济竞争力综合评价情况如表7所示。

表7 2015年甘肃省13个市（州）县域宏观经济竞争力评价

市（州）	排序	得分	宏观经济竞争力		
			经济均量	经济总量	金融资本
酒泉市	1	70.73	80.29	66.91	68.50
武威市	2	69.94	70.41	70.29	69.03
庆阳市	3	67.89	71.35	67.43	65.71
张掖市	4	67.14	72.04	66.80	63.56
金昌市（不含金川区）	5	67.11	72.02	66.03	64.64
兰州市（不含5区）	6	67.04	69.26	67.28	64.83
天水市（不含秦州区）	7	66.23	68.93	66.43	63.69
平凉市	8	66.16	70.10	65.19	64.32
白银市（不含白银区、平川区）	9	65.51	68.98	65.00	63.38
定西市	10	65.31	68.33	64.29	64.32
陇南市	11	64.56	68.31	63.20	63.49
临夏州	12	63.73	67.82	62.91	61.57
甘南州	13	63.06	69.26	60.91	61.12
均值		66.49	70.55	65.59	64.47
极差		7.67	12.47	9.38	7.91
方差		4.88	10.50	5.78	5.17
标准差		2.21	3.24	2.40	2.27

资料来源：根据《甘肃发展年鉴》（2015）和甘肃省统计局提供的数据处理而来。

2015年甘肃省13个市（州）（不含嘉峪关市）县域宏观经济竞争力得分：酒泉市70.73，处于中势；武威市69.94、庆阳市67.89、张掖市67.14、金昌市（不含金川区）67.11、兰州市（不含5区）67.04、天水市（不含秦州区）66.23、平凉市66.16、白银市（不含白银区、平川区）65.51、定西市65.31，处于一般劣势；陇南市64.56、临夏州63.73、甘南州63.06，处于绝对劣势。13个市（州）（不含嘉峪关市）县域宏观经济竞争力得分均无处于绝对优势、一般优势的情况（见表8）。

表8 2015年甘肃省13个市（州）县域宏观经济竞争力水平归类分布一览

评价标准	市（州）名称（个数）
绝对优势	（0个）
一般优势	（0个）
中势	酒泉市（1个）
一般劣势	武威市、庆阳市、张掖市、金昌市（不含金川区）、兰州市（不含5区）、天水市（不含秦州区）、平凉市、白银市（不含白银区、平川区）、定西市（9个）
绝对劣势	陇南市、临夏州、甘南州（3个）

注：不含嘉峪关市。

（2）结果分析

从13个市（州）（不含嘉峪关市）宏观经济竞争力总体来看，均值为66.49，与77个县（市、区）一样，均处在一般劣势，经济均量均值为70.55，处于中势，经济总量均值为65.59，处于一般劣势，金融资本均值为64.47，处于绝对劣势；极差、方差、标准差明显缩小，但仍然相对较大，说明13个市（州）（不含嘉峪关市）之间存在一定差异，结合77个县（市、区）的评价结果，反映出各市（州）所辖县域之间存在较大差异，各市（州）所辖县域之间发展不均衡（见表7）。

从13个市（州）（不含嘉峪关市）县域宏观经济竞争力3个二级指标的极差、方差、标准差来看，与77个县（市、区）相比较明显缩小，但仍然存在较大差异，要素配置很不均衡；同时结合77个县（市、区）评价结果，也说明各市（州）所辖县域之间存在较大差异，各市（州）所辖县域之间要素配置很不均衡（见表7）。

（二）甘肃省县域产业发展竞争力子系统评价分析

1. 甘肃省县域产业发展竞争力子系统评价结果

（1）评价结果

通过对产业总量、产业结构、产业效率3个二级指标进行计算和分析，得出2015年甘肃省77个县（市、区）县域产业发展竞争力评价情况，如表9所示。

表9 2015年甘肃省县域产业发展竞争力评价

县(市、区)	排序	得分	产业发展竞争力		
			产业总量	产业结构	产业效率
凉州区	1	73.96	76.83	70.66	73.43
麦积区	2	73.88	73.53	73.14	75.09
西峰区	3	71.97	73.69	73.54	68.12
永登县	4	71.60	68.69	72.83	74.25
皋兰县	5	71.35	64.31	72.01	80.08
华池县	6	71.30	67.71	72.50	74.88
临夏市	7	71.26	64.06	74.45	77.68
甘州区	8	71.23	69.01	70.87	74.54
庆城县	9	71.02	67.53	72.06	74.61
武都区	10	70.84	64.89	72.16	77.45
肃州区	11	70.83	70.42	72.15	70.04
崆峒区	12	70.54	67.60	72.49	72.51
成县	13	70.41	63.28	71.47	78.84
环县	14	70.28	66.53	72.13	73.44
永昌县	15	69.97	73.62	70.81	64.26
敦煌市	16	69.50	67.00	72.59	69.76
玉门市	17	69.32	69.78	72.71	65.32
榆中县	18	69.26	66.09	71.77	70.98
西和县	19	69.20	61.73	71.14	77.22
安定区	20	69.16	64.51	71.55	72.97
合水县	21	69.14	64.51	71.38	73.08
康县	22	68.97	61.07	70.51	77.98
合作市	23	68.97	62.29	74.33	72.53
宕昌县	24	68.94	60.89	70.58	78.03
天祝县	25	68.85	63.67	71.89	72.72
宁县	26	68.56	64.11	70.34	72.73
肃北县	27	68.51	61.90	73.74	72.09
金塔县	28	68.40	63.73	70.15	72.89
民勤县	29	68.35	63.69	68.44	74.47
漳县	30	68.28	60.81	70.02	76.49
高台县	31	68.27	62.82	68.86	74.96
镇原县	32	68.23	64.31	69.89	71.81
文县	33	68.18	61.37	70.83	74.62
陇西县	34	68.18	63.11	70.70	72.41

续表

县(市、区)	排序	得分	产业发展竞争力		
			产业总量	产业结构	产业效率
会宁县	35	68.13	62.61	69.34	74.27
山丹县	36	68.05	62.13	70.85	73.16
临洮县	37	68.03	62.91	70.48	72.42
临泽县	38	67.99	62.73	69.54	73.46
临夏县	39	67.76	61.51	71.20	72.67
广河县	40	67.72	60.86	72.06	72.51
和政县	41	67.61	60.46	70.26	74.49
永靖县	42	67.49	62.42	71.41	70.33
民乐县	43	67.46	62.77	68.83	72.34
东乡县	44	67.45	60.53	70.35	73.78
通渭县	45	67.42	61.51	69.82	72.90
靖远县	46	67.41	62.23	68.46	73.26
徽　县	47	67.34	62.08	69.92	71.77
张家川	48	67.33	61.18	70.66	72.20
瓜州县	49	67.33	63.55	71.77	67.92
清水县	50	67.30	61.61	69.88	72.30
礼　县	51	67.28	61.48	69.44	72.85
华亭县	52	67.17	63.06	70.96	68.84
古浪县	53	67.16	62.07	69.21	71.91
景泰县	54	67.16	63.14	70.93	68.73
碌曲县	55	67.07	60.25	69.56	73.66
阿克塞	56	67.00	61.35	73.47	68.06
秦安县	57	66.99	61.95	69.09	71.61
岷　县	58	66.98	61.45	69.77	71.56
甘谷县	59	66.89	62.49	69.48	70.17
肃南县	60	66.88	62.46	71.15	68.50
康乐县	61	66.78	60.64	70.63	71.12
泾川县	62	66.65	61.40	67.33	72.97
静宁县	63	66.64	61.67	68.20	71.71
夏河县	64	66.62	60.55	69.88	71.45
渭源县	65	66.58	60.96	68.88	71.76
庄浪县	66	66.53	61.04	67.81	72.58
临潭县	67	66.38	60.71	72.07	68.27
灵台县	68	66.38	60.59	67.33	73.16

续表

县(市、区)	排序	得分	产业发展竞争力		
			产业总量	产业结构	产业效率
崇信县	69	66.35	61.66	69.74	69.21
武山县	70	66.31	61.88	67.96	70.56
舟曲县	71	66.29	60.51	70.51	69.78
玛曲县	72	66.22	60.47	68.69	71.40
正宁县	73	66.04	60.94	68.88	70.00
积石山	74	65.82	60.42	70.66	68.17
迭部县	75	65.28	60.24	70.78	66.50
卓尼县	76	64.73	60.53	70.09	64.96
两当县	77	64.41	60.01	69.12	65.56
均值		68.22	63.43	70.66	72.17
极差		9.55	16.83	7.12	15.82
方差		3.68	12.53	2.52	9.96
标准差		1.92	3.54	1.59	3.16

资料来源：根据《甘肃发展年鉴》(2015)和甘肃省统计局提供的数据处理而来。

根据2015年甘肃省县域产业发展竞争力得分，甘肃省77个县（市、区）处于绝对优势和一般优势的县（市、区）为0个；处于中势的县（市、区）有14个，包括凉州区、麦积区、西峰区、永登县、皋兰县、华池县、临夏市、甘州区、庆城县、武都区、肃州区、崆峒区、成县、环县；处于一般劣势的县（市、区）有61个，包括永昌县、敦煌市、玉门市、榆中县、西和县、安定区、合水县、康县、合作市、昌县、天祝县、宁县、肃北县、金塔县、民勤县、漳县、高台县、镇原县、文县、陇西县、会宁县、山丹县、临洮县、临泽县、临夏县、广河县、和政县、永靖县、民乐县、东乡县、通渭县、靖远县、徽县、张家川、瓜州县、清水县、礼县、华亭县、古浪县、景泰县、碌曲县、阿克塞、秦安县、岷县、甘谷县、肃南县、康乐县、泾川县、静宁县、夏河县、渭源县、庄浪县、临潭县、灵台县、崇信县、武山县、舟曲县、玛曲县、正宁县、积石山、迭部县；处于绝对劣势的县（市、区）有2个，包括卓尼县、两当县（见表10）。

表10　2015年甘肃省县域产业发展竞争力水平归类分布一览

评价标准	县域名称(个数)
绝对优势	(0个)
一般优势	(0个)
中势	凉州区、麦积区、西峰区、永登县、皋兰县、华池县、临夏市、甘州区、庆城县、武都区、肃州区、崆峒区、成县、环县(14个)
一般劣势	永昌县、敦煌市、玉门市、榆中县、西和县、安定区、合水县、康县、合作市、昌县、天祝县、宁县、肃北县、金塔县、民勤县、漳县、高台县、镇原县、文县、陇西县、会宁县、山丹县、临洮县、临泽县、临夏县、广河县、和政县、永靖县、民乐县、东乡县、通渭县、靖远县、徽县、张家川、瓜州县、清水县、礼县、华亭县、古浪县、景泰县、碌曲县、阿克塞、秦安县、岷县、甘谷县、肃南县、康乐县、泾川县、静宁县、夏河县、渭源县、庄浪县、临潭县、灵台县、崇信县、武山县、舟曲县、玛曲县、正宁县、积石山、迭部县(61个)
绝对劣势	卓尼县、两当县(2个)

（2）结果分析

2014年甘肃省县域产业发展竞争力77个县（市、区）得分均值为68.22，处于一般劣势，其极差、方差、标准差均相对较大，存在一定差异，77个县（市、区）之间发展相对不均衡；产业效率均值为72.17、产业结构均值为70.66，处于中势，产业总量均值为63.43，处于绝对劣势，从3个二级指标的极差、方差、标准差来看，产业总量和产业效率都存在较大差异，在77个县（市、区）之间，这2个要素配置严重失衡，产业结构配置相对较均衡（见表9）。

从77个县（市、区）产业发展竞争力水平归类分布来看，行政区域分布特征明显；市（州）所辖贫困县域产业发展竞争力提升较快，其他贫困县域产业发展竞争力提升相对较慢（见表10）。

2. 甘肃省市（州）县域产业发展竞争力子系统评价分析

（1）评价结果

2015年甘肃省13个市（州）（不含嘉峪关市）县域产业发展竞争力综合评价情况如表11所示。

表11 2015年甘肃省13个市（州）县域产业发展竞争力评价

市（州）	排序	得分	产业发展竞争力		
			产业总量	产业结构	产业效率
兰州市(不含5区)	1	70.74	66.36	72.20	75.10
金昌市(不含金川区)	2	69.97	73.62	70.81	64.26
武威市	3	69.58	66.57	70.05	73.13
庆阳市	4	69.57	66.17	71.34	72.33
酒泉市	5	68.70	65.39	72.37	69.44
陇南市	6	68.40	61.87	70.57	74.92
张掖市	7	68.31	63.65	70.01	72.83
天水市(不含秦州区)	8	68.12	63.78	70.03	71.99
定西市	9	67.80	62.18	70.18	72.93
临夏州	10	67.74	61.36	71.38	72.60
白银市(不含白银区、平川区)	11	67.56	62.66	69.58	72.09
平凉市	12	67.18	62.43	69.12	71.57
甘南州	13	66.45	60.70	70.74	69.82
均值		68.47	64.36	70.64	71.77
极差		4.29	12.92	3.24	10.84
方差		1.47	11.64	0.94	7.68
标准差		1.21	3.41	0.97	2.77

来源：根据《甘肃发展年鉴》（2015）和甘肃省统计局提供的数据处理而来。

2015年甘肃省13个市（州）（不含嘉峪关市）县域产业发展竞争力得分：兰州市（不含5区）70.74，处于中势；金昌市（不含金川区）69.97、武威市69.58、庆阳市69.57、酒泉市68.70、陇南市68.40、张掖市68.31、天水市（不含秦州区）68.12、定西市67.80、临夏州67.74、白银市（不含白银区、平川区）67.56、平凉市67.18、甘南州66.45，处于一般劣势。13个市（州）（不含嘉峪关市）县域产业发展竞争力得分均无处于绝对优势、一般优势和绝对劣势的情况（见表12）。

表12　2015年甘肃省13个市（州）县域产业发展竞争力水平归类分布一览

评价标准	市（州）名称（个数）
绝对优势	（0个）
一般优势	（0个）
中势	兰州市（不含5区）（1个）
一般劣势	金昌市（不含金川区）、武威市、庆阳市、酒泉市、陇南市、张掖市、天水市（不含秦州区）、定西市、临夏州、白银市（不含白银区、平川区）、平凉市、甘南州（12个）
绝对劣势	（0个）

注：不含嘉峪关市。

（2）结果分析

从13个市（州）（不含嘉峪关市）产业发展竞争力总体来看，均值为68.47，与77个县（市、区）一样，均处在一般劣势，产业结构均值为70.64，产业效率均值为71.77，处于中势，产业总量均值为64.36，处于绝对劣势；产业结构和产业效率极差、方差、标准差明显缩小，但产业总量极差、方差、标准差仍然相对较大，说明13个市（州）（不含嘉峪关市）之间存在一定差异，结合77个县（市、区）的评价结果，反映出各市（州）所辖县域之间存在较大差异，各市（州）所辖县域之间发展不均衡（见表11）。

从13个市（州）（不含嘉峪关市）县域产业发展竞争力3个二级指标的极差、方差、标准差来看，与77个县（市、区）相比明显缩小，但产业总量仍然存在较大差异，要素配置很不均衡，产业结构相对差异性较小，要素配置相对均衡；同时结合77个县（市、区）评价结果，也说明各市（州）所辖县域之间存在较大差异，各市（州）所辖县域之间要素配置很不均衡（见表11）。

（三）甘肃省县域基础设施竞争力子系统评价分析

1. 甘肃省县域基础设施竞争力子系统评价结果

（1）评价结果

通过对居住条件、交通通信2个二级指标进行计算和分析，得出2015年甘肃省77个县（市、区）县域基础设施竞争力评价情况，如表13所示。

表 13 2015 年甘肃省县域基础设施竞争力评价

县(市、区)	排序	得分	基础设施竞争力	
			居住条件	交通通信
西峰区	1	79.93	84.47	74.39
阿克塞	2	79.14	84.33	72.80
临夏市	3	78.74	83.24	73.24
山丹县	4	78.33	83.72	71.75
肃州区	5	78.04	82.02	73.19
民乐县	6	77.67	82.98	71.19
甘州区	7	77.37	82.79	70.76
高台县	8	77.00	81.82	71.10
玉门市	9	76.60	83.46	68.21
临泽县	10	76.37	83.27	67.94
崇信县	11	76.35	80.14	71.71
皋兰县	12	76.30	82.54	68.67
两当县	13	76.11	80.69	70.51
凉州区	14	76.02	80.02	71.14
瓜州县	15	76.00	80.29	70.77
敦煌市	16	75.98	81.44	69.31
广河县	17	75.66	79.06	71.50
华亭县	18	75.51	79.31	70.86
崆峒区	19	75.45	79.56	70.42
景泰县	20	75.34	80.44	69.11
肃南县	21	75.08	81.36	67.40
岷　县	22	74.80	83.20	64.53
肃北县	23	74.79	79.42	69.13
正宁县	24	74.78	81.35	66.75
永昌县	25	74.77	79.68	68.76
庄浪县	26	74.71	76.88	72.07
合水县	27	74.63	78.80	69.54
迭部县	28	74.58	82.12	65.37
静宁县	29	74.36	78.25	69.62
金塔县	30	74.25	78.50	69.06
民勤县	31	74.21	79.61	67.61
清水县	32	74.08	78.68	68.45
临夏县	33	74.05	79.08	67.91

续表

县（市、区）	排序	得分	基础设施竞争力	
			居住条件	交通通信
成 县	34	74.05	76.35	71.24
泾川县	35	73.84	77.62	69.23
甘谷县	36	73.49	72.74	74.40
徽 县	37	73.25	76.03	69.85
永靖县	38	73.20	76.86	68.72
宁 县	39	73.19	79.57	65.40
临洮县	40	73.18	75.20	70.70
张家川	41	73.13	76.05	69.55
灵台县	42	72.97	77.71	67.17
永登县	43	72.94	78.49	66.16
麦积区	44	72.81	77.30	67.32
天祝县	45	72.73	76.36	68.30
康 县	46	72.17	75.79	67.75
渭源县	47	71.96	75.42	67.72
和政县	48	71.95	72.87	70.83
武山县	49	71.93	71.91	71.96
康乐县	50	71.93	75.59	67.46
榆中县	51	71.89	73.50	69.92
武都区	52	71.81	76.69	65.84
漳 县	53	71.77	75.16	67.62
合作市	54	71.61	76.19	66.01
靖远县	55	71.54	75.62	66.56
镇原县	56	71.28	75.29	66.38
文 县	57	71.05	75.96	65.05
华池县	58	71.00	72.81	68.79
古浪县	59	70.98	73.76	67.58
陇西县	60	70.85	73.32	67.82
积石山	61	70.79	72.55	68.64
临潭县	62	70.65	72.96	67.83
碌曲县	63	70.53	73.73	66.63
宕昌县	64	70.42	77.35	61.95
卓尼县	65	70.32	77.13	62.01
西和县	66	70.29	75.01	64.52
庆城县	67	70.23	73.60	66.11

续表

县(市、区)	排序	得分	基础设施竞争力	
			居住条件	交通通信
舟曲县	68	69.80	71.89	67.26
秦安县	69	69.32	71.15	67.10
环　县	70	69.00	66.46	72.11
安定区	71	68.93	70.33	67.22
东乡县	72	68.90	73.22	63.62
通渭县	73	68.21	69.93	66.10
玛曲县	74	67.03	68.03	65.81
夏河县	75	66.98	70.23	63.01
会宁县	76	65.59	64.36	67.10
礼　县	77	65.07	64.91	65.26
均值		73.14	76.95	68.47
极差		14.86	20.11	12.46
方差		9.67	20.69	7.30
标准差		3.11	4.55	2.70

资料来源：根据《甘肃发展年鉴》（2015）和甘肃省统计局提供的数据处理而来。

根据2015年甘肃省县域基础设施竞争力得分，甘肃省77个县（市、区）处于绝对优势的县（市、区）为0个；处于一般优势的县（市、区）有21个，包括西峰区、阿克塞、临夏市、山丹县、肃州区、民乐县、甘州区、高台县、玉门市、临泽县、崇信县、皋兰县、两当县、凉州区、瓜州县、敦煌市、广河县、华亭县、崆峒区、景泰县、肃南县；处于中势的县（市、区）有46个，包括岷县、肃北县、正宁县、永昌县、庄浪县、合水县、迭部县、静宁县、金塔县、民勤县、清水县、临夏县、成县、泾川县、甘谷县、徽县、永靖县、宁县、临洮县、张家川、灵台县、永登县、麦积区、天祝县、康县、渭源县、和政县、武山县、康乐县、榆中县、武都区、漳县、合作市、靖远县、镇原县、文县、华池县、古浪县、陇西县、积石山、临潭县、碌曲县、宕昌县、卓尼县、西和县、庆城县；处于一般劣势的县（市、区）有10个，包括舟曲县、秦安县、环县、安定区、东乡县、通渭县、玛曲县、夏河县、会宁县、礼县；处于绝对劣势的县（市、区）为0个（见表14）。

表14 2015年甘肃省县域基础设施竞争力水平归类分布一览

评价标准	县域名称（个数）
绝对优势	（0个）
一般优势	西峰区、阿克塞、临夏市、山丹县、肃州区、民乐县、甘州区、高台县、玉门市、临泽县、崇信县、皋兰县、两当县、凉州区、瓜州县、敦煌市、广河县、华亭县、崆峒区、景泰县、肃南县（21个）
中势	岷县、肃北县、正宁县、永昌县、庄浪县、合水县、迭部县、静宁县、金塔县、民勤县、清水县、临夏县、成县、泾川县、甘谷县、徽县、永靖县、宁县、临洮县、张家川、灵台县、永登县、麦积区、天祝县、康县、渭源县、和政县、武山县、康乐县、榆中县、武都区、漳县、合作市、靖远县、镇原县、文县、华池县、古浪县、陇西县、积石山、临潭县、碌曲县、宕昌县、卓尼县、西和县、庆城县（46个）
一般劣势	舟曲县、秦安县、环县、安定区、东乡县、通渭县、玛曲县、夏河县、会宁县、礼县（10个）
绝对劣势	（0个）

（2）结果分析

2015年甘肃省77个县（市、区）县域基础设施竞争力得分均值为73.14，处于中势，其极差、方差、标准差均相对较大，差异性较大，77个县（市、区）之间发展很不均衡；居住条件均值为76.95，处于一般优势，交通通信均值为68.47，处于一般劣势，从2个二级指标的极差、方差、标准差来看，均存在较大差异，在77个县（市、区）之间，居住条件配置存在严重失衡，交通通信配置存在较大失衡（见表13）。

从77个县（市、区）基础设施竞争力水平归类分布来看，行政区域分布特征、地理位置特征及贫困特征均不太明显（见表14）。

2.甘肃省市（州）县域基础设施竞争力子系统评价分析

（1）评价结果

2015年甘肃省13个市（州）（不含嘉峪关市）县域基础设施竞争力综合评价情况如表15所示。

表15 2015年甘肃省13个市（州）县域基础设施竞争力评价

市（州）	排序	得分	基础设施竞争力	
			居住条件	交通通信
张掖市	1	76.97	82.66	70.02
酒泉市	2	76.40	81.35	70.35
金昌市（不含金川区）	3	74.77	79.68	68.76
平凉市	4	74.74	78.50	70.15
兰州市（不含5区）	5	73.71	78.18	68.25
武威市	6	73.49	77.44	68.66
临夏州	7	73.15	76.56	68.99
庆阳市	8	73.01	76.54	68.68
天水市（不含秦州区）	9	72.46	74.64	69.80
陇南市	10	71.58	75.42	66.89
定西市	11	71.38	74.65	67.39
白银市（不含白银区、平川区）	12	70.82	73.47	67.59
甘南州	13	70.19	74.03	65.49
均值		73.28	77.16	68.54
极差		6.78	9.18	4.86
方差		4.23	8.07	2.03
标准差		2.06	2.84	1.42

资料来源：根据《甘肃发展年鉴》（2015）和甘肃省统计局提供的数据处理而来。

2015年甘肃省13个市（州）（不含嘉峪关市）县域基础设施竞争力得分：张掖市76.97、酒泉市76.40，处于一般优势；金昌市（不含金川区）74.77、平凉市74.74、兰州市（不含5区）73.71、武威市73.49、临夏州73.15、庆阳市73.01、天水市（不含秦州区）72.46、陇南市71.58、定西市71.38、白银市（不含白银区、平川区）70.82、甘南州70.19，处于中势。13个市（州）（不含嘉峪关市）县域基础设施竞争力得分均无处于绝对优势、一般劣势和绝对劣势的情况（见表16）。

表16 2015年甘肃省13个市（州）县域基础设施竞争力水平归类分布一览

评价标准	市（州）名称（个数）
绝对优势	（0个）
一般优势	张掖市、酒泉市（2个）
中势	金昌市（不含金川区）、平凉市、兰州市（不含5区）、武威市、临夏州、庆阳市、天水市（不含秦州区）、陇南市、定西市、白银市（不含白银区、平川区）、甘南州（11个）
一般劣势	（0个）
绝对劣势	（0个）

注：不含嘉峪关市。

（2）结果分析

从13个市（州）（不含嘉峪关市）基础设施竞争力总体来看，均值为73.28，与77个县（市、区）一样，均处在中势，居住条件均值为77.16，处于一般优势，交通通信均值为68.54，处于一般劣势；极差、方差、标准差明显缩小，但仍然相对较大，说明13个市（州）（不含嘉峪关市）之间存在一定差异，结合77个县（市、区）的评价结果，反映出各市（州）所辖县域之间存在较大差异，各市（州）所辖县域之间发展不均衡（见表15）。

从13个市（州）（不含嘉峪关市）县域基础设施竞争力2个二级指标的极差、方差、标准差来看，与77个县（市、区）相比明显缩小，但居住条件仍然存在较大差异，要素配置很不均衡，交通通信差异性相对较小，要素配置相对均衡；同时结合77个县（市、区）评价结果，也说明各市（州）所辖县域之间存在一定差异，各市（州）所辖县域之间要素配置不均衡（见表15）。

（四）甘肃省县域社会保障竞争力子系统评价分析

1. 甘肃省县域社会保障竞争力子系统评价结果

（1）评价结果

通过对医疗保险、养老保险、基本生活保障3个二级指标进行计算和分析，得出2015年甘肃省77个县（市、区）县域社会保障竞争力评价情况，如表17所示。

表17 2015年甘肃省县域社会保障竞争力评价

县(市、区)	排序	得分	社会保障竞争力		
			医疗保险	养老保险	基本生活保障
敦煌市	1	78.90	81.72	73.95	83.17
肃北县	2	78.12	81.16	73.71	80.88
瓜州县	3	77.85	80.31	78.29	72.03
民勤县	4	77.77	76.61	78.82	77.99
金塔县	5	77.76	78.62	73.78	84.00
山丹县	6	77.59	81.15	72.95	79.75
甘州区	7	76.94	77.98	73.34	82.07
西峰区	8	76.75	78.17	71.98	83.42
榆中县	9	76.50	80.91	69.01	82.66
灵台县	10	76.25	81.46	68.99	80.34
两当县	11	76.23	77.86	73.07	79.28
高台县	12	76.07	76.39	72.78	82.01
崇信县	13	75.91	79.48	69.95	80.72
成 县	14	75.88	78.93	70.35	80.85
庆城县	15	75.79	79.62	69.77	80.17
康 县	16	75.75	78.55	71.88	77.86
庄浪县	17	75.58	80.49	68.46	79.98
凉州区	18	75.56	77.19	70.05	83.32
宁 县	19	75.31	79.01	69.31	79.92
正宁县	20	75.14	75.41	72.27	80.32
临洮县	21	75.06	78.22	68.86	81.15
崆峒区	22	75.00	77.15	69.53	81.61
临泽县	23	74.98	76.72	70.23	81.01
民乐县	24	74.76	73.67	72.71	81.01
碌曲县	25	74.60	81.99	66.53	75.94
永昌县	26	74.37	74.72	71.32	79.77
通渭县	27	74.23	77.48	69.19	77.84
肃南县	28	74.18	74.66	70.83	79.89
礼 县	29	74.14	78.94	66.04	80.76
陇西县	30	74.11	76.40	68.63	80.51

续表

县(市、区)	排序	得分	社会保障竞争力		
			医疗保险	养老保险	基本生活保障
渭源县	31	74.01	79.70	67.84	74.98
天祝县	32	73.92	79.19	69.53	72.16
徽　县	33	73.90	75.26	69.50	79.97
麦积区	34	73.87	77.17	66.74	81.54
泾川县	35	73.82	73.22	70.95	80.77
镇原县	36	73.75	77.31	66.67	80.78
永登县	37	73.66	76.23	65.74	84.38
靖远县	38	73.55	79.09	66.23	77.08
武都区	39	73.40	78.78	66.10	77.22
合水县	40	73.37	74.29	70.13	78.04
华池县	41	73.34	76.20	68.84	76.59
玉门市	42	73.28	76.17	70.60	72.85
康乐县	43	73.22	77.11	67.58	76.74
甘谷县	44	73.17	77.23	65.85	79.69
舟曲县	45	73.08	79.78	68.43	68.99
武山县	46	73.07	74.28	67.84	81.12
静宁县	47	73.02	73.16	69.13	80.53
迭部县	48	72.83	77.30	67.70	74.16
张家川	49	72.76	82.58	62.88	72.86
岷　县	50	72.71	78.31	65.76	75.41
肃州区	51	72.70	71.68	68.59	82.94
清水县	52	72.69	77.51	65.39	77.65
临夏县	53	72.65	78.04	68.10	70.99
漳　县	54	72.61	74.44	69.51	75.13
秦安县	55	72.60	76.34	66.06	78.21
阿克塞	56	72.58	75.34	67.07	78.07
夏河县	57	72.24	74.37	69.52	73.41
会宁县	58	72.19	77.64	65.54	74.59
皋兰县	59	72.18	72.76	66.96	81.45
景泰县	60	72.02	73.57	66.41	80.14
宕昌县	61	72.01	73.35	69.30	74.75
文　县	62	71.97	79.05	66.53	68.71
环　县	63	71.81	72.81	68.11	77.21
临潭县	64	71.67	74.35	69.34	70.98

甘肃省县域竞争力综合评价报告

续表

县(市、区)	排序	得分	社会保障竞争力		
			医疗保险	养老保险	基本生活保障
玛曲县	65	71.52	77.69	63.37	75.47
安定区	66	71.51	74.80	65.02	77.92
卓尼县	67	71.40	76.60	66.18	71.45
和政县	68	71.25	71.78	72.14	68.44
古浪县	69	70.89	70.57	67.52	78.28
永靖县	70	70.62	73.92	65.65	73.98
华亭县	71	70.38	67.32	68.66	79.94
合作市	72	70.04	73.25	65.74	72.23
临夏市	73	69.42	72.45	66.46	69.26
西和县	74	69.37	73.25	61.70	76.96
东乡县	75	68.19	74.97	62.97	65.05
广河县	76	65.68	65.98	60.80	74.86
积石山	77	65.28	65.77	61.84	71.15
均值		73.54	76.40	68.64	77.60
极差		13.63	16.81	18.02	19.33
方差		6.51	11.55	11.19	18.23
标准差		2.55	3.40	3.35	4.27

资料来源：根据《甘肃发展年鉴》（2015）和甘肃省统计局提供的数据处理而来。

根据2015年甘肃省县域社会保障竞争力得分，甘肃省77个县（市、区）处于绝对优势的县（市、区）为0个；处于一般优势的县（市、区）有22个，包括敦煌市、肃北县、瓜州县、民勤县、金塔县、山丹县、甘州区、西峰区、榆中县、灵台县、两当县、高台县、崇信县、成县、庆城县、康县、庄浪县、凉州区、宁县、正宁县、临洮县、崆峒区；处于中势的县（市、区）有50个，包括临泽县、民乐县、碌曲县、永昌县、通渭县、肃南县、礼县、陇西县、渭源县、天祝县、徽县、麦积区、泾川县、镇原县、永登县、靖远县、武都区、合水县、华池县、玉门市、康乐县、甘谷县、舟曲县、武山县、静宁县、迭部县、张家川、岷县、肃州区、清水县、临夏县、漳县、秦安县、阿克塞、夏河县、会宁县、皋兰县、景泰县、宕昌县、文县、环县、临潭县、玛曲县、安定区、卓尼县、和政县、古浪县、永靖县、华亭县、合作市；处于一般劣势的县（市、区）有5个，包括临夏市、西和县、东乡县、广河县、积石山；处于绝对劣势的县（市、区）为0个（见表18）。

表18 2015年甘肃省县域社会保障竞争力水平归类分布一览

评价标准	县域名称(个数)
绝对优势	(0个)
一般优势	敦煌市、肃北县、瓜州县、民勤县、金塔县、山丹县、甘州区、西峰区、榆中县、灵台县、两当县、高台县、崇信县、成县、庆城县、康县、庄浪县、凉州区、宁县、正宁县、临洮县、崆峒区(22个)
中势	临泽县、民乐县、碌曲县、永昌县、通渭县、肃南县、礼县、陇西县、渭源县、天祝县、徽县、麦积区、泾川县、镇原县、永登县、靖远县、武都区、合水县、华池县、玉门市、康乐县、甘谷县、舟曲县、武山县、静宁县、迭部县、张家川、岷县、肃州区、清水县、临夏县、漳县、秦安县、阿克塞、夏河县、会宁县、皋兰县、景泰县、宕昌县、文县、环县、临潭县、玛曲县、安定区、卓尼县、和政县、古浪县、永靖县、华亭县、合作市(50个)
一般劣势	临夏市、西和县、东乡县、广河县、积石山(5个)
绝对劣势	(0个)

（2）结果分析

2015年甘肃省77个县（市、区）县域社会保障竞争力得分均值为73.54，处于中势，其极差、方差、标准差均相对较大，差异性较大，77个县（市、区）之间发展很不均衡；基本生活保障均值为77.60，医疗保险均值为76.40，处于一般优势，养老保险均值为68.64，处于一般劣势，从3个二级指标的极差、方差、标准差来看，都存在较大差异，在77个县（市、区）之间，3个要素配置存在较大失衡（见表17）。

从77个县（市、区）社会保障竞争力水平归类分布来看，行政区域分布特征、地理位置特征及贫困特征均不太明显（见表18）。

2. 甘肃省市（州）县域社会保障竞争力子系统评价分析

（1）评价结果

2015年甘肃省13个市（州）（不含嘉峪关市）县域社会保障竞争力综合评价情况如表19所示。

表19　2015年甘肃省13个市（州）县域社会保障竞争力评价

市（州）	排序	得分	社会保障竞争力		
			医疗保险	养老保险	基本生活保障
酒泉市	1	75.88	77.86	72.29	79.13
张掖市	2	75.75	76.76	72.14	80.96
武威市	3	74.54	75.89	71.48	77.94
庆阳市	4	74.41	76.60	69.64	79.56
金昌市（不含金川区）	5	74.37	74.72	71.32	79.77
平凉市	6	74.28	76.04	69.38	80.56
兰州市（不含5区）	7	74.11	76.63	67.24	82.83
陇南市	8	73.63	77.11	68.27	77.37
定西市	9	73.46	77.05	67.83	77.56
天水市（不含秦州区）	10	73.03	77.52	65.79	78.51
白银市（不含白银区、平川区）	11	72.59	76.77	66.06	77.27
甘南州	12	72.17	76.91	67.10	72.83
临夏州	13	69.54	72.50	65.69	71.31
均值		73.67	76.34	68.79	78.12
极差		6.35	5.36	6.59	11.52
方差		2.71	1.94	5.89	9.84
标准差		1.65	1.39	2.43	3.14

资料来源：根据《甘肃发展年鉴》（2015）和甘肃省统计局提供的数据处理而来。

2015年甘肃省13个市（州）（不含嘉峪关市）县域社会保障竞争力得分：酒泉市75.88、张掖市75.75，处于一般优势；武威市74.54、庆阳市74.41、金昌市（不含金川区）74.37、平凉市74.28、兰州市（不含5区）74.11、陇南市73.63、定西市73.46、天水市（不含秦州区）73.03、白银市（不含白银区、平川区）72.59、甘南州72.17，处于中势；临夏州69.54，处于一般劣势。13个市（州）（不含嘉峪关市）县域社会保障竞争力得分均无处于绝对优势和绝对劣势的情况（见表20）。

表20　2015年甘肃省13个市（州）县域社会保障竞争力水平归类分布一览

评价标准	市（州）名称（个数）
绝对优势	(0个)
一般优势	酒泉市、张掖市(2个)
中势	武威市、庆阳市、金昌市(不含金川区)、平凉市、兰州市(不含5区)、陇南市、定西市、天水市(不含秦州区)、白银市(不含白银区、平川区)、甘南州(10个)
一般劣势	临夏州(1个)
绝对劣势	(0个)

注：不含嘉峪关市。

(2) 结果分析

从13个市（州）（不含嘉峪关市）社会保障竞争力总体来看，均值为73.67，与77个县（市、区）一样，均处在中势，基本生活保障均值为78.12、医疗保险均值为76.34，处于一般优势，养老保险均值为68.79，处于一般劣势；除基本生活保障外，极差、方差、标准差明显缩小，且相对较小，说明13个市（州）（不含嘉峪关市）之间差异不大，各市（州）之间相对均衡。结合77个县（市、区）的评价结果，反映出各市（州）所辖县域之间存在较大差异，各市（州）所辖县域之间发展不均衡（见表19）。

从13个市（州）（不含嘉峪关市）县域社会保障竞争力3个二级指标的极差、方差、标准差来看，与77个县（市、区）相比明显缩小，但基本生活保障和养老保险仍然存在一定差异，要素配置不均衡；同时结合77个县（市、区）评价结果，也说明各市（州）所辖县域之间存在一定差异，各市（州）所辖县域之间要素配置不均衡（见表19）。

(五) 甘肃省县域公共服务竞争力子系统评价分析

1. 甘肃省县域公共服务竞争力子系统评价结果

(1) 评价结果

通过对科技服务、文化娱乐、医疗卫生3个二级指标进行计算和分析，得出2015年甘肃省77个县（市、区）县域公共服务竞争力评价情况，如表21所示。

表21　2015年甘肃省县域公共服务竞争力评价

县(市、区)	排序	得分	公共服务竞争力		
			科技服务	文化娱乐	医疗卫生
阿克塞	1	73.23	81.67	61.13	70.66
肃北县	2	70.22	69.42	69.87	71.71
碌曲县	3	69.54	72.50	61.02	72.21
甘州区	4	68.45	66.21	63.84	75.66
肃州区	5	68.33	70.23	60.35	72.11
瓜州县	6	68.26	64.84	77.68	65.52
肃南县	7	67.49	69.38	61.11	69.97
华亭县	8	67.04	68.85	60.23	69.99
崆峒区	9	66.78	65.79	60.37	73.59
西峰区	10	66.67	62.34	61.59	77.39
临泽县	11	66.08	66.89	62.68	67.71
高台县	12	66.02	65.87	60.69	70.68
两当县	13	65.92	70.14	60.35	64.23
凉州区	14	65.90	63.64	60.48	73.82
山丹县	15	65.82	65.53	60.36	70.81
天祝县	16	65.75	67.96	60.62	66.71
成县	17	65.66	67.31	60.36	67.60
民勤县	18	65.52	67.04	60.23	67.64
迭部县	19	65.51	67.27	61.55	66.18
永靖县	20	65.33	64.61	60.32	70.60
玛曲县	21	65.14	64.77	62.40	67.99
庄浪县	22	65.06	66.43	60.28	66.98
陇西县	23	65.04	65.23	60.28	68.73
静宁县	24	65.00	64.90	60.45	68.92
崇信县	25	64.92	66.93	60.72	65.40
玉门市	26	64.92	65.74	61.04	66.92
华池县	27	64.85	66.41	60.73	65.96
泾川县	28	64.60	64.34	62.69	66.57
会宁县	29	64.59	64.68	60.58	67.80
徽县	30	64.58	65.64	61.85	65.27

续表

县(市、区)	排序	得分	公共服务竞争力		
			科技服务	文化娱乐	医疗卫生
临夏市	31	64.48	62.15	60.01	71.69
皋兰县	32	64.45	66.22	60.21	65.32
康　县	33	64.44	66.97	60.41	64.02
金塔县	34	64.38	64.56	61.37	66.61
舟曲县	35	64.29	66.20	61.51	63.76
卓尼县	36	64.28	66.98	60.63	63.28
民乐县	37	64.09	64.70	60.63	66.07
敦煌市	38	64.03	64.22	61.27	66.05
临潭县	39	64.03	66.21	60.44	63.75
通渭县	40	64.03	64.59	60.33	66.26
靖远县	41	63.97	65.73	60.23	64.44
合水县	42	63.96	64.18	61.55	65.65
景泰县	43	63.92	65.55	60.23	64.56
灵台县	44	63.88	64.65	61.26	64.91
永昌县	45	63.80	64.71	60.11	65.52
麦积区	46	63.73	62.92	60.27	67.82
榆中县	47	63.65	63.55	61.08	65.96
环　县	48	63.62	65.04	60.99	63.68
永登县	49	63.58	63.79	60.31	65.99
庆城县	50	63.45	63.42	62.77	64.06
张家川	51	63.24	62.68	60.60	66.29
渭源县	52	63.16	63.83	60.18	64.66
甘谷县	53	63.01	63.52	60.19	64.60
古浪县	54	62.96	63.65	60.45	64.00
临洮县	55	62.95	61.15	60.47	67.74
武山县	56	62.88	63.41	60.66	63.93
临夏县	57	62.87	63.49	60.02	64.31
岷　县	58	62.83	63.03	60.44	64.51
康乐县	59	62.74	63.56	60.41	63.47
宕昌县	60	62.73	60.98	60.93	66.84
广河县	61	62.69	60.11	67.50	62.53
安定区	62	62.49	61.89	60.31	65.20
武都区	63	62.46	60.68	60.44	66.82
秦安县	64	62.32	60.67	60.35	66.43

续表

县(市、区)	排序	得分	公共服务竞争力		
			科技服务	文化娱乐	医疗卫生
镇原县	65	62.24	60.92	60.41	65.75
积石山	66	62.18	62.44	61.03	62.74
正宁县	67	62.02	60.38	61.10	65.27
清水县	68	61.97	61.56	60.15	64.11
合作市	69	61.89	60.11	60.56	65.68
夏河县	70	61.89	60.42	61.02	64.81
和政县	71	61.76	60.45	60.53	64.74
宁县	72	61.66	60.43	61.61	63.56
礼县	73	61.62	60.94	60.65	63.45
西和县	74	61.28	60.96	60.18	62.70
漳县	75	61.06	60.92	60.10	62.06
东乡县	76	60.71	60.36	60.32	61.54
文县	77	60.30	60.27	60.27	60.38
均值		64.31	64.57	61.20	66.53
极差		12.93	21.56	17.67	17.01
方差		5.02	11.43	5.77	10.64
标准差		2.24	3.38	2.40	3.26

资料来源：根据《甘肃发展年鉴》(2015)和甘肃省统计局提供的数据处理而来。

根据2015年甘肃省县域公共服务竞争力得分，甘肃省77个县（市、区）处于绝对优势的县（市、区）为0个；处于一般优势的县（市、区）有0个；处于中势的县（市、区）有2个，包括阿克塞、肃北县；处于一般劣势的县（市、区）有22个，包括碌曲县、甘州区、肃州区、瓜州县、肃南县、华亭县、崆峒区、西峰区、临泽县、高台县、两当县、凉州区、山丹县、天祝县、成县、民勤县、迭部县、永靖县、玛曲县、庄浪县、陇西县、静宁县；处于绝对劣势的县（市、区）有53个，包括崇信县、玉门市、华池县、泾川县、会宁县、徽县、临夏市、皋兰县、康县、金塔县、舟曲县、卓尼县、民乐县、敦煌市、临潭县、通渭县、靖远县、合水县、景泰县、灵台县、永昌县、麦积区、榆中县、环县、永登县、庆城县、张家川、渭源县、甘谷县、古浪县、临洮县、武山县、临夏县、岷县、康乐县、宕昌县、广河县、安定区、武都区、秦安县、镇原县、积石山、正宁县、清水县、合作市、夏河县、和政县、宁县、礼县、西和县、漳县、东乡县、文县（见表22）。

表22　2015年甘肃省县域宏公共服务竞争力水平归类分布一览

评价标准	县域名称(个数)
绝对优势	(0个)
一般优势	(0个)
中势	阿克塞、肃北县(2个)
一般劣势	碌曲县、甘州区、肃州区、瓜州县、肃南县、华亭县、崆峒区、西峰区、临泽县、高台县、两当县、凉州区、山丹县、天祝县、成县、民勤县、迭部县、永靖县、玛曲县、庄浪县、陇西县、静宁县(22个)
绝对劣势	崇信县、玉门市、华池县、泾川县、会宁县、徽县、临夏市、皋兰县、康县、金塔县、舟曲县、卓尼县、民乐县、敦煌市、临潭县、通渭县、靖远县、合水县、景泰县、灵台县、永昌县、麦积区、榆中县、环县、永登县、庆城县、张家川、渭源县、甘谷县、古浪县、临洮县、武山县、临夏县、岷县、康乐县、宕昌县、广河县、安定区、武都区、秦安县、镇原县、积石山、正宁县、清水县、合作市、夏河县、和政县、宁县、礼县、西和县、漳县、东乡县、文县(53个)

（2）结果分析

2015年甘肃省77个县（市、区）县域公共服务竞争力得分均值为64.31，处于绝对劣势，其极差、方差、标准差均相对较大，差异性较大，77个县（市、区）之间发展很不均衡；医疗卫生均值为66.53，处于一般劣势，科技服务和文化娱乐均值分别为64.57和61.20，处于绝对劣势，从3个二级指标的极差、方差、标准差来看，都存在较大差异，在77个县（市、区）之间，3个要素配置存在较大失衡（见表21）。

从77个县（市、区）公共服务竞争力水平归类分布来看，地理位置特征及贫困特征均较为明显，河西地区及其他经济发展较好的地区公共服务竞争力水平相对较高，而贫困地区公共服务竞争力水平相对较低（见表22）。

2. 甘肃省市（州）县域公共服务竞争力子系统评价分析

（1）评价结果

2015年甘肃省13个市（州）（不含嘉峪关市）县域公共服务竞争力综合评价情况如表23所示。

表23　2015年甘肃省13个市（州）县域公共服务竞争力评价

市（州）	排序	得分	公共服务竞争力		
			科技服务	文化娱乐	医疗卫生
酒泉市	1	67.62	68.67	64.67	68.51
张掖市	2	66.33	66.43	61.55	70.15
平凉市	3	65.32	65.98	60.86	68.05
武威市	4	65.03	65.57	60.44	68.04
甘南州	5	64.57	65.56	61.14	65.96
白银市（不含白银区、平川区）	6	64.16	65.32	60.35	65.60
兰州市（不含5区）	7	63.89	64.52	60.53	65.76
金昌市（不含金川区）	8	63.80	64.71	60.11	65.52
庆阳市	9	63.56	62.89	61.34	66.41
陇南市	10	63.22	63.76	60.61	64.59
定西市	11	63.08	62.95	60.30	65.59
天水市（不含秦州区）	12	62.86	62.46	60.37	65.53
临夏州	13	62.84	62.15	61.27	65.20
均值		64.33	64.69	61.04	66.53
极差		4.78	6.52	4.56	5.56
方差		2.05	3.42	1.40	2.66
标准差		1.43	1.85	1.18	1.63

资料来源：根据《甘肃发展年鉴》（2015）和甘肃省统计局提供的数据处理而来。

2015年甘肃省13个市（州）（不含嘉峪关市）县域公共服务竞争力得分：酒泉市67.62、张掖市66.33、平凉市65.32、武威市65.03，处于一般劣势；甘南州64.57、白银市（不含白银区、平川区）64.16、兰州市（不含5区）63.89、金昌市（不含金川区）63.80、庆阳市63.56、陇南市63.22、定西市63.08、天水市（不含秦州区）62.86、临夏州62.84，处于绝对劣势。13个市（州）（不含嘉峪关市）县域公共服务竞争力得分均无处于绝对优势、一般优势、中势的情况（见表24）。

表24 2015年甘肃省13个市（州）县域公共服务竞争力水平归类分布一览

评价标准	市（州）名称（个数）
绝对优势	（0个）
一般优势	（0个）
中势	（0个）
一般劣势	酒泉市、张掖市、平凉市、武威市（4个）
绝对劣势	甘南州、白银市（不含白银区、平川区）、兰州市（不含5区）、金昌市（不含金川区）、庆阳市、陇南市、定西市、天水市（不含秦州区）、临夏州（9个）

注：不含嘉峪关市。

（2）结果分析

从13个市（州）（不含嘉峪关市）公共服务竞争力总体来看，均值为64.33，与77个县（市、区）一样，均处在绝对劣势，医疗卫生均值为66.53，处于一般劣势，科技服务和文化娱乐均值分别为64.69和61.04，处于绝对劣势；极差、方差、标准差明显缩小，但仍相对较大，说明13个市（州）（不含嘉峪关市）之间差异较大，各市（州）之间相对不均衡，结合77个县（市、区）的评价结果，反映出各市（州）所辖县域之间存在较大差异，各市（州）所辖县域之间发展不均衡（见表23）。

从13个市（州）（不含嘉峪关市）县域社会保障竞争力3个二级指标的极差、方差、标准差来看，与77个县（市、区）相比明显缩小，但科技服务仍存在较大差异，文化娱乐和医疗卫生仍存在一定差异，要素配置不均衡；同时结合77个县（市、区）评价结果，也说明各市（州）所辖县域之间存在一定差异，各市（州）所辖县域之间要素配置不均衡（见表23）。

（六）甘肃省县域生活环境竞争力子系统评价分析

1. 甘肃省县域生活环境竞争力子系统评价结果

（1）评价结果

通过对生活环境、环境保护、农业环境3个二级指标进行计算和分析，得出 2015 年甘肃省 77 个县（市、区）县域生活环境竞争力评价情况，如表 25 所示。

表 25 2015 年甘肃省县域生活环境竞争力评价

县（市、区）	排序	得分	生活环境竞争力		
			生活环境	环境保护	农业环境
玛曲县	1	79.58	73.70	82.01	85.00
舟曲县	2	79.25	79.49	75.85	82.34
康　县	3	79.04	80.34	76.39	79.96
会宁县	4	78.99	73.88	84.60	80.21
灵台县	5	78.79	78.38	77.26	80.86
肃南县	6	78.63	76.36	77.72	82.57
泾川县	7	78.63	78.07	77.06	80.94
文　县	8	78.60	80.65	75.61	78.84
徽　县	9	78.48	78.92	76.18	80.18
天祝县	10	78.41	75.20	80.15	80.94
安定区	11	78.33	76.32	82.26	77.08
华池县	12	78.14	77.05	78.97	78.76
西峰区	13	77.84	77.15	76.10	80.50
合水县	14	77.64	81.36	77.59	72.73
康乐县	15	77.47	76.50	75.15	81.08
华亭县	16	77.45	78.57	71.41	81.99
两当县	17	77.41	81.49	75.43	73.95
临夏市	18	77.32	75.38	74.19	83.04
渭源县	19	77.26	74.14	77.42	81.27
麦积区	20	77.22	77.06	77.45	77.21
礼　县	21	77.15	74.98	79.76	77.43
碌曲县	22	77.10	72.29	75.66	84.95
武都区	23	77.10	76.69	78.45	76.28
正宁县	24	77.08	76.59	76.23	78.58
民勤县	25	77.07	74.44	80.01	77.65
迭部县	26	77.04	72.32	75.68	84.69
夏河县	27	77.00	74.60	72.29	84.92
合作市	28	76.96	72.49	75.53	84.33
临泽县	29	76.93	75.30	75.24	80.79
临洮县	30	76.78	74.93	78.53	77.49

续表

县(市、区)	排序	得分	生活环境竞争力		
			生活环境	环境保护	农业环境
临潭县	31	76.71	72.78	76.12	82.53
甘州区	32	76.69	75.80	74.64	79.92
高台县	33	76.66	74.39	74.53	81.83
金塔县	34	76.47	74.21	75.70	80.25
东乡县	35	76.41	73.94	74.61	81.49
山丹县	36	76.40	72.91	76.92	80.55
永昌县	37	76.39	74.40	74.77	80.66
民乐县	38	76.36	76.47	74.10	78.48
西和县	39	76.34	73.39	77.50	79.12
武山县	40	76.33	74.73	75.89	78.92
临夏县	41	76.30	74.24	76.07	79.27
清水县	42	76.26	75.38	77.40	76.31
凉州区	43	76.19	75.06	75.74	78.13
敦煌市	44	76.09	74.04	74.50	80.40
甘谷县	45	76.02	72.13	75.28	81.93
成县	46	75.66	71.87	75.53	80.85
陇西县	47	75.64	71.76	76.53	79.91
崆峒区	48	75.61	76.10	71.22	79.34
庆城县	49	75.59	71.20	78.54	78.48
广河县	50	75.28	75.11	75.44	75.33
永靖县	51	75.19	73.12	74.21	78.93
永登县	52	75.13	70.55	75.69	80.67
通渭县	53	75.09	72.83	78.30	74.89
榆中县	54	75.06	75.54	72.93	76.56
玉门市	55	75.04	73.97	73.08	78.42
和政县	56	75.03	70.49	72.69	83.41
靖远县	57	74.97	72.95	73.00	79.63
宁县	58	74.62	73.49	78.00	72.75
环县	59	74.35	74.64	80.66	67.65
静宁县	60	74.29	72.22	77.27	74.05
庄浪县	61	73.80	71.87	73.40	76.77
景泰县	62	73.63	69.81	72.58	79.76
卓尼县	63	73.33	60.98	78.70	84.45
皋兰县	64	72.61	67.84	70.71	80.86

续表

县(市、区)	排序	得分	生活环境竞争力		
			生活环境	环境保护	农业环境
崇信县	65	72.61	66.49	73.81	79.57
镇原县	66	72.31	62.18	79.83	78.31
漳县	67	72.27	64.21	74.50	80.78
宕昌县	68	72.23	61.86	79.08	79.20
张家川	69	71.73	64.15	75.66	77.91
岷县	70	71.67	61.07	76.59	80.87
秦安县	71	71.50	67.41	76.68	71.77
古浪县	72	71.33	62.00	75.86	79.25
肃州区	73	70.96	61.43	74.16	80.47
肃北县	74	70.91	60.41	75.39	80.43
阿克塞	75	70.20	60.00	73.19	80.79
积石山	76	70.08	62.90	74.49	75.24
瓜州县	77	69.80	60.67	73.94	77.82
均值		75.69	72.59	76.12	79.37
极差		9.78	21.49	13.89	17.35
方差		5.91	29.81	6.53	9.92
标准差		2.43	5.46	2.56	3.15

资料来源：根据《甘肃发展年鉴》(2015)和甘肃省统计局提供的数据处理而来。

根据2015年甘肃省县域生活环境竞争力得分，甘肃省77个县（市、区）处于绝对优势的县（市、区）有0个；处于一般优势的县（市、区）有56个，包括玛曲县、舟曲县、康县、会宁县、灵台县、肃南县、泾川县、文县、徽县、天祝县、安定区、华池县、西峰区、合水县、康乐县、华亭县、两当县、临夏市、渭源县、麦积区、礼县、碌曲县、武都区、正宁县、民勤县、迭部县、夏河县、合作市、临泽县、临洮县、临潭县、甘州区、高台县、金塔县、东乡县、山丹县、永昌县、民乐县、西和县、武山县、临夏县、清水县、凉州区、敦煌市、甘谷县、成县、陇西县、崆峒区、庆城县、广河县、永靖县、永登县、通渭县、榆中县、玉门市、和政县；处于中势的县（市、区）有20个，包括靖远县、宁县、环县、静宁县、庄浪县、景泰县、卓尼县、皋兰县、崇信县、镇原县、漳县、宕昌县、张家川、岷县、秦安县、古浪县、肃州区、肃北县、阿克塞、积石山；处于一般劣势的县（市、区）有1个（瓜州县）；处于绝对劣势的县（市、区）为0个（见表26）。

表26　2015年甘肃省县域生活环境竞争力水平归类分布一览

评价标准	县域名称（个数）
绝对优势	（0个）
一般优势	玛曲县、舟曲县、康县、会宁县、灵台县、肃南县、泾川县、文县、徽县、天祝县、安定区、华池县、西峰区、合水县、康乐县、华亭县、两当县、临夏市、渭源县、麦积区、礼县、碌曲县、武都区、正宁县、民勤县、迭部县、夏河县、合作市、临泽县、临洮县、临潭县、甘州区、高台县、金塔县、东乡县、山丹县、永昌县、民乐县、西和县、武山县、临夏县、清水县、凉州区、敦煌市、甘谷县、成县、陇西县、崆峒区、庆城县、广河县、永靖县、永登县、通渭县、榆中县、玉门市、和政县（56个）
中势	靖远县、宁县、环县、静宁县、庄浪县、景泰县、卓尼县、皋兰县、崇信县、镇原县、漳县、宕昌县、张家川、岷县、秦安县、古浪县、肃州区、肃北县、阿克塞、积石山（20个）
一般劣势	瓜州县（1个）
绝对劣势	（0个）

（2）结果分析

2015年甘肃省77个县（市、区）县域生活环境竞争力得分均值为75.69，处于一般优势，其极差、方差、标准差均相对较大，差异性较大，77个县（市、区）之间发展很不均衡；农业环境均值为79.37、环境保护均值为76.12，处于一般优势，生活环境均值为72.59，处于中势，从3个二级指标的极差、方差、标准差来看，都存在较大差异，在77个县（市、区）之间，3个要素配置存在较大失衡（见表25）。

从77个县（市、区）生活环境竞争力水平归类分布来看，经济结构特征较为明显，工业化发展较快的地区生活环境竞争力水平相对较低，而产业单一或以农业发展为主的地区生活环境竞争力水平相对较高；整体而言，甘肃省县域经济社会发展工业化程度较低，因此，生活环境竞争力整体水平相对较高（见表26）。

2. 甘肃省市（州）县域生活环境竞争力子系统评价分析

（1）评价结果

2015年甘肃省13个市（州）（不含嘉峪关市）县域生活环境竞争力综合评价情况如表27所示。

表27 2015年甘肃省13个市（州）县域生活环境竞争力评价

市（州）	排序	得分	生活环境竞争力		
			生活环境	环境保护	农业环境
甘南州	1	77.12	72.33	76.48	84.15
张掖市	2	76.95	75.21	75.52	80.69
陇南市	3	76.89	75.58	77.10	78.42
金昌市(不含金川区)	4	76.39	74.40	74.77	80.66
庆阳市	5	75.95	74.21	78.24	75.97
平凉市	6	75.88	74.53	74.49	79.07
白银市(不含白银区、平川区)	7	75.87	72.21	76.73	79.87
武威市	8	75.75	71.67	77.94	78.99
临夏州	9	75.38	72.71	74.61	79.72
定西市	10	75.29	70.75	77.73	78.90
天水市(不含秦州区)	11	74.84	71.81	76.39	77.34
兰州市(不含5区)	12	74.27	71.31	73.11	79.36
酒泉市	13	72.78	66.39	74.28	79.80
均值		75.64	72.55	75.95	79.46
极差		4.34	9.19	5.13	8.18
方差		1.43	5.88	2.60	3.65
标准差		1.19	2.42	1.61	1.91

资料来源：根据《甘肃发展年鉴》（2015）和甘肃省统计局提供的数据处理而来。

2015年甘肃省13个市（州）（不含嘉峪关市）县域公共服务竞争力得分：甘南州77.12、张掖市76.95、陇南市76.89、金昌市（不含金川区）76.39、庆阳市75.95、平凉市75.88、白银市（不含白银区、平川区）

75.87、武威市 75.75、临夏州 75.38、定西市 75.29，处于一般优势；天水市（不含秦州区）74.84、兰州市（不含 5 区）74.27、酒泉市 72.78，处于中势。13 个市（州）（不含嘉峪关市）县域生活环境竞争力得分均无处于绝对优势、一般劣势、绝对劣势的情况（见表 28）。

表 28　2015 年甘肃省 13 个市（州）县域生活环境竞争力水平归类分布一览

评价标准	市（州）名称（个数）
绝对优势	（0 个）
一般优势	甘南州、张掖市、陇南市、金昌市（不含金川区）、庆阳市、平凉市、白银市（不含白银区、平川区）、武威市、临夏州、定西市（10 个）
中势	天水市（不含秦州区）、兰州市（不含 5 区）、酒泉市（3 个）
一般劣势	（0 个）
绝对劣势	（0 个）

注：不含嘉峪关市。

（2）结果分析

从 13 个市（州）（不含嘉峪关市）生活环境竞争力总体来看，均值为 75.64，与 77 个县（市、区）一样，均处在一般优势，农业环境均值为 79.46、环境保护均值为 75.95，处于一般优势，生活环境均值为 72.55，处于中势；极差、方差、标准差明显缩小，但仍相对较大，说明 13 个市（州）（不含嘉峪关市）之间差异较大，各市（州）之间相对不均衡，结合 77 个县（市、区）的评价结果，反映出各市（州）所辖县域之间存在一定差异，各市（州）所辖县域之间发展不均衡（见表 27）。

从 13 个市（州）（不含嘉峪关市）县域生活环境竞争力 3 个二级指标的极差、方差、标准差来看，与 77 个县（市、区）相比明显缩小，但生活环境和农业环境仍存在较大差异，环境保护仍存在一定差异，要素配置不均衡；同时结合 77 个县（市、区）评价结果，也说明各市（州）所辖县域之间存在一定差异，各市（州）所辖县域之间要素配置不均衡（见表 27）。

(七)甘肃省县域社会结构竞争力子系统评价分析

1. 甘肃省县域社会结构竞争力子系统评价结果

(1) 评价结果

通过对人口结构和城乡结构 2 个二级指标进行计算和分析,得出 2015 年甘肃省 77 个县(市、区)县域社会结构竞争力评价情况,如表 29 所示。

表29　2015年甘肃省县域社会结构竞争力评价

县(市、区)	排序	得分	社会结构竞争力	
			人口结构	城乡结构
凉州区	1	80.13	79.10	81.15
临夏市	2	79.62	74.24	85.00
武都区	3	76.40	69.15	83.65
崆峒区	4	75.98	72.07	79.90
甘州区	5	75.63	72.72	78.54
肃州区	6	75.49	72.65	78.34
山丹县	7	74.95	67.84	82.07
华亭县	8	74.77	66.41	83.12
麦积区	9	74.36	71.39	77.33
西峰区	10	74.29	70.97	77.62
甘谷县	11	74.14	68.68	79.59
临夏县	12	73.95	65.92	81.98
徽　县	13	73.66	64.78	82.55
漳　县	14	73.66	65.44	81.88
永登县	15	73.44	67.69	79.19
和政县	16	73.31	65.13	81.49
临泽县	17	73.10	64.12	82.07
环　县	18	72.88	65.59	80.17
庄浪县	19	72.75	65.90	79.60
镇原县	20	72.56	67.81	77.32
武山县	21	72.42	67.44	77.41
崇信县	22	72.39	63.48	81.30
宁　县	23	72.33	67.21	77.45

续表

县(市、区)	排序	得分	社会结构竞争力	
			人口结构	城乡结构
舟曲县	24	72.08	63.51	80.66
高台县	25	72.02	64.02	80.03
成 县	26	72.02	65.71	78.32
敦煌市	27	71.78	66.25	77.31
礼 县	28	71.77	68.00	75.53
通渭县	29	71.40	67.77	75.03
陇西县	30	71.31	68.30	74.31
玉门市	31	71.25	67.70	74.80
阿克塞	32	71.25	72.50	69.99
皋兰县	33	71.09	64.52	77.66
泾川县	34	71.07	64.92	77.22
正宁县	35	70.96	67.41	74.51
安定区	36	70.95	68.51	73.39
榆中县	37	70.95	66.51	75.39
永昌县	38	70.78	66.42	75.14
金塔县	39	70.48	67.10	73.86
灵台县	40	70.45	63.35	77.55
临洮县	41	70.13	67.43	72.84
永靖县	42	70.05	65.66	74.44
西和县	43	70.03	65.99	74.07
天祝县	44	70.01	66.94	73.08
秦安县	45	69.96	67.73	72.18
静宁县	46	69.75	68.23	71.27
两当县	47	69.68	65.98	73.39
张家川	48	69.64	64.26	75.02
庆城县	49	69.59	65.70	73.48
民乐县	50	69.39	67.72	71.06
积石山	51	69.36	63.99	74.73
文 县	52	69.34	63.66	75.01
肃北县	53	69.25	71.87	66.63
肃南县	54	69.11	65.71	72.51
古浪县	55	68.91	65.21	72.61
合水县	56	68.80	63.68	73.93
东乡县	57	68.75	64.82	72.68

续表

县(市、区)	排序	得分	社会结构竞争力	
			人口结构	城乡结构
会宁县	58	68.54	67.45	69.62
迭部县	59	68.42	64.94	71.90
景泰县	60	68.39	65.75	71.03
清水县	61	68.36	64.30	72.42
宕昌县	62	68.25	64.20	72.30
岷县	63	68.16	66.30	70.02
合作市	64	67.96	72.03	63.89
广河县	65	67.77	64.09	71.45
靖远县	66	67.44	66.30	68.58
康乐县	67	67.37	65.72	69.02
瓜州县	68	67.35	65.21	69.49
康县	69	67.31	63.84	70.79
临潭县	70	67.28	63.45	71.10
民勤县	71	67.20	64.93	69.47
渭源县	72	66.73	64.13	69.33
夏河县	73	65.78	64.01	67.55
华池县	74	64.13	63.06	65.20
卓尼县	75	63.81	62.93	64.69
碌曲县	76	62.28	63.41	61.15
玛曲县	77	61.22	62.43	60.00
均值		70.64	66.64	74.64
极差		18.91	16.67	25.00
方差		11.36	9.15	28.12
标准差		3.37	3.02	5.30

资料来源：根据《甘肃发展年鉴》（2015）和甘肃省统计局提供的数据处理而来。

根据2015年甘肃省县域社会结构竞争力得分，甘肃省77个县（市、区）处于绝对优势的县（市、区）有1个，为凉州区；处于一般优势的县（市、区）有5个，包括临夏市、武都区、崆峒区、甘州区、肃州区；处于中势的县（市、区）有38个，包括山丹县、华亭县、麦积区、西峰区、甘谷县、临夏县、徽县、漳县、永登县、和政县、临泽县、环县、庄浪县、镇原县、武山县、崇信县、宁县、舟曲县、高台县、成县、敦煌市、礼县、通渭县、陇西县、玉门市、阿克塞、皋兰县、泾川县、正宁县、安定区、榆中县、永昌县、金塔县、灵台县、临洮县、永靖县、西和县、天祝县；处于一般劣势的县（市、区）有29个，包括秦安县、静宁县、两当县、张家川、庆城县、民乐县、积石山、文县、肃北县、肃南县、古浪县、合水县、东乡县、会宁县、迭部县、景泰县、清水县、宕昌县、岷县、合作市、广河县、靖远县、康乐县、瓜州县、康县、临潭县、民勤县、渭源县、夏河县；处于绝对劣势的县（市、区）有4个，包括华池县、卓尼县、碌曲县、玛曲县（见表30）。

表30　2015年甘肃省县域社会结构竞争力水平归类分布一览

评价标准	县域名称（个数）
绝对优势	凉州区（1个）
一般优势	临夏市、武都区、崆峒区、甘州区、肃州区（5个）
中势	山丹县、华亭县、麦积区、西峰区、甘谷县、临夏县、徽县、漳县、永登县、和政县、临泽县、环县、庄浪县、镇原县、武山县、崇信县、宁县、舟曲县、高台县、成县、敦煌市、礼县、通渭县、陇西县、玉门市、阿克塞、皋兰县、泾川县、正宁县、安定区、榆中县、永昌县、金塔县、灵台县、临洮县、永靖县、西和县、天祝县（38个）
一般劣势	秦安县、静宁县、两当县、张家川、庆城县、民乐县、积石山、文县、肃北县、肃南县、古浪县、合水县、东乡县、会宁县、迭部县、景泰县、清水县、宕昌县、岷县、合作市、广河县、靖远县、康乐县、瓜州县、康县、临潭县、民勤县、渭源县、夏河县（29）
绝对劣势	华池县、卓尼县、碌曲县、玛曲县（4个）

（2）结果分析

2015年甘肃省77个县（市、区）县域社会结构竞争力得分均值为70.64，处于中势，其极差、方差、标准差均相对较大，差异性较大，77个县（市、区）之间发展很不均衡；城乡结构均值为74.64，处于中势，人口结构均值为66.64，处于一般劣势，从2个二级指标的极差、方差、标准差来看，均存在较大差异，在77个县（市、区）之间，城乡结构配置存在严重失衡，人口结构配置存在较大失衡（见表29）。

从77个县（市、区）社会结构竞争力水平归类分布来看，行政区域分布特征、地理位置特征及贫困特征均不太明显（见表30）。

2.甘肃省市（州）县域社会结构竞争力子系统评价分析

（1）评价结果

2015年甘肃省13个市（州）（不含嘉峪关市）县域社会结构竞争力综合评价情况如表31所示。

表31　2015年甘肃省13个市（州）县域社会结构竞争力评价

市(州)	排序	得分	社会结构竞争力	
			人口结构	城乡结构
平凉市	1	72.45	66.34	78.57
张掖市	2	72.37	67.02	77.71
兰州市(不含5区)	3	71.83	66.24	77.41
武威市	4	71.56	69.05	74.08
天水市(不含秦州区)	5	71.48	67.30	75.66
临夏州	6	71.27	66.20	76.35
酒泉市	7	70.98	69.04	72.92
陇南市	8	70.94	65.70	76.18
金昌市(不含金川区)	9	70.78	66.42	75.14
庆阳市	10	70.69	66.43	74.96
定西市	11	70.33	66.84	73.83
白银市(不含白银区、平川区)	12	68.12	66.50	69.74
甘南州	13	66.10	64.59	67.62
均值		70.69	66.74	74.63
极差		6.35	4.46	10.95
方差		3.07	1.47	9.71
标准差		1.75	1.21	3.12

资料来源：根据《甘肃发展年鉴》（2015）和甘肃省统计局提供的数据处理而来。

2015年甘肃省13个市（州）（不含嘉峪关市）县域社会结构竞争力得分：平凉市72.45、张掖市72.37、兰州市（不含5区）71.83、武威市

71.56、天水市（不含秦州区）71.48、临夏州71.27、酒泉市70.98、陇南市70.94、金昌市（不含金川区）70.78、庆阳市70.69、定西市70.33，处于中势；白银市（不含白银区、平川区）68.12、甘南州66.10，处于一般劣势。13个市（州）（不含嘉峪关市）县域社会结构竞争力得分均无处于绝对优势、一般优势、绝对劣势的情况（见表32）。

表32 2015年甘肃省13个市（州）县域社会结构竞争力水平归类分布一览

评价标准	市（州）名称（个数）
绝对优势	(0个)
一般优势	(0个)
中势	平凉市、张掖市、兰州市(不含5区)、武威市、天水市(不含秦州区)、临夏州、酒泉市、陇南市、金昌市(不含金川区)、庆阳市、定西市(11个)
一般劣势	白银市(不含白银区、平川区)、甘南州(2个)
绝对劣势	(0个)

注：不含嘉峪关市。

（2）结果分析

从13个市（州）（不含嘉峪关市）社会结构竞争力总体来看，均值为70.69，与77个县（市、区）一样，均处在中势，城乡结构均值为74.63，处于中势，人口结构均值为66.74，处于一般劣势；极差、方差、标准差明显缩小，但仍然相对较大，说明13个市（州）（不含嘉峪关市）之间存在一定差异，结合77个县（市、区）的评价结果，反映出各市（州）所辖县域之间存在较大差异，各市（州）所辖县域之间发展不均衡（见表31）。

从13个市（州）（不含嘉峪关市）县域社会结构竞争力2个二级指标的极差、方差、标准差来看，与77个县（市、区）相比明显缩小，但城乡结构仍然存在较大差异，要素配置很不均衡，人口结构差异性相对较小，要素配置相对均衡；同时结合77个县（市、区）评价结果，也说明各市（州）所辖县域之间存在一定差异，各市（州）所辖县域之间要素配置不均衡（见表31）。

（八）甘肃省县域科学教育竞争力子系统评价分析

1. 甘肃省县域科学教育竞争力子系统评价结果

（1）评价结果

通过对科教支出和科教资源2个二级指标进行计算和分析，得出2015年甘肃省77个县（市、区）县域科学教育竞争力评价情况，如表33所示。

表33　2015年甘肃省县域科学教育竞争力评价

县（市、区）	排序	得分	科学教育竞争力	
			科教支出	科教资源
环　县	1	72.89	75.15	70.63
礼　县	2	70.89	70.79	71.00
文　县	3	69.80	68.29	71.31
肃南县	4	69.48	62.76	76.20
卓尼县	5	69.34	63.02	75.66
通渭县	6	68.75	63.72	73.78
肃北县	7	68.62	66.40	70.84
天祝县	8	68.38	63.68	73.08
迭部县	9	67.79	62.22	73.35
临潭县	10	67.78	62.40	73.17
清水县	11	67.77	64.03	71.50
陇西县	12	67.76	66.21	69.31
静宁县	13	67.65	63.99	71.31
民勤县	14	67.47	68.29	66.66
两当县	15	67.36	62.99	71.73
庆城县	16	67.24	66.09	68.39
会宁县	17	67.14	63.48	70.80
宁　县	18	67.02	64.39	69.65
岷　县	19	66.97	68.75	65.19
碌曲县	20	66.95	62.31	71.59
靖远县	21	66.85	63.73	69.98
皋兰县	22	66.83	64.87	68.79
永靖县	23	66.79	62.59	71.00

续表

县(市、区)	排序	得分	科学教育竞争力	
			科教支出	科教资源
景泰县	24	66.74	62.21	71.27
东乡县	25	66.70	65.44	67.96
安定区	26	66.52	64.40	68.64
夏河县	27	66.50	63.08	69.92
正宁县	28	66.50	63.41	69.58
灵台县	29	66.24	62.77	69.70
积石山	30	66.08	61.54	70.62
康 县	31	66.03	62.70	69.37
华池县	32	66.02	63.63	68.40
榆中县	33	65.99	64.27	67.72
徽 县	34	65.89	62.11	69.68
古浪县	35	65.86	63.37	68.36
镇原县	36	65.82	62.98	68.66
阿克塞	37	65.80	64.33	67.27
永登县	38	65.75	64.09	67.41
渭源县	39	65.60	63.02	68.18
秦安县	40	65.46	63.59	67.34
凉州区	41	65.44	65.80	65.08
庄浪县	42	65.43	63.13	67.73
张家川	43	65.42	62.47	68.37
泾川县	44	65.34	63.25	67.42
武山县	45	65.34	64.13	66.54
甘谷县	46	65.31	63.42	67.21
临夏市	47	65.29	68.85	61.73
康乐县	48	65.29	62.40	68.17
成 县	49	65.28	61.58	68.99
西峰区	50	65.28	65.03	65.52
临夏县	51	65.28	62.81	67.74
崇信县	52	65.01	61.47	68.55
宕昌县	53	64.97	62.23	67.70
华亭县	54	64.95	62.45	67.46
合作市	55	64.79	61.97	67.61
麦积区	56	64.78	64.07	65.49
漳 县	57	64.77	61.47	68.06

续表

县（市、区）	排序	得分	科学教育竞争力	
			科教支出	科教资源
和政县	58	64.72	62.24	67.20
临泽县	59	64.70	63.18	66.23
临洮县	60	64.60	63.00	66.20
玉门市	61	64.36	64.73	64.00
合水县	62	64.36	62.82	65.89
民乐县	63	64.31	62.39	66.24
肃州区	64	64.27	65.71	62.83
舟曲县	65	64.20	61.44	66.97
武都区	66	64.12	62.54	65.70
西和县	67	63.91	62.29	65.53
甘州区	68	63.89	62.99	64.78
崆峒区	69	63.82	62.43	65.21
玛曲县	70	63.73	62.52	64.95
广河县	71	63.57	62.30	64.85
高台县	72	63.55	61.92	65.19
敦煌市	73	63.54	63.26	63.82
金塔县	74	63.39	62.10	64.68
瓜州县	75	63.19	61.46	64.92
山丹县	76	63.06	62.48	63.64
永昌县	77	62.53	62.01	63.05
均值		65.93	63.73	68.13
极差		10.36	13.71	14.47
方差		3.50	5.20	8.63
标准差		1.87	2.28	2.94

资料来源：根据《甘肃发展年鉴》（2015）和甘肃省统计局提供的数据处理而来。

根据2015年甘肃省县域科学教育竞争力得分，甘肃省77个县（市、区）处于绝对优势的县（市、区）为0个；处于一般优势的县（市、区）为0个；处于中势的县（市、区）有2个，包括环县、礼县；处于一般劣势的县（市、区）有50个，包括文县、肃南县、卓尼县、通渭县、肃北县、天祝县、迭部县、临潭县、清水县、陇西县、静宁县、民勤县、两当县、庆城县、会宁县、宁县、岷县、碌曲县、靖远县、皋兰县、永靖县、景泰县、东乡县、安定区、夏河县、正宁县、灵台县、积石山、康县、华池县、榆中县、徽县、古浪县、镇原县、阿克塞、永登县、渭源县、秦安县、凉州区、庄浪县、张家川、泾川县、武山县、甘谷县、临夏市、康乐县、成县、西峰区、临夏县、崇信县；处于绝对劣势的县（市、区）有25个，包括宕昌县、华亭县、合作市、麦积区、漳县、和政县、临泽县、临洮县、玉门市、合水县、民乐县、肃州区、舟曲县、武都区、西和县、甘州区、崆峒区、玛曲县、广河县、高台县、敦煌市、金塔县、瓜州县、山丹县、永昌县（见表34）。

表34　2015年甘肃省县域科学教育竞争力水平归类分布一览

评价标准	县域名称（个数）
绝对优势	（0个）
一般优势	（0个）
中势	环县、礼县（2个）
一般劣势	文县、肃南县、卓尼县、通渭县、肃北县、天祝县、迭部县、临潭县、清水县、陇西县、静宁县、民勤县、两当县、庆城县、会宁县、宁县、岷县、碌曲县、靖远县、皋兰县、永靖县、景泰县、东乡县、安定区、夏河县、正宁县、灵台县、积石山、康县、华池县、榆中县、徽县、古浪县、镇原县、阿克塞、永登县、渭源县、秦安县、凉州区、庄浪县、张家川、泾川县、武山县、甘谷县、临夏市、康乐县、成县、西峰区、临夏县、崇信县（50个）
绝对劣势	宕昌县、华亭县、合作市、麦积区、漳县、和政县、临泽县、临洮县、玉门市、合水县、民乐县、肃州区、舟曲县、武都区、西和县、甘州区、崆峒区、玛曲县、广河县、高台县、敦煌市、金塔县、瓜州县、山丹县、永昌县（25个）

（2）结果分析

2015年甘肃省77个县（市、区）县域科学教育竞争力得分均值为65.93，处于一般劣势，其极差、方差、标准差均相对较大，差异性较大，77个县（市、区）之间发展很不均衡；科教资源均值为68.13，处于一般劣势，科教支出均值为63.73，处于绝对劣势，从2个二级指标的极差、方差、标准差来看，均存在较大差异，在77个县（市、区）之间，科教支出和科教资源配置存在较大失衡（见表33）。

从77个县（市、区）科学教育竞争力水平归类分布来看，行政区域分布特征、地理位置特征及贫困特征均不太明显（见表34）。

2. 甘肃省市（州）县域科学教育竞争力子系统评价分析

（1）评价结果

2015年甘肃省13个市（州）（不含嘉峪关市）县域科学教育竞争力综合评价情况如表35所示。

表35 2015年甘肃省13个市（州）县域科学教育竞争力评价

市(州)	排序	得分	科学教育竞争力	
			科教支出	科教资源
白银市(不含白银区、平川区)	1	66.91	63.14	70.69
庆阳市	2	66.89	65.44	68.34
武威市	3	66.79	65.28	68.29
陇南市	4	66.47	63.95	69.00
定西市	5	66.42	64.37	68.48
甘南州	6	66.39	62.37	70.40
兰州市(不含5区)	7	66.19	64.41	67.97
天水市(不含秦州区)	8	65.68	63.62	67.74
平凉市	9	65.49	62.79	68.20
临夏州	10	65.46	63.52	67.41
张掖市	11	64.83	62.62	67.05
酒泉市	12	64.74	64.00	65.48
金昌市(不含金川区)	13	62.53	62.01	63.05
均值		65.75	63.65	67.85
极差		4.38	3.43	7.63
方差		1.47	1.13	3.86
标准差		1.21	1.06	1.96

资料来源：根据《甘肃发展年鉴》（2015）和甘肃省统计局提供的数据处理而来。

2015年甘肃省13个市（州）（不含嘉峪关市）县域科学教育竞争力得分：白银市（不含白银区、平川区）66.91、庆阳市66.89、武威市66.79、陇南市66.47、定西市66.42、甘南州66.39、兰州市（不含5区）66.19、天水市（不含秦州区）65.68、平凉市65.49、临夏州65.46，处于一般劣势；张掖市64.83、酒泉市64.74、金昌市（不含金川区）62.53，处于绝对劣势。13个市（州）（不含嘉峪关市）县域科学教育竞争力得分均无处于绝对优势、一般优势、中势的情况（见表36）。

表36　2015年甘肃省13个市（州）县域科学教育竞争力水平归类分布一览

评价标准	市（州）名称（个数）
绝对优势	（0个）
一般优势	（0个）
中势	（0个）
一般劣势	白银市（不含白银区、平川区）、庆阳市、武威市、陇南市、定西市、甘南州、兰州市（不含5区）、天水市（不含秦州区）、平凉市、临夏州（10个）
绝对劣势	张掖市、酒泉市、金昌市（不含金川区）（3个）

注：不含嘉峪关市。

（2）结果分析

从13个市（州）（不含嘉峪关市）科学教育竞争力总体来看，均值为65.75，与77个县（市、区）一样，均处在一般劣势，科教资源均值为67.85，处在一般劣势，科教支出均值为63.65，处于绝对劣势；极差、方差、标准差明显缩小，且相对较小，说明13个市（州）（不含嘉峪关市）之间不存在太大差异。结合77个县（市、区）的评价结果，反映出各市（州）所辖县域之间存在较大差异，各市（州）所辖县域之间发展不均衡（见表35）。

从13个市（州）（不含嘉峪关市）县域科学教育竞争力2个二级指标的极差、方差、标准差来看，与77个县（市、区）相比明显缩小，但科教资源仍然存在较大差异，要素配置很不均衡，科教支出差异性相对较小，要素配置相对均衡；同时结合77个县（市、区）评价结果，也说明各市（州）所辖县域之间存在一定差异，各市（州）所辖县域之间要素配置不均衡（见表35）。

小　结

通过以上分析，甘肃省县域竞争力具有以下明显特征。

第一，甘肃省县域竞争力整体水平相对较低，但较2014年有明显提升。

第二，从8个一级指标来看，生活环境竞争力处于一般优势，社会保障、基础设施、社会结构竞争力处于中势，产业发展、宏观经济、科学教育竞争力处于一般劣势；公共服务竞争力处于绝对劣势。

第三，甘肃省县域竞争力各市（州）及各市（州）所辖县域之间差异性较大，县域竞争力发展很不均衡。

第四，甘肃省县域竞争力各市（州）及各市（州）所辖县域之间要素配置差异性较大，县域竞争力要素配置很不均衡。

第五，甘肃省各市（州）及各市（州）所辖县域之间县域竞争力具有一定的行政区域、地理位置、经济发展、经济结构等因素制约下的分布特征。

第六，甘肃省贫困地区县域竞争力上升趋势较为明显，且较2014年上升速度加快。

B.4 甘肃省各市（州）所辖县域综合竞争力评价报告

潘从银　王建兵*

摘　要： 通过对甘肃省县域竞争力8个一级子系统进行聚类分析，对各市（州）所辖县域综合竞争力做出评价分析：兰州市（不含5区）综合评价整体靠前，所辖县域之间发展基本均衡；金昌市（不含金川区）综合评价整体相对居中；白银市（不含白银区、平川区）综合评价整体靠后，所辖县域之间发展非常均衡；天水市（不含秦州区）综合评价整体靠后，所辖县域之间发展很不均衡；武威市综合评价整体靠前，所辖县域之间发展存在一定的不均衡；张掖市综合评价整体居中，所辖县域之间发展存在一定的不均衡；平凉市综合评价整体居中，所辖县域之间发展存在一定不均衡；酒泉市综合评价相对靠前，所辖县域之间发展很不均衡；庆阳市综合评价相对靠前，所辖县域之间发展很不均衡；定西市综合评价整体靠后，所辖县域之间发展存在一定的不均衡；陇南市综合评价整体靠后，所辖县域之间发展很不均衡；临夏州综合评价整体靠后，所辖县域之间发展很不均衡；甘南州综合评价整体靠后，所辖县域之间发展相对均衡。

关键词： 甘肃省　市（州）　辖县　综合竞争力　评价

---

* 潘从银，甘肃省社会科学院助理研究员，区域经济学硕士，主要从事农村经济发展研究；王建兵，甘肃省社会科学院农村发展研究所所长，博士，研究方向为生态经济和农村发展。

一 甘肃省县域综合竞争力分布特征评价

对甘肃省县域综合竞争力评价的 8 个一级指标——宏观经济竞争力、产业发展竞争力、基础设施竞争力、社会保障竞争力、公共服务竞争力、生活环境竞争力、社会结构竞争力和科学教育竞争力的得分利用 SPSS 软件进行 Q 型系统聚类法分析，可将甘肃省 77 个县（市、区）县域综合竞争力分布特征分为 5 类（见图 1、表 1、表 2）。

第 1 类，有 14 个县（市、区），包括：凉州区、西峰区、甘州区、肃州区、临夏市、崆峒区、麦积区、敦煌市、玉门市、武都区、成县、华亭县、永登县、皋兰县。其特征为：综合评价相对靠前；宏观经济竞争力、产业发展竞争力、基础设施竞争力、社会保障竞争力和社会结构竞争力优势明显；公共服务竞争力和生活环境竞争力优势一般；科学教育竞争力优势较差。这说明虽然整体优势明显，但要素之间分布仍存在差异。

第 2 类，有 29 个县（市、区），包括：民勤县、肃南县、环县、天祝县、庆城县、榆中县、陇西县、宁县、华池县、两当县、静宁县、安定区、文县、迭部县、景泰县、永靖县、清水县、靖远县、通渭县、礼县、碌曲县、会宁县、合作市、临潭县、西和县、卓尼县、东乡县、夏河县、玛曲县。其特征为：综合评价有前有后，相对凌乱；8 个子系统均具有一般优势。这说明 8 个子系统要素之间要素分布相对均衡。

第 3 类，有 22 个县（市、区），包括：山丹县、临泽县、高台县、金塔县、徽县、永昌县、民乐县、泾川县、崇信县、甘谷县、合水县、庄浪县、临洮县、正宁县、灵台县、康县、临夏县、武山县、舟曲县、渭源县、和政县、康乐县。其特征为：综合评价有前有后，但相对偏中间；基础设施竞争力、社会保障竞争力和生活环境竞争力具有明显优势；社会结构竞争力具有一般优势；宏观经济竞争力、产业发展竞争力、社会结构竞争力和科学教育竞争力优势较差。这说明 8 个子系统要素之间要素分布不均衡，存在一定差异。

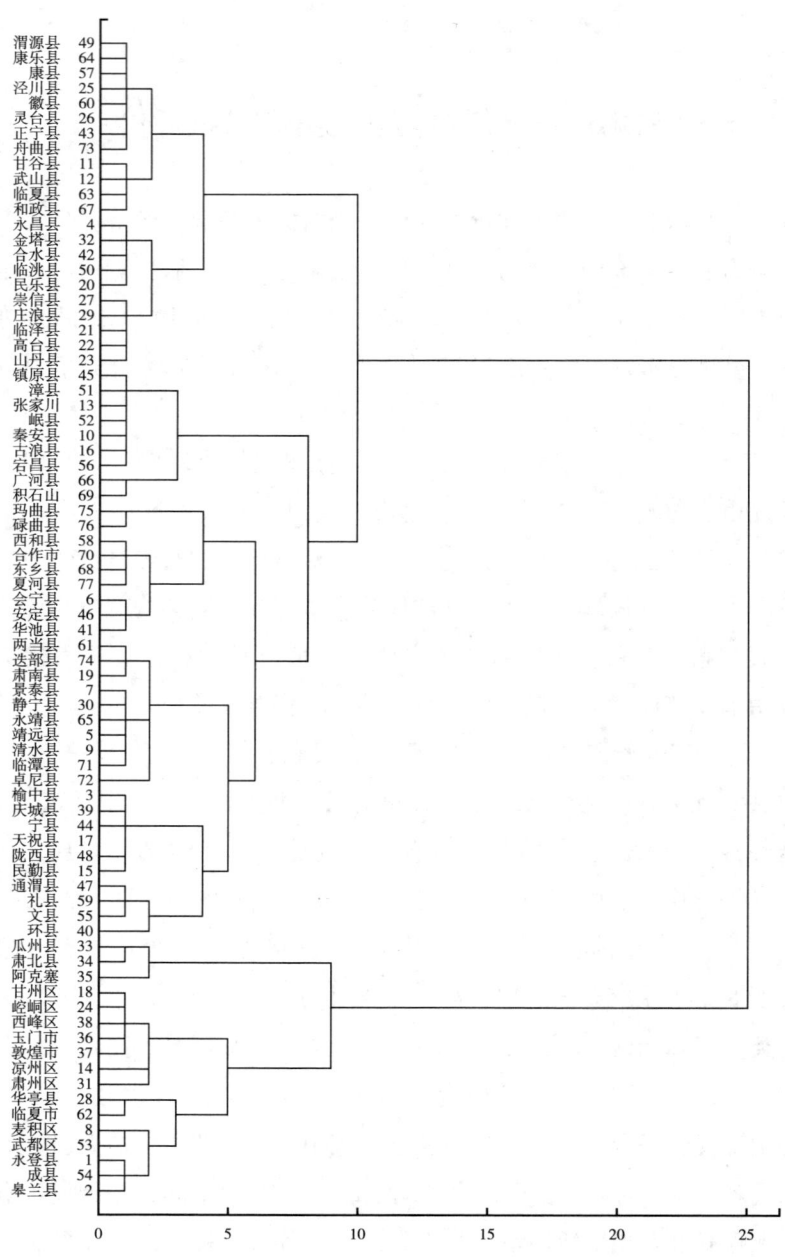

图1 甘肃省县域综合竞争力

甘肃省各市（州）所辖县域综合竞争力评价报告

表1 2015年甘肃省县域综合竞争力评价

县(市、区)	分类	综合排序	综合得分	2015年县域竞争力							
				宏观经济得分	产业发展得分	基础设施得分	社会保障得分	公共服务得分	生活环境得分	社会结构得分	科学教育得分
凉州区	1	1	74.09	79.96	73.96	76.02	75.56	65.90	76.19	80.13	65.44
西峰区	1	2	73.46	75.53	71.97	79.93	76.75	66.67	77.84	74.29	65.28
甘州区	1	3	72.76	74.09	71.23	77.37	76.94	68.45	76.69	75.63	63.89
肃州区	1	4	72.19	76.48	70.83	78.04	72.70	68.33	70.96	75.49	64.27
临夏市	1	5	71.73	69.01	71.26	78.74	69.42	64.48	77.32	79.62	65.29
崆峒区	1	6	71.64	72.21	70.54	75.45	75.00	66.78	75.61	75.98	63.82
麦积区	1	7	71.45	72.08	73.88	72.81	73.87	63.73	77.22	74.36	64.78
敦煌市	1	8	71.34	72.70	69.50	75.98	78.90	64.03	76.09	71.78	63.54
玉门市	1	10	70.75	71.71	69.32	76.60	73.28	64.92	75.04	71.25	64.36
武都区	1	19	70.27	68.76	70.84	71.81	73.40	62.46	77.10	76.40	64.12
成 县	1	20	70.25	65.81	70.41	74.05	75.88	65.66	75.66	72.02	65.28
华亭县	1	21	70.22	67.41	67.17	75.51	70.38	67.04	77.45	74.77	64.95
永登县	1	22	70.19	67.10	71.60	72.94	73.66	63.58	75.13	73.44	65.75
皋兰县	1	23	70.06	65.73	71.35	76.30	72.18	64.45	72.61	71.09	66.83
民勤县	2	13	70.52	68.39	68.35	74.21	77.77	65.52	77.07	67.20	67.47
肃南县	2	14	70.46	65.34	66.88	75.08	74.18	67.49	78.63	69.11	69.48
环 县	2	17	70.29	67.97	70.70	69.00	71.81	63.62	74.35	72.88	72.89
天祝县	2	18	70.28	66.54	68.85	72.73	73.92	65.75	78.41	70.01	68.38
庆城县	2	24	69.95	68.23	71.02	70.23	75.79	63.45	75.59	69.59	67.24
榆中县	2	25	69.93	68.29	69.26	71.89	76.50	63.65	75.06	70.95	65.99
陇西县	2	29	69.75	67.47	68.18	70.85	74.11	65.04	75.64	71.31	67.76
宁 县	2	30	69.70	66.63	68.56	73.19	75.31	61.66	74.62	72.33	67.02
华池县	2	33	69.47	67.85	71.30	71.00	73.34	64.85	78.14	64.13	66.02
两当县	2	36	69.45	62.29	64.41	76.11	76.23	65.92	77.41	69.68	67.36
静宁县	2	43	69.32	65.42	66.64	74.36	73.02	65.00	74.29	69.75	67.65
安定区	2	45	69.28	68.38	69.16	68.93	71.51	62.49	78.33	70.95	66.52
文 县	2	47	69.00	64.14	68.18	71.05	71.97	60.30	78.60	69.34	69.80
迭部县	2	48	68.97	62.95	65.28	74.58	72.83	65.51	77.04	68.42	67.79
景泰县	2	49	68.96	65.17	67.16	75.34	72.02	63.92	73.63	68.39	66.74
永靖县	2	50	68.95	64.70	67.49	73.20	70.62	65.33	75.19	70.05	66.79
清水县	2	51	68.92	64.11	67.30	74.08	72.69	61.97	76.26	68.36	67.77
靖远县	2	54	68.75	65.92	67.41	71.54	73.55	63.97	74.97	67.44	66.85

089

续表

县(市、区)	分类	综合排序	综合得分	2015年县域竞争力							
				宏观经济得分	产业发展得分	基础设施得分	社会保障得分	公共服务得分	生活环境得分	社会结构得分	科学教育得分
通渭县	2	55	68.71	63.84	67.42	68.21	74.23	64.03	75.09	71.40	68.75
礼　县	2	56	68.59	64.28	67.28	65.07	74.14	61.62	77.15	71.77	70.89
碌曲县	2	58	68.45	62.75	67.07	70.53	74.60	69.54	77.10	62.28	66.95
会宁县	2	59	68.37	65.43	68.13	65.59	72.19	64.59	78.99	68.54	67.14
合作市	2	63	68.16	64.44	68.97	71.61	70.04	61.89	76.96	67.96	64.79
临潭县	2	66	68.11	62.80	66.38	70.65	71.67	64.03	76.71	67.28	67.78
西和县	2	69	67.76	63.62	69.20	70.29	69.37	61.28	76.34	70.03	63.91
卓尼县	2	73	67.37	62.86	64.73	70.32	71.40	64.28	73.33	63.81	69.34
东乡县	2	74	67.18	62.14	67.45	68.90	68.19	60.71	76.41	68.75	66.70
夏河县	2	75	67.15	62.98	66.62	66.98	72.24	61.89	77.00	65.78	66.50
玛曲县	2	76	66.74	63.00	66.22	67.03	71.52	65.14	79.58	61.22	63.73
山丹县	3	11	70.72	65.48	68.05	78.33	77.59	65.82	76.40	74.95	63.06
临泽县	3	15	70.41	66.27	67.99	76.37	74.98	66.08	76.93	73.10	64.70
高台县	3	16	70.41	66.70	68.27	77.00	76.07	66.02	76.66	72.02	63.55
金塔县	3	26	69.86	66.98	68.40	74.25	77.76	64.38	76.47	70.48	63.39
徽　县	3	28	69.80	65.09	67.34	73.25	73.90	64.58	78.48	73.66	65.89
永昌县	3	31	69.69	67.11	69.97	74.77	74.37	63.80	76.39	70.78	62.53
民乐县	3	32	69.62	64.93	67.46	77.67	74.76	64.09	76.36	69.39	64.31
泾川县	3	34	69.46	65.15	66.65	73.84	73.82	64.60	78.63	71.07	65.34
崇信县	3	35	69.45	64.75	66.35	76.35	75.91	64.92	72.61	72.39	65.01
甘谷县	3	37	69.44	66.36	66.89	73.49	73.17	63.01	76.02	74.14	65.31
合水县	3	38	69.40	65.36	69.14	74.63	73.37	63.96	77.64	68.80	64.36
庄浪县	3	39	69.39	64.43	66.53	74.71	75.58	65.06	73.80	72.75	65.43
临洮县	3	40	69.36	66.67	68.03	73.18	75.06	62.95	76.78	70.13	64.60
正宁县	3	41	69.36	64.97	66.04	74.78	75.14	62.02	77.08	70.96	66.50
灵台县	3	42	69.33	63.72	66.38	72.97	76.25	63.88	78.79	70.45	66.24
康　县	3	44	69.28	63.65	68.97	72.17	75.75	64.44	79.04	67.31	66.03
临夏县	3	46	69.13	63.23	67.76	74.05	72.65	62.87	76.30	73.95	65.28
武山县	3	53	68.76	65.03	66.31	71.93	73.07	62.88	76.33	72.42	65.34
舟曲县	3	60	68.33	62.73	66.29	69.80	73.08	64.29	79.25	72.08	64.20
渭源县	3	61	68.26	63.51	66.58	71.96	74.01	63.16	77.26	66.73	65.60
和政县	3	62	68.18	62.72	67.61	71.95	71.25	61.76	75.03	73.31	64.72
康乐县	3	67	68.07	62.61	66.78	71.93	73.22	62.74	77.47	67.37	65.29

续表

县(市、区)	分类	综合排序	综合得分	2015年县域竞争力							
				宏观经济得分	产业发展得分	基础设施得分	社会保障得分	公共服务得分	生活环境得分	社会结构得分	科学教育得分
镇原县	4	52	68.87	66.59	68.23	71.28	73.75	62.24	72.31	72.56	65.82
岷 县	4	57	68.48	64.18	66.98	74.80	72.71	62.83	71.67	68.16	66.97
漳 县	4	64	68.14	63.10	68.28	71.77	72.61	61.06	72.27	73.66	64.77
张家川	4	65	68.12	63.35	67.33	73.13	72.76	63.24	71.73	69.64	65.42
秦安县	4	68	67.87	66.44	66.99	69.32	72.60	62.32	71.50	69.96	65.46
古浪县	4	70	67.74	64.88	67.16	70.98	70.89	62.96	71.33	68.91	65.86
宕昌县	4	71	67.68	63.41	68.94	70.42	72.01	62.73	72.23	68.25	64.97
广河县	4	72	67.61	62.83	67.72	75.66	65.68	62.69	75.28	67.77	63.57
积石山	4	77	66.49	62.64	65.82	70.79	65.28	62.18	70.08	69.36	66.08
肃北县	5	9	71.04	69.33	68.51	74.79	78.12	70.22	70.91	69.25	68.62
阿克塞	5	12	70.68	67.78	67.00	79.14	72.58	73.23	70.20	71.25	65.80
瓜州县	5	27	69.82	70.13	67.33	76.00	77.85	68.26	69.80	67.35	63.19

资料来源:根据《甘肃发展年鉴》(2015)和甘肃省统计局提供的数据处理而来。

表2 2015年甘肃省县域综合竞争力8个子系统平均标准值

分类	宏观经济竞争力	产业发展竞争力	基础设施竞争力	社会保障竞争力	公共服务竞争力	生活环境竞争力	社会结构竞争力	科学教育竞争力
第1类	71.33	70.99	75.83	74.14	65.46	75.78	74.73	64.83
第2类	65.44	68.07	71.61	72.94	64.09	76.33	69.17	67.22
第3类	64.88	67.45	74.06	74.58	63.97	76.81	71.29	64.85
第4类	64.16	67.49	72.02	70.92	62.47	72.04	69.81	65.44
第5类	69.08	67.61	76.65	76.18	70.57	70.30	69.28	65.87

资料来源:根据《甘肃发展年鉴》(2015)和甘肃省统计局提供的数据处理而来。

第4类,有9个县(市、区),包括:镇原县、岷县、漳县、张家川、秦安县、古浪县、宕昌县、广河县、积石山。其特征为:综合评价整体靠后;8个子系统均不具有竞争优势,且存在一定差异。这说明8个子系统要素之间要素配置相对较低,且各要素之间存在一定差异。

第5类,有3个县(市、区),包括:肃北县、阿克塞、瓜州县。其特征为：综合评价整体靠前；基础设施竞争力、社会保障竞争力、公共服务竞争力和科学教育竞争力具有明显优势；宏观经济竞争力和社会结构竞争力具有一般优势；产业发展竞争力和生活环境竞争力均有明显劣势。这说明整体竞争力相对较大，但各要素之间分布差异较大，经济社会发展很不均衡。

二 甘肃省13个市（州）县域综合竞争力分布特征评价

对甘肃省13个市（州）（不含嘉峪关市）县域综合竞争力评价一级指标——宏观经济竞争力、产业发展竞争力、基础设施竞争力、社会保障竞争力、公共服务竞争力、生活环境竞争力、社会结构竞争力、科学教育竞争力的得分利用SPSS软件进行Q型系统聚类法分析，可将甘肃省13个市（州）县域综合竞争力分布特征分为5类（见图2、表3、表4）。

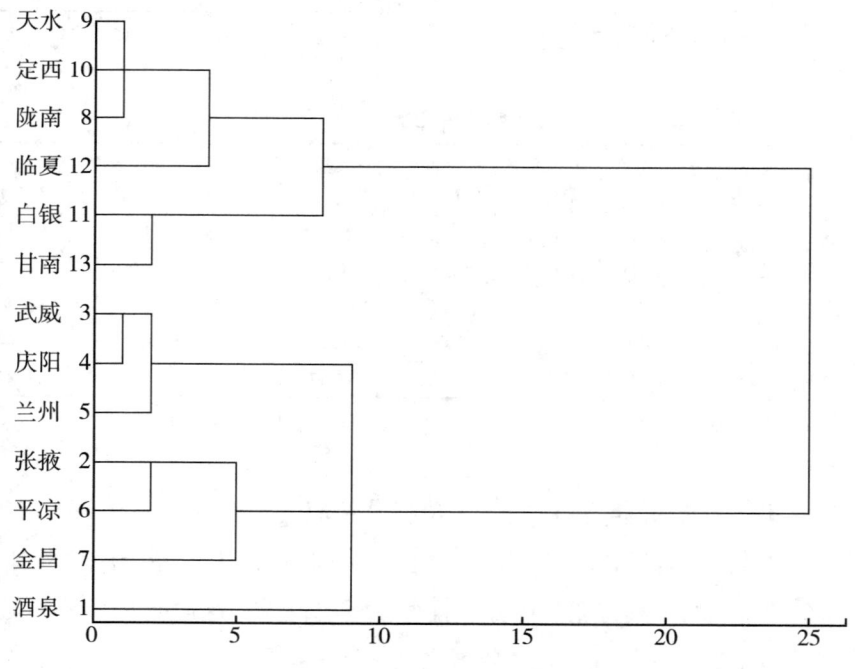

图2 甘肃省13个市（州）县域综合竞争力

表3 2015年甘肃省13个市（州）县域综合竞争力评价

县(市、区)	分类	综合排序	综合得分	2015年13个市(州)县域竞争力							
				宏观经济得分	产业发展得分	基础设施得分	社会保障得分	公共服务得分	生活环境得分	社会结构得分	科学教育得分
酒泉市	1	1	70.81	70.73	68.70	76.40	75.88	67.62	72.78	70.98	64.74
张掖市	2	2	70.73	67.14	68.31	76.97	75.75	66.33	76.95	72.37	64.83
平凉市	2	6	69.83	66.16	67.18	74.74	74.28	65.32	75.88	72.45	65.49
金昌市	2	7	69.69	67.11	69.97	74.77	74.37	63.80	76.39	70.78	62.53
武威市	3	3	70.66	69.94	69.58	73.49	74.54	65.03	75.75	71.56	66.79
庆阳市	3	4	70.06	67.89	69.57	73.01	74.41	63.56	75.95	70.69	66.89
兰州市	3	5	70.06	67.04	70.74	73.71	74.11	63.89	74.27	71.83	66.19
陇南市	4	8	69.12	64.56	68.40	71.58	73.63	63.22	76.89	70.94	66.47
天水市	4	9	69.09	66.23	68.12	72.46	73.03	62.86	74.84	71.48	65.68
定西市	4	10	68.85	65.31	67.80	71.38	73.46	63.09	75.29	70.33	66.42
临夏州	4	12	68.42	63.73	67.74	73.15	69.54	62.84	75.38	71.27	65.46
白银市	5	11	68.69	65.51	67.56	70.82	72.59	64.16	75.87	68.12	66.91
甘南州	5	13	67.91	63.06	66.45	70.19	72.17	64.57	77.12	66.10	66.39

资料来源：根据《甘肃发展年鉴》（2015）和甘肃省统计局提供的数据处理而来。

表4 2015年甘肃省13个市（州）县域综合竞争力8个子系统平均标准值

分类	宏观经济竞争力	产业发展竞争力	基础设施竞争力	社会保障竞争力	公共服务竞争力	生活环境竞争力	社会结构竞争力	科学教育竞争力
第1类	70.81	70.73	68.70	76.40	75.88	67.62	72.78	70.98
第2类	66.80	68.49	75.49	74.80	65.15	76.41	71.87	64.28
第3类	68.29	69.96	73.40	74.35	64.16	75.32	71.36	66.62
第4类	64.96	68.01	72.14	72.41	63.00	75.60	71.01	66.01
第5类	64.29	67.00	70.51	72.38	64.37	76.49	67.11	66.65

资料来源：根据《甘肃发展年鉴》（2015）和甘肃省统计局提供的数据处理而来。

第1类，有1个市（州），为酒泉市。其特征为：综合评价相对靠前；宏观经济竞争力、产业发展竞争力、社会保障竞争力、公共服务竞争力、社会结构竞争力和科学教育竞争力优势明显；基础设施竞争力和生活环境竞争力具有明显劣势。这说明虽然整体优势明显，但要素之间分布差异较大，县域综合竞争力发展很不平衡。

第2类，有3个市（州），包括：张掖市、平凉市、金昌市。其特征为：综合评价整体靠前，但相对偏中间；基础设施竞争力和生活环境竞争力具有明显优势；科学教育竞争力具有明显劣势；其他5个一级子系统具有一般优势。这说明虽然整体相对具有一般优势，但要素之间分布仍有差异，县域综合竞争力发展也不均衡。

第3类，有3个市（州），包括：武威市、庆阳市、兰州市。其特征为：综合评价整体靠前；8个一级子系统均无明显优势和明显劣势。这说明8个子系统要素之间相对差异较小，县域综合竞争力发展相对均衡。

第4类，有4个市（州），包括：陇南市、天水市、定西市、临夏州。其特征为：综合评价整体靠后；8个子系统均不具有竞争优势，且存在一定差异；公共服务竞争力具有绝对劣势；其他7个子系统具有一般劣势。这说明8个子系统要素之间要素配置相对较低，且各要素之间存在一定差异。

第5类，有2个市（州），包括：白银市和甘南州。其特征为：综合评价整体靠后；生活环境竞争力具有绝对优势；宏观经济竞争力、产业发展竞争力、基础设施竞争力、社会保障竞争力和社会结构竞争力具有绝对劣势；公共服务竞争力和科学教育竞争力具有一般劣势。这说明县域综合竞争力整体较小，要素配置相对较低，且存在一定不均衡。

三 甘肃省各市（州）所辖县域综合竞争力评价

通过分析13个市（州）县域综合竞争力分布特征及其所辖县（市、区）县域综合竞争力分布特征，结合各县（市、区）县域综合竞争力得分及排序，对甘肃省各市（州）所辖县域综合竞争力做出评价分析（见表5）。

表5 甘肃省各市（州）所辖县域综合竞争力分类

市(州)	分类	所辖县域个数	所辖县域分类个数				
			第1类	第2类	第3类	第4类	第5类
兰州市(不含5区)	3	3	2	1	0	0	0
金昌市(不含金川区)	2	1	0	0	1	0	0
白银市(不含白银区、平川区)	5	3	0	3	0	0	0
天水市(不含秦州区)	4	6	1	1	2	2	0
武威市	3	4	1	2	0	1	0
张掖市	2	6	1	1	4	0	0
平凉市	2	7	2	1	4	0	0
酒泉市	1	7	3	0	1	0	3
庆阳市	3	8	1	4	2	1	0
定西市	4	7	0	3	2	2	0
陇南市	4	9	2	4	2	1	0
临夏州	4	8	1	2	3	2	0
甘南州	5	8	0	7	1	0	0

兰州市（不含5区）：综合评价整体靠前；8个一级子系统均无明显优势和明显劣势。这说明8个子系统要素之间相对差异较小，县域综合竞争力发展相对均衡；所辖3个县（市、区）之间发展基本均衡。

金昌市（不含金川区）：综合评价整体相对偏中间；基础设施竞争力和生活环境竞争力具有明显优势；科学教育竞争力具有明显劣势；其他5个一级子系统具有一般优势。这说明虽然整体相对具有一般优势，但要素之间分布仍有差异，县域综合竞争力发展不均衡；所辖1个县，不存在所辖县域发展均衡问题。

白银市（不含白银区、平川区）：综合评价整体靠后；生活环境竞争力具有绝对优势；宏观经济竞争力、产业发展竞争力、基础设施竞争力、社会保障竞争力和社会结构竞争力具有绝对劣势；公共服务竞争力和科学教育竞争力具有一般劣势。这说明县域综合竞争力整体较小，要素配置相对较低，且存在一定不均衡；所辖3个县（市、区）之间发展非常均衡。

天水市（不含秦州区）：综合评价整体靠后；8个子系统均不具有竞争

优势，且存在一定差异；公共服务竞争力具有绝对劣势；其他 7 个子系统具有一般劣势。这说明 8 个子系统要素之间要素配置相对较低，且各要素之间存在一定差异；所辖 6 个县（市、区）之间发展很不均衡。

武威市：综合评价整体靠前；8 个一级子系统均无明显优势和明显劣势。这说明 8 个子系统要素之间相对差异较小，县域综合竞争力发展相对均衡；所辖 4 个县（市、区）之间发展存在一定不均衡。

张掖市：综合评价整体靠前，但相对偏中间；基础设施竞争力和生活环境竞争力具有明显优势；科学教育竞争力具有明显劣势；其他 5 个一级子系统具有一般优势。这说明虽然整体相对具有一般优势，但要素之间分布仍有差异，县域综合竞争力发展不均衡；所辖 6 个县（市、区）之间发展存在一定不均衡。

平凉市：综合评价整体靠前，但相对偏中间；基础设施竞争力和生活环境竞争力具有明显优势；科学教育竞争力具有明显劣势；其他 5 个一级子系统具有一般优势。这说明虽然整体相对具有一般优势，但要素之间分布仍有差异，县域综合竞争力发展不均衡；所辖 7 个县（市、区）之间发展存在一定不均衡。

酒泉市：综合评价相对靠前；宏观经济竞争力、产业发展竞争力、社会保障竞争力、公共服务竞争力、社会结构竞争力、科学教育竞争力优势明显；基础设施竞争力、生活环境竞争力具有明显劣势。这说明虽然整体优势明显，但要素之间分布差异较大，县域综合竞争力发展很不平衡；所辖 7 个县（市、区）之间发展很不均衡。

庆阳市：综合评价整体靠前；8 个一级子系统均无明显优势和明显劣势。这说明 8 个子系统要素之间相对差异较小，县域综合竞争力发展相对均衡；所辖 8 个县（市、区）之间发展很不均衡。

定西市：综合评价整体靠后；8 个子系统均不具有竞争优势，且存在一定差异；公共服务竞争力具有绝对劣势；其他 7 个子系统具有一般劣势。这说明 8 个子系统要素之间要素配置相对较低，且各要素之间存在一定差异；所辖 7 个县（市、区）之间发展存在一定不均衡。

陇南市：综合评价整体靠后；8个子系统均不具有竞争优势，且存在一定差异；公共服务竞争力具有绝对劣势；其他7个子系统具有一般劣势。这说明8个子系统要素之间要素配置相对较低，且各要素之间存在一定差异；所辖9个县（市、区）之间发展很不均衡。

临夏州：综合评价整体靠后；8个子系统均不具有竞争优势，且存在一定差异；公共服务竞争力具有绝对劣势；其他7个子系统具有一般劣势。这说明8个子系统要素之间要素配置相对较低，且各要素之间存在一定差异；所辖8个县（市、区）之间发展很不均衡。

甘南州：综合评价整体靠后；生活环境竞争力具有绝对优势；宏观经济竞争力、产业发展竞争力、基础设施竞争力、社会保障竞争力、社会结构竞争力具有绝对劣势；公共服务竞争力和科学教育竞争力具有一般劣势。这说明县域综合竞争力整体较小，要素配置相对较低，且存在一定不均衡；所辖8个县（市、区）之间发展相对均衡。

小　结

通过以上分析，甘肃省各市（州）所辖县域综合竞争力具有以下明显特征。

兰州市（不含5区）综合评价整体靠前，所辖县域之间发展基本均衡。

金昌市（不含金川区）综合评价整体相对偏中间。

白银市（不含白银区、平川区）综合评价整体靠后，所辖县域之间发展非常均衡。

天水市（不含秦州区）综合评价整体靠后，所辖县域之间发展很不均衡。

武威市综合评价整体靠前，所辖县域之间发展存在一定不均衡。

张掖市综合评价整体相对偏中间，所辖县域之间发展存在一定不均衡。

平凉市综合评价整体相对偏中间，所辖县域之间发展存在一定不均衡。

酒泉市综合评价相对靠前，所辖县域之间发展很不均衡。

庆阳市综合评价整体靠前，所辖县域之间发展很不均衡。
定西市综合评价整体靠后，所辖县域之间发展存在一定不均衡。
陇南市综合评价整体靠后，所辖县域之间发展很不均衡。
临夏州综合评价整体靠后，所辖县域之间发展很不均衡。
甘南州综合评价整体靠后，所辖县域之间发展相对均衡。

B.5
甘肃省县域综合竞争力空间格局

徐吉宏　潘从银*

摘　要： 本文采用地理信息技术（GIS）方法，将2014年、2015年甘肃省77个县（市、区）按地域和县域综合竞争力发展水平评定标准对其分类，同时研制甘肃省县域综合竞争力及县域发展水平评价指标体系的8个子系统（宏观经济、产业发展、基础设施、社会保障、公共服务、生活环境、社会结构、科学教育）竞争力空间格局图，直观形象地反映其空间分布状况，并简要对其进行分析。

关键词： 地理信息技术　县域综合竞争力　空间格局

一　研究对象及标准

（一）研究区域

课题组对甘肃省77个县（市、区）（除兰州市的城关区、七里河区、安宁区、西固区、红古区5区，白银市的平川区、白银区2区，天水市的秦州区，金昌市的金川区，以及嘉峪关市之外的县域）进行分析。

---

* 徐吉宏，甘肃省社会科学院助理研究员，硕士，主要研究方向为农村发展及地理信息技术；潘从银，甘肃省社会科学院助理研究员，区域经济学硕士，主要从事农村经济发展研究。

（二）地域区分类

沿用《甘肃县域和农村发展报告（2016）》[①] 的地域划分标准，将甘肃省按地域划分为 5 大区域，即河西区域、中心区域、陇中区域、陇东区域和两南区域（简称地域区）（见图1、图2）。

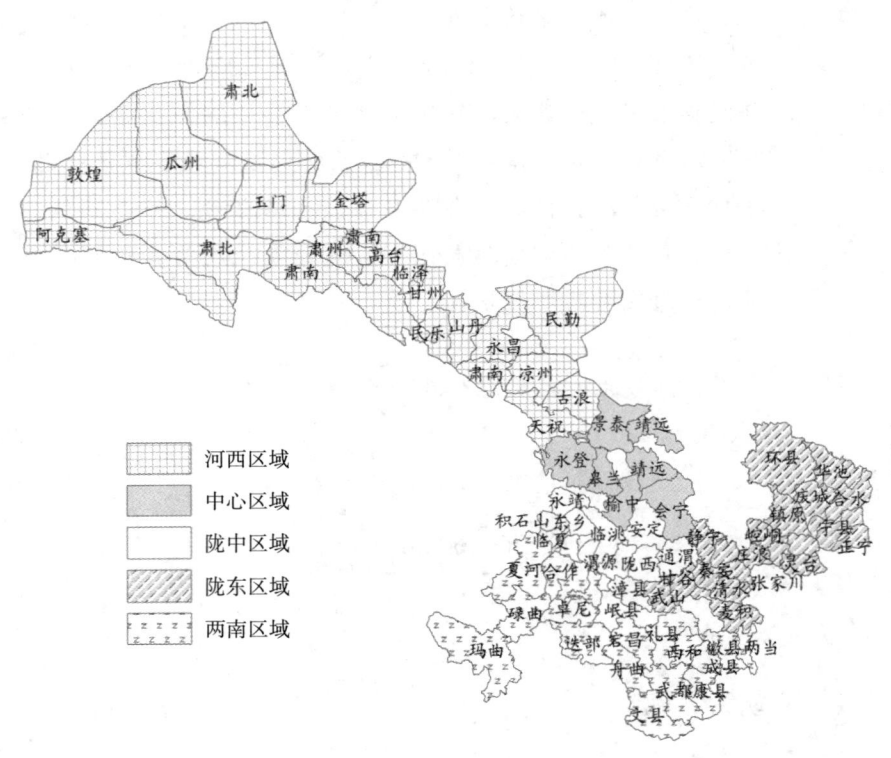

图 1 甘肃省地域区县域空间分布

[①] 刘进军、柳民、王建兵：《甘肃县域和农村发展报告（2016）》，社会科学文献出版社，2016。

甘肃省县域综合竞争力空间格局

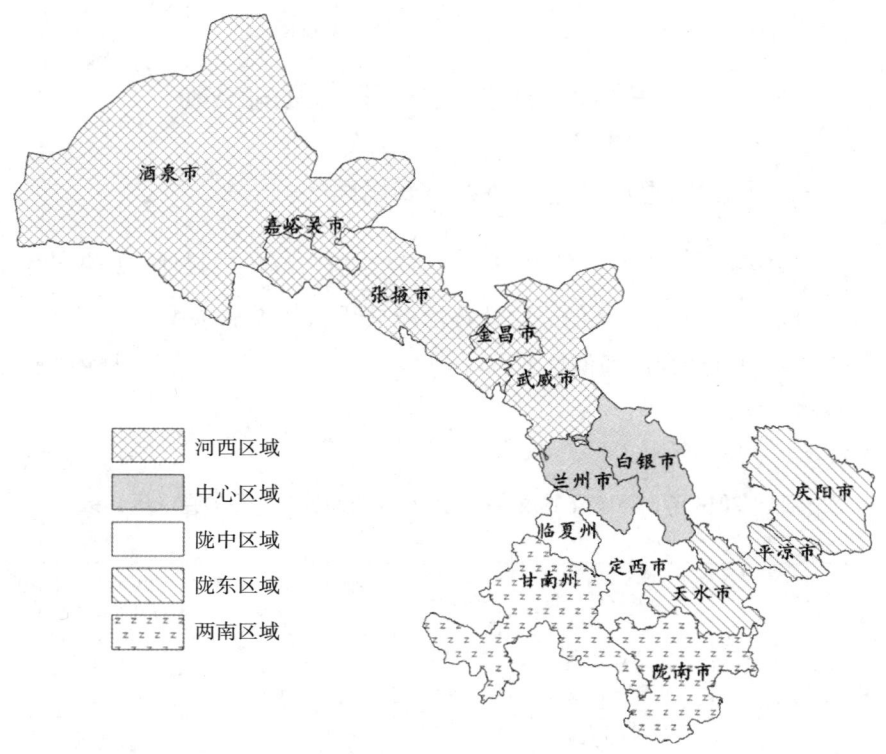

图 2 甘肃省市（州）地域区空间分布

（三）判定标准

县域综合竞争力发展水平的区段划分标准是将县域综合竞争力处于 1~25 位的县（市、区）判定为上游区域，处于 26~51 位的县（市、区）判定为中游区域，处于 52~77 位的县（市、区）判定为下游区域；将县域综合竞争力发展水平处于 1~4 位的市（州）判定为上游区域，处于 5~9 位的市（州）判定为中游区域，处于 10~13 位的市（州）判定为下游区域。同时，将县域综合竞争力处于 1~10 位的县（市、区）判定为绝对优势，其对县域综合水平的发展具有积极影响；将处于 67~77 位的县（市、区）判定为绝对劣势，其是县域综合水平发展的制约因子，需要重点关注。

101

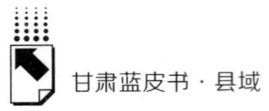

二 甘肃省县域综合竞争力空间格局①

(一) 甘肃省县域综合竞争力空间格局

依据2014年、2015年甘肃省县域综合竞争力评价的排序,归纳出甘肃省县域综合竞争力空间分布特征及各地域处于县域发展类型的县(区)数(见表1);同时结合地理信息技术(GIS)方法,研制其空间格局图并对其进行分析。

表1 2014年、2015年甘肃省各地域处于县域发展类型的县(区)数

单位:个

地域区	县域发展类型	县域总数	2014年甘肃省县(区)数	2015年甘肃省县(区)数
中心区域	上游区域	6	2	3
	中游区域		3	1
	下游区域		1	2
河西区域	上游区域	18	14	13
	中游区域		3	4
	下游区域		1	1
陇东区域	上游区域	21	6	6
	中游区域		12	11
	下游区域		3	4
陇中区域	上游区域	15	1	1
	中游区域		4	5
	下游区域		10	9
两南区域	上游区域	17	2	2
	中游区域		4	5
	下游区域		11	10

① 资料来源:根据2015年甘肃省统计局统计数据计算整理。

1. 县域综合竞争力空间格局

整体来看，甘肃省县域综合竞争力处于上游区域的县（区）主要分布在河西区域、陇东区域，这些县（区）经济社会发展水平相对较高、农业生产条件相对较好、资源比较丰富、基础设施相对较为完善。县域综合竞争力处于中游区域的县（区）主要分布在陇东区域和陇中区域，这些县（区）受大中城市辐射带动，县域城镇化发展较快，产业发展水平提升明显，综合竞争力水平显著提高。县域综合竞争力处于下游区域的县（区）主要分布于两南区域和陇中区域，这些县（区）由于受地理区域、资源分布、水土配置、基础设施等条件限制，大多属国家级贫困县，农业基础薄弱，产业集中度不够，工业化和城镇化水平较低，贫困人口多，县域发展能力严重不足（见图3，图中县域对应的数字表示各年县域综合竞争力排名位次）。

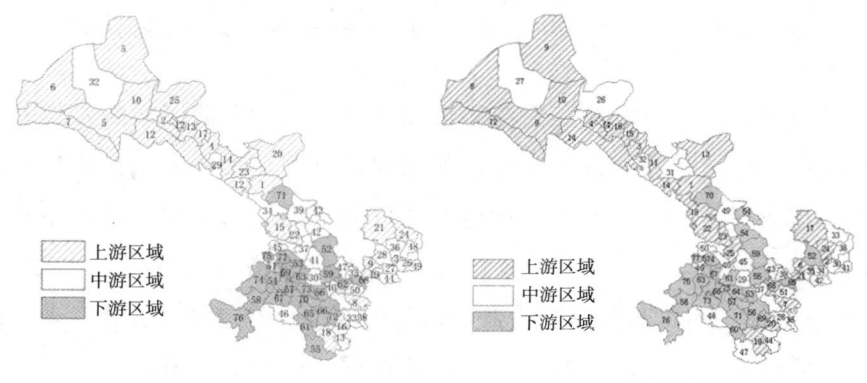

图3 2014年（左）、2015年（右）甘肃省县域综合竞争力空间格局

2. 各地域区空间格局

河西区域：从2014年、2015年县域综合竞争力空间格局来看（见图4，图中县域对应的数字表示各年甘肃省县域综合竞争力排名位次），河西区域的县域发展水平总体处于甘肃省县域发展水平的前位，综合竞争力形成以上游区域类型为主的空间格局。2015年，河西区域处于上、

中、下游区域的县域个数分别为13个、4个和1个。从2014年、2015年两次排序结果看,河西区域县域综合竞争力水平的绝对优势面临着挑战,上游区域的县域个数从2014年的14个下降到2015年的13个,略有减少。

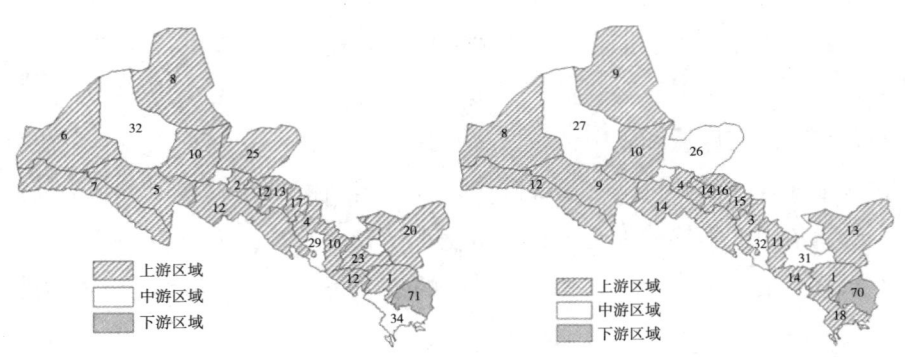

图4 2014年(左)、2015年(右)河西区域县域综合竞争力空间格局

从河西区域内部格局变化趋势可以看出,处于上游区域的县域基本上形成以武威市的凉州区,张掖市的甘州区,酒泉市的肃州区、玉门市和敦煌市为引领的,具有绝对优势的竞争力空间分布格局。处于中游区域的县域为民乐县、瓜州县、永昌县(2015年新增)、金塔县(2015年新增)。处于下游区域的县域为武威市的古浪县,属河西"谷底"地。同时可以明显看出,金昌市的永昌县和酒泉市的金塔县县域综合竞争力从2014年的上游区域类型降为2015年的中游区域类型,应当引起高度重视。

中心区域:从2014年、2015年县域综合竞争力空间格局来看(见图5,图中县域对应的数字表示各年甘肃省县域综合竞争力排名位次),中心区域县域发展水平处于上、中和下游区域。2015年中心区域处于上、中、下游区域的县域个数分别为3个(永登县、皋兰县和榆中县)、1个(景泰县)和2个(会宁县和靖远县)。与2014年相比较,2015年上游区域类型增加了1个县域（永登县），下游区域类型增加了1个县域（靖远县），其他县域相对稳定。

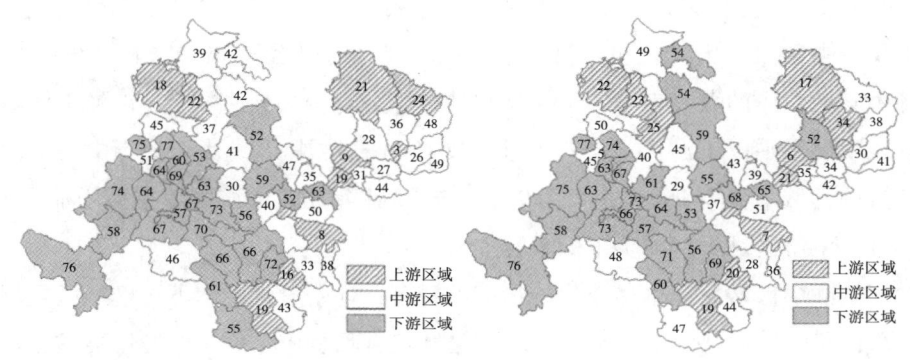

图5　2014年（左）、2015年（右）甘肃省地域区
（除河西区域外）县域综合竞争力空间格局

同时可以看出，作为中心地带的"兰白经济区"，属甘肃省政治、社会、经济、文化等中心区域，但其县域引领示范作用明显不足。因此，如何依托中心城市兰州和白银的产业集群优势以及国家级新区——兰州新区的建设发展，率先带动和实现中心区域县域快速、高效和"转型跨越"发展，为甘肃省县域发展起到示范引领作用，将是现阶段面临的最大难点和挑战。

陇东区域：从2014年、2015年县域综合竞争力空间格局来看（见图5，图中县域对应的数字表示各年甘肃省县域综合竞争力排名位次），陇东区域县域发展水平以中、上游区域类型为主。2015年，陇东区域处于上、中、下游区域的县域个数为6个、11个和4个。与2014年相比较，陇东区域处于上游区域的华池县下降为中游区域类型，处于中游区域的庆城县上升为上游区域类型，处于中游区域的镇原县下降为下游区域类型。

从陇东区域内部格局变化趋势可以看出，处于上游区域的县域主要在城市中心区（崆峒区、西峰区、麦积区）及能源基地（环县、华池县、华亭县），与处于中游区域的县域形成了东西延伸和贯穿区域联动格局。但是也可以看出，西南部和中部离大城市较远的县域（天水市的张家川县、秦安县和武山县）发展相对滞后，处于下游区域。

陇中区域：从2014年、2015年县域综合竞争力空间格局来看（见图5，图中县域对应的数字表示各年甘肃省县域综合竞争力排名位次），陇中区域县域发展水平以下游区域类型为主。2015年，陇中区域处于上、中、下游区域的县域个数为1个、5个和9个。与2014年相比中游区域类型增加了1个县，下游区域类型减少了1个县。

从陇中区域内部格局变化趋势可以看出，处于上、中、下游区域的县域的位次呈上升趋势。处于上游区域的县域只有临夏市；处于中游区域的县域为陇西县、安定区、永靖县、临夏县、临洮县（2015年新增）；其余县域处于下游区域，聚集状态明显。

两南区域：从2014年、2015年县域综合竞争力空间格局来看（见图5，图中县域对应的数字表示各年甘肃省县域综合竞争力排名位次），两南区域县域发展水平以下游区域类型为主，该区域属甘肃省县域"低洼"地。2015年，两南区域处于上、中、下游区域的县域个数为2个、5个和10个。与2014年相比中游区域类型增加1个县，下游区域类型减少了1个县。

从两南区域内部格局变化趋势可以看出，处于上游区域的县域为武都区和成县；处于中游区域的县域为徽县、两当县、康县、迭部县、文县（2015年新增）；其余县域处于下游区域，聚集态势明显。同时可以看出，处于上游区域的县域综合竞争力排序有下降趋势，两南区域的陇南地区县域发展水平相对高于甘南地区。这也从侧面反映了尽管国家、省级层面大力扶持集中连片贫困区和少数民族聚集地区，区域内县域也一直在尽力发展，但因受交通区位、自然环境、农业生产条件和水土配置等限制，加之没有找到好的突破点，其发展相对滞后的局面依然没有较大的改变。因此，如何借助"双联"行动及精准扶贫"东风"来带动两南区域的"跨越"发展，将是促进其与全省同步实现小康的关键所在。

（二）甘肃省13个市（州）县域综合竞争力空间格局

从2015年甘肃省13个市（州）县域综合竞争力空间格局来看，处于上游区域的市为酒泉市、张掖市、武威市、庆阳市；处于中游区域的市为兰州市、平凉市、金昌市、陇南市、天水市；处于下游区域的市（州）为定西市、白银市、临夏州、甘南州。与2014年相比，庆阳市、金昌市、陇南市、白银市等5市县域发展水平空间变化较大，其他市（州）区域类型相对比较稳定［见图6，图中县域对应的数字表示各年甘肃省市（州）县域综合竞争力排名位次］。

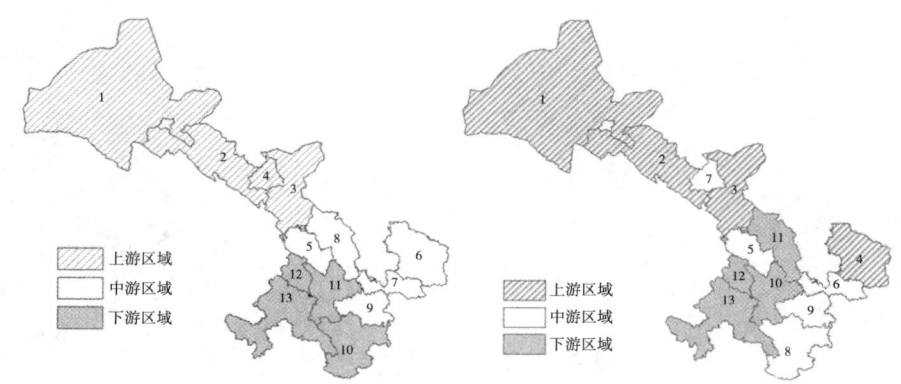

图6　2014年（左）、2015年（右）甘肃省13个市（州）县域综合竞争力空间格局

三　甘肃省县域发展水平子系统竞争力空间格局

（一）甘肃省县域宏观经济竞争力空间格局

从2014年、2015年甘肃省县域宏观经济竞争力空间格局来看，处于上游区域的县域主要分布在河西区域和陇东区域，这些县（区）工业或农业基础较好，人民生活水平较高，其经济总量、经济均量等各项指标较好于其

107

他县域，在全省县域中具有较大的竞争优势。处于中游区域的县域主要分布在陇东区域、河西区域和中心区域，这些县域的人民生活水平一般，其经济总量、经济均量等指标水平一般，特色经济发展不太明显。处于下游区域的县域主要分布在两南区域和陇中区域，这些县域居民生活水平较低，经济总量、经济均量等指标水平较低，发展速度迟缓，农村贫困程度深，县域经济发展的能力弱（见图7，图中县域对应的数字表示各年甘肃省县域宏观经济竞争力排名位次）。

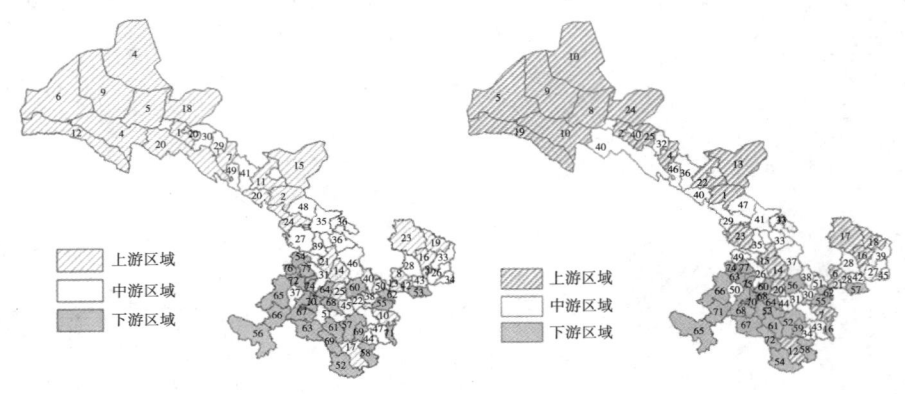

图7 2014年（左）、2015年（右）甘肃省县域
宏观经济竞争力空间格局

（二）甘肃省县域产业发展竞争力空间格局

从2014年、2015年甘肃省县域产业发展竞争力空间格局来看，变化最明显的是县域产业发展竞争力逐步向东部聚集，东部产业带动功能逐渐增强；而河西区域县域产业竞争力下降趋势明显，产业带动功能逐步减弱。东部产业逐渐形成以华池县、庆城县和麦积区为核心且具有绝对优势的空间格局，河西区域产业形成以凉州区、甘州区和肃州区为轴线且处于绝对优势的空间格局。具体来看，处于上游区域的县域分布于河西区域、中心区域、陇东区域的庆阳地区及两南区域的陇南地区，且各地域区县域

聚集趋势明显，这些县域产业基础较好，产业结构相对比较合理，第二、三产业发展水平略高，产业总量、产业效率相对较高，其竞争力水平较高。处于中游区域的县域分布也相对比较集中，主要集中分布在河西区域、陇中区域、陇东区域和中心区域，这些县域产业发展基础一般，第二、三产业增长不明显，产业结构和产业效率方面仍需优化。处于下游区域的县域主要聚集于陇南区域、陇东区域和河西区域的南部，这些县域由于地理环境等因素，产业发展基础较差，产业结构失调，其竞争力水平较弱（见图8，图中县域对应的数字分别表示各年甘肃省县域产业发展竞争力排名位次）。

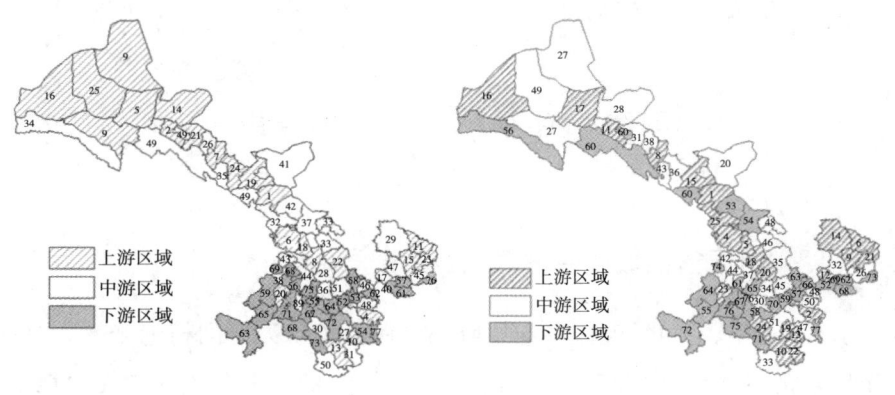

图8 2014年（左）、2015年（右）甘肃省县域产业发展竞争力空间格局

（三）甘肃省县域基础设施竞争力空间格局

从2014年、2015年甘肃省县域基础设施竞争力空间格局来看，处于上游区域的县域主要聚集于河西区域，这些县域的居住、交通、通信条件相对比较好，基础设施竞争力水平比较高。处于中游区域的县域散布在东部地区沿高速公路、铁路周边，这些县域居住、交通和通信等条件相对一般，基础设施竞争力水平不强。处于下游区域的县域主要散布于陇南地区、陇中区域

以及陇东区域的庆阳地区，因受地理环境影响，基础设施竞争力水平较低（见图9，图中县域对应的数字分别表示各年甘肃省县域基础设施竞争力排名位次）。

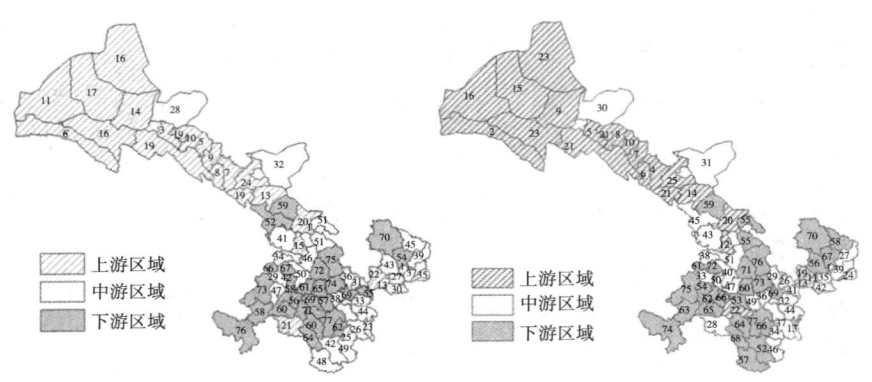

图9 2014年（左）、2015年（右）甘肃省县域基础设施竞争力空间格局

（四）甘肃省县域社会保障竞争力空间格局

从2014年、2015年甘肃省县域社会保障竞争力空间格局来看，处于上游区域的县域主要聚集于河西区域、陇东区域和两南区域的陇南地区，这些县域的城乡医疗保险、养老保险、基本生活保障水平相对较高，其社会保障竞争力较强。处于中游区域的县域分散于陇东区域、中心区域、陇中区域、两南区域的陇南地区，这些县域城乡医疗保险、养老保险、基本生活保障水平相对不高，其社会保障竞争力不强。处于下游区域的县域主要聚集于两南区域的甘南地区及中心区域和陇中区域，这些县域的城乡医疗保险、养老保险、基本生活保障水平比较低，其社会保障竞争力水平较低。同时可以明显看出，河西区域县域社会保障竞争力下降比较明显，处于上游区域的县域个数由2014年的13个减少为2015年的11个（见图10，图中县域对应的数字分别表示各年甘肃省县域社会保障竞争力排名位次）。

甘肃省县域综合竞争力空间格局

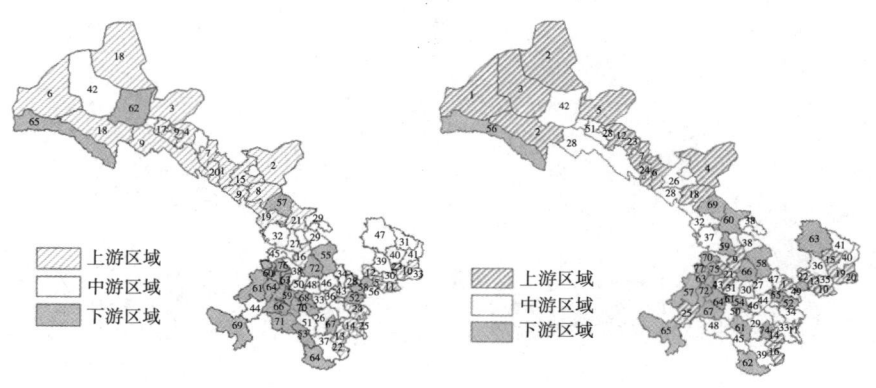

图10　2014年（左）、2015年（右）甘肃省县域社会保障竞争力空间格局

（五）甘肃省县域公共服务竞争力空间格局

从2014年、2015年甘肃省公共服务竞争力空间格局来看，处于上游区域的县域主要聚集于河西区域、陇东区域的平凉地区和两南区域的甘南地区南部，这些县域的科技服务能力较强，医疗卫生服务水平较高，文化娱乐活动相对比较丰富，其公共服务竞争力较强。处于中游区域的县域分散于中心区域、陇东区域和河西区域，但在各区域内相对聚集分布，这些县域科技服务、医疗卫生服务、文化娱乐等条件一般，其公共服务竞争力不强。处于下游区域的县域聚集于陇中区域和陇东区域，这些县域科技服务能力较差，医疗卫生服务能力较弱，文化娱乐活动比较单一，其公共服务竞争力较弱（见图11，图中县域对应的数字分别表示各年甘肃省县域公共服务竞争力排名位次）。

（六）甘肃省县域生活环境竞争力空间格局

从2014年、2015年甘肃省县域生活环境竞争力空间格局来看，处于上游区域的县域主要聚集于两南区域和陇东区域，这些县域森林覆盖率较高，污水处理厂集中处理率较高，农业使用化肥、农药、地膜等程度较低，环境保护相对较好，生活环境相对较好，其生活环境竞争力相对较强。处于中游区域的县域主要聚集于陇中区域和河西区域，农业环境、生活环境的保护力

111

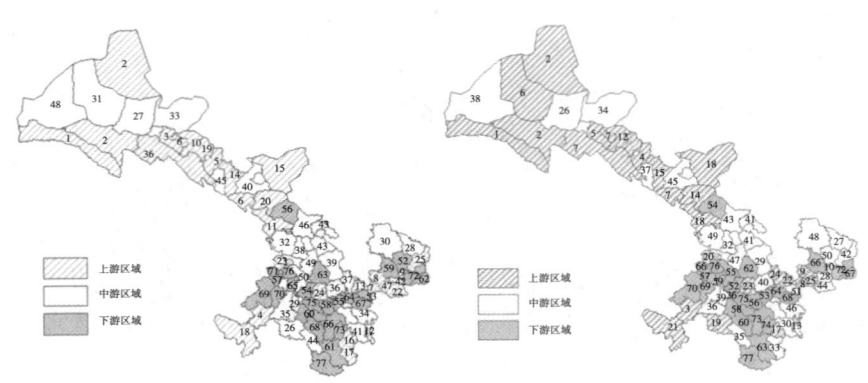

图11　2014年（左）、2015年（右）甘肃省县域公共服务竞争力空间格局

度和环境保护执行力度一般，其生活环境竞争力不强。处于下游区域的县域主要聚集于中心区域、河西区域和陇东区域，这些县域森林覆盖率较低，污水处理厂集中处理率不高，农业使用化肥、农药、地膜等程度较高，环境保护力度相对较小，生活环境较差，其生活环境竞争力较弱。同时可以看出，处于下游区域的县域大多分布在地理位置偏远、交通条件较差以及工业和农业等发展水平低的地区，而处于上、中游区域的多数县域则相反，从侧面也反映了环境与社会经济发展的矛盾（见图12，图中县域对应的数字分别表示各年甘肃省县域生活环境竞争力排名位次）。

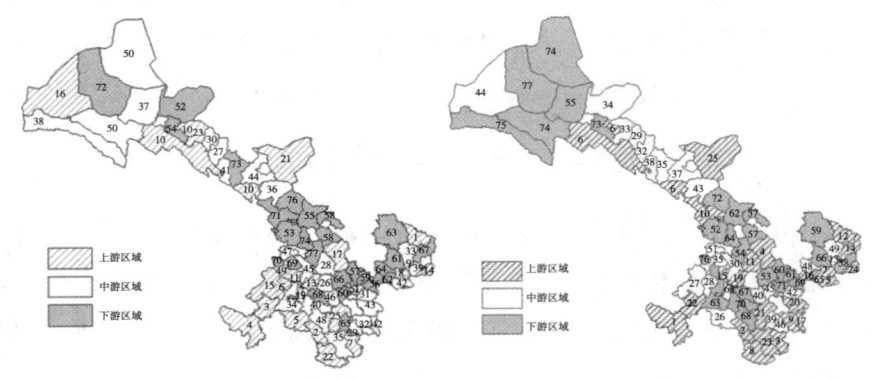

图12　2014年（左）、2015年（右）甘肃省县域生活环境竞争力空间格局

（七）甘肃省县域社会结构竞争力空间格局

从 2014 年、2015 年甘肃省县域社会结构竞争力空间格局来看，处于上游区域的县域主要聚集在陇东区域和河西区域，这些县域的城乡结构调整相对比较合理，人口结构转化日趋合理，其社会结构竞争力较强。处于中游区域的县域主要分布于陇中区域、河西区域和陇东区域，且各区域内聚集态势比较明显，这些县域城乡结构、人口结构调整不太明显，社会结构竞争力不强。处于下游区域的县域主要聚集于陇南区域、中心区域和河西区域，这些县域城乡二元结构明显，人口结构差异较大，其社会结构竞争力较弱（见图 13，图中县域对应的数字分别表示各年甘肃省县域社会结构竞争力排名位次）。

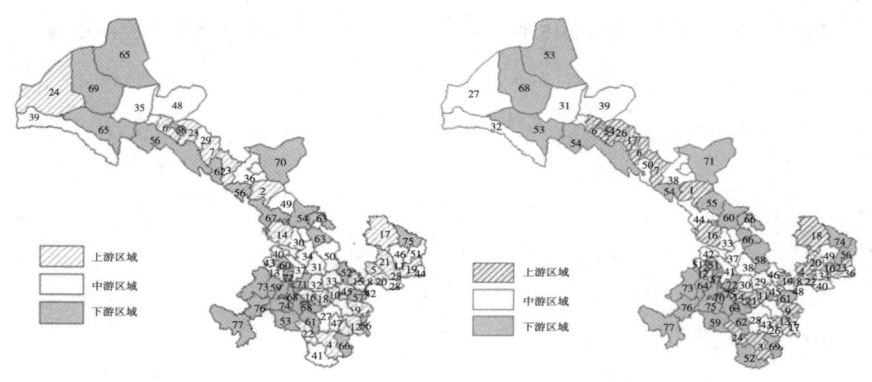

图 13　2014 年（左）、2015 年（右）甘肃省县域社会结构竞争力空间格局

（八）甘肃省县域科学教育竞争力空间格局

从 2014 年、2015 年甘肃省县域科学教育竞争力空间格局来看，处于上、中、下游区域的县域相对比较分散。具体来看，河西区域县域形成以上、下游区域类型为主的空间格局，两极分化比较严重；中心区域县域形成以上、中游区域类型为主的空间格局；陇中区域县域形成以上、中游区域类

113

型为主的空间格局；陇东区域县域形成上、中、下游区域类型空间格局；两南区域县域形成以上、下游区域类型为主的空间格局（见图14，图中县域对应的数字分别表示各年甘肃省县域科学教育竞争力排名位次）。

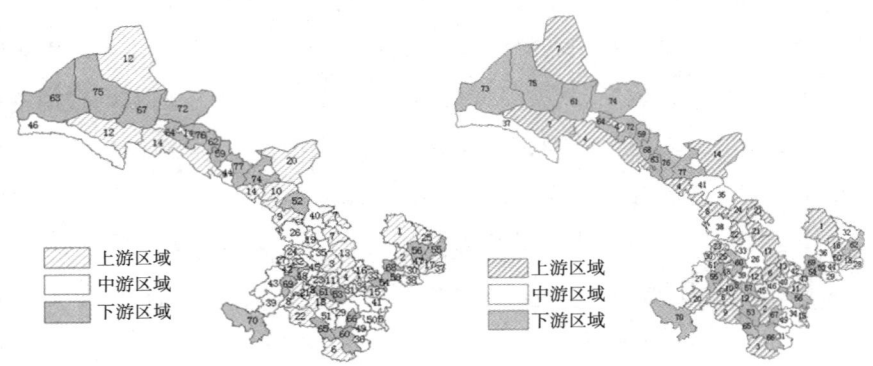

图14　2014年（左）、2015年（右）甘肃省县域科学教育竞争力空间格局

农 村 篇
Rural Articles

B.6
甘肃省农产品质量安全问题研究

何 剑*

摘　要： 近年来，甘肃省大力推进农业标准化生产和品牌建设，加强农产品检验检测体系、质量追溯体系和监管体系建设，加大质量安全执法力度，全省农产品质量安全总体形势平稳向好，食用农产品、加工农产品监督抽检合格率保持在较高水平。但甘肃省农产品整体质量不高、农产品质量监管体系不健全等问题仍较为突出，农产品质量安全风险和隐患仍然存在，保障食品安全的任务还相当艰巨。本文以甘肃省农产品抽检信息为基础资料，通过分析甘肃省农产品质量安全存在的主要问题，查找其形成原因，并提出了加强甘肃省农产品质量安全管理的对策建议。

关键词： 农产品　质量安全　抽检合格率　标准体系　可追溯

---

* 何剑，甘肃省社会科学院农村发展研究所助理研究员，硕士，主要研究方向是农业和农村经济。

民以食为天，食以安为先。随着我国经济社会的快速发展和人民生活水平的不断提高，消费者的消费结构逐步升级，人们对农产品的消费需求在数量上得到满足的同时，对质量安全提出了更高的要求。农产品质量安全已经成为关乎国民身体健康和生命安全、关系国家经济发展和社会稳定、影响我国农产品国际市场竞争力的重大问题。2016年中央一号文件明确了我国的食品安全战略，即从食品生产的全产业链入手，建立从农田到餐桌的全程可追溯、互联共享的信息平台，健全风险监测评估和检验监测体系。当前，甘肃省农产品质量安全形势总体平稳可控，但仍存在农产品质量不高、农产品质量监管体系不健全等问题，食品安全风险及隐患仍比较突出。分析农产品质量安全问题成因，研究探讨提升农产品质量安全水平的对策建议，对于增强甘肃农产品竞争力、促进甘肃农业可持续发展、维护社会稳定、提升政府形象具有十分重要的现实意义。

一 甘肃省农产品生产基本概况

（一）大宗农产品生产情况

2015年，甘肃省农作物播种面积445.3万公顷。其中，粮食作物种植面积284.96万公顷，比上年增加0.72万公顷；棉花种植面积2.57万公顷，比上年减少1.24万公顷；油料种植面积32.02万公顷，减少0.88万公顷；蔬菜种植面积52.72万公顷，增加2.03万公顷（其中设施蔬菜种植面积10.40万公顷，增加0.57万公顷）；中药材种植面积26.87万公顷，增加1.29万公顷；糖料种植面积0.29万公顷，减少0.21万公顷；果园面积45.87万公顷，增加0.18万公顷。

全年粮食总产量1171.1万吨，比上年增产1.07%，连续12年实现丰收。其中，夏粮产量321.7万吨，增产3.74%；秋粮产量849.4万吨，增产0.10%。小麦产量281.00万吨，比上年增长3.46%。玉米产量577.15万吨，比上年增长2.24%。薯类产量225.29万吨，比上年减少5.30%。

畜牧养殖业方面，2015年全省肉类总产量100.55万吨，增长0.82%。其中，猪肉产量52.76万吨，减少3.62%；牛肉产量20.14万吨，增长4.14%；羊肉产量21.16万吨，增长9.58%；禽肉产量4.39万吨，增长5.53%。全年牛奶产量59.87万吨，增长10.42%。全年水产品产量1.49万吨，增长4.20%。

主要经济作物中，油料产量71.57万吨，减少1.17%；蔬菜产量1823.14万吨，增产6.92%，其中设施蔬菜产量540.55万吨，增产5.28%；园林水果产量461.80万吨，增产8.60%；中药材产量108.20万吨，增产8.89%（见表1）。

表1　2015年甘肃省主要农产品产量情况

单位：万吨，%

产品名称	产量	比上年增长	产品名称	产量	比上年增长
小麦	281.00	3.46	水果	461.80	8.60
玉米	577.15	2.24	蔬菜	1823.14	6.92
薯类	225.29	-5.30	肉类	100.55	0.82
油料	71.57	-1.17	牛奶	59.87	10.42
棉花	4.25	-34.31	鲜蛋	11.69	5.32
甜菜	16.05	-41.47	水产品	1.49	4.20
中药材	108.20	8.89			

资料来源：甘肃省统计局网站①。

（二）农产品加工业发展情况

1. 食品工业发展情况

2014年，甘肃省规模以上食品加工企业429户，同比减少11户，占全省规模以上加工企业总数的22.41%。其中农副食品加工企业279户，同比减少8户；食品制造企业66户，同比减少1户。全省食品工业完成增加值255.07亿元，同比增长8.97亿元，增长3.65%，占全省工业增加值的

---

① 2015年甘肃省国民经济和社会发展统计公报（http://www.gstj.gov.cn/www/HdClsContentDisp.asp?Id=31670）。

12.32%；完成营业收入688.1亿元，同比增长52亿元，增长8.17%，占全省规模以上工业企业营业收入的7.43%；完成利润总额41.96亿元，同比增长5.52亿元，增长15.15%，占全省利润总额的17.15%。

2. 主要加工类农产品生产情况

2014年，甘肃省混合饲料、加工肉类、糖制品、乳制品、食盐、果蔬饮料等加工类农产品的产量较之上年有所增加，其中糖果、乳粉产量增幅较大，分别为89.3%和24.7%；小麦粉、配合饲料、精制食用植物油和食品添加剂的产量较之上年有所减少，其中配合饲料和精制食用植物油产量减幅较大，分别为17.7%和14.5%（见表2）。

表2 2014年甘肃省主要加工类农产品产量情况

单位：亿吨，%

产品名称	产量	同比增长率	产品名称	产量	同比增长率
小麦粉	141.79	-3.5	糖果	0.45	89.3
饲料	155.41	-6.1	乳制品	33.55	12.5
配合饲料	79.85	-17.7	乳粉	1.25	24.7
混合饲料	55.65	11.4	食用盐	2.96	7.3
精制食用植物油	5.94	-14.5	食品添加剂	0.03	-8.0
成品糖	4.36	15.0	果汁和蔬菜汁类饮料	88.59	12.2
鲜、冷藏肉	14.85	14.5			

资料来源：《中国食品工业年鉴（2015）》。

二 甘肃省农产品质量安全措施保障情况

（一）农产品质量检测体系初步形成

近年来，甘肃省通过项目实施，大力推动农产品质量检测体系建设步伐。截至2015年底，全省已建成1个省级农产品质量安全监督检测中心，12个市（州）和65%的县（区）成立了农产品质量安全监管站（中心），90%以上的乡镇成立了农产品质量安全监管机构，同时全省建成一批快速检测点，农产品检验检测能力明显改善，涵盖省、市、县三级检测机构的农产品质量检测体系初步形成。在对全省市（州）中心城市实施全面检测的基础上，甘肃省不断扩大检测范围和项目，检测范围向蔬菜种植大县和农产品重点生产区域延伸。蔬菜农药残留检测项目由最初的5项增加到目前的28项，省级例行监测的抽检样品数量增加至近5000个，年检测量超过10万次。通过加强检测，对有可能出现的风险隐患提出预警，为准确判断农产品质量安全状况提供了科学依据。

（二）农产品品牌建设工作稳步推进

一是农产品"三品一标"认证取得突破性进展。截至2015年底，全省获"三品一标"认证的农产品数量累计有1500多个，认证种类齐全，涵盖蔬菜、瓜果、马铃薯、中药材、粮食等5大类种植产品，猪肉、羊肉、牛肉、鸡蛋等4大类的畜禽产品，以及鲤鱼、鲟鱼、金鳟、虹鳟等多种水产品。"三品一标"农产品生产面积为2700多万亩，占全省食用农产品生产面积的45%以上。全省认定无公害农产品产地864个，认证无公害农产品数量618个、总产量620万吨；有效使用绿色食品标志621个，位列西北各省（区）第一；有效使用有机食品标志共95个，产品总量接近300万吨。此外，全省以地域名称冠名的特有农产品标志——农产品地理标志登记工作进展迅速。目前已登记产品48个，产品总量315万吨。二是农业生产标准化水平不断提升。截至2015年底，全省已累计制定农业地方标准1800余项，其中关于无公害农产品、绿色食品等涉及质量安全的标准600余项，初步形成了覆盖全省大宗、优势、特色农产品的质量安全标准体系。全省已创建国家农业标准化示范县16个、省级农业标准化示范基地85个，对农业标准化生产技术的推广实施起到了良好的促进和带动作用。

（三）农产品质量监管机制逐步完善

一是行政监管力量不断增强。省农牧厅设立了农产品质量安全监管处，下设农产品质量安全监督管理局和绿色食品办公室；8个市（州）农牧主管部门内设了农产品质量安全监管科室，各市（州）在成立农产品质量检测中心的基础上设立了质量安全监督管理站；14个县在农牧主管部门下设了农产品质量安全监管科室（股）；41个县（区）在检测站的基础上成立了监管站；全省90%的涉农乡镇成立了农产品质量安全监管机构。二是经费投入力度不断加大。目前，全省80%的市（州）、45%的县（区）将农产品质量安全工作经费列入财政预算。三是细化职能分工，明确监管责任。针对以往农产品质量安全监管中存在的职能交叉和监管空白问题，省农牧厅、省食药监局两大部门进一步细化任务分工，加强工作衔接，联合构建食用农产品全程监管制度。农业部门负责做好食用农产品从种植养殖到进入批发、零售市场或生产加工企业前各环节的监管，包括农业投入品监管、产地环境管理、种植养殖过程控制、包装标识管理，以及制定食用动物及其产品检验检疫的制度规范、建立食用农产品产地准出制度等；食药监部门负责做好食用农产品进入批发、零售市场或生产加工企业后的监管，包括建立与食用农产品产地准出制度相对接的市场准入制度，督促、查验食用农产品经营主体提供农业部门认可的质量合格证明等。同时，各级农业、食药监部门在地方政府统一领导下，共同督促指导农产品批发、零售市场和超市设立农产品质量安全检测实验室。

（四）农产品质量安全追溯试点工作全面推进

建立农产品质量追溯体系，实施"从地头到餐桌"的全程质量安全控制，有利于改善生产者和消费者信息不对称的现象，提高农产品质量监管效率。2014年以来，甘肃省各级农业部门以"产"和"管"为抓手，全力推动农产品质量安全追溯试点创建工作，并于2014年1月在全国范围内率先出台了《农产品质量安全追溯管理办法》，对农产品生产、收购、储存、运输环节质量安全追溯管理做出了详细的规定，明确了食用农产品追溯的范围、环节、方式和进入市场的条件等。省政府专门制定出台了《甘肃省农产品质量安全追溯管理办法》，以此为依据，建立省、市、县、乡四级统一的农产品质量安全追溯体系，并在兰州、陇南、天水、白银、定西、临夏、武威7个市（州）选择53个乡镇为试点，开展了针对质量监管机构及生产经营企业的农产品质量安全信息化追溯示范工作；在试点区域的农业产业园建设方案中，明确将实施质量追溯列为"一票否决"项，赋予每批农产品统一的"二维码"，实现生产过程可查、责任可追的从产地到市场的全程溯源管理；制定出台了《全省农业标准化推进年行动实施方案》，根据该方案，每个市（州）选择2至3个规模较大的农业企业和农民专业合作社开展农产品产地准出试点，加快建立完善农产品"准出证"和"追溯码"制度，并在总结经验的基础上逐步推广。随着全省农产品质量安全追溯工作的全面启动，目前已有20个市（州）级、108个县级、805个乡镇级的农产品质量安全监管机构，2195家农产品生产经营主体，2123家农资经营门店，26个屠宰场以及1680个监管人员登录平台，录入各类生产经营档案近1300条，上传各类农产品质量安全检测数据24万多条。

三 甘肃省农产品质量安全现状

（一）农产品质量安全形势

近年来，甘肃省农产品质量安全形势平稳向好，质量安全风险总体可控，食用农产品、加工食品监督抽检合格率保持在较高水平，质量监测发现可能存在安全风险的样品比例较低。2015年全年至2016年上半年，全省农、畜、水产品抽检平均合格率稳定在98%以上，农产品质量安全总体保持了较高水平。从2015年的监测结果看，甘肃省、市、县、乡四级抽检的农、畜、水产品样品总量接近30万份，抽检综合平均合格率达到99.6%；其中蔬菜监测平均合格率达到98.85%，畜禽产品和水产品监测合格率均为100%。近三年来，全省未发生重大农产品质量安全事件。

（二）农产品质量抽检情况

1. 总体抽检情况

根据食品安全国家标准，2015年1~8月，甘肃省食品安全监管部门对在全省范围内生产经营的食用农产品、加工农产品、食品相关产品进行了监督抽样检测，共抽取样品13235批次，涉及24大类180个品种，覆盖农产品种植、养殖、加工、流通、消费等各个环节。结果表明，总体合格率为92.95%。其中肉及肉制品，蛋及蛋制品，茶叶及其相关制品，咖啡，乳制品，特殊膳食食品，食品添加剂产品的检测合格率较高，分别为98.46%、98.33%、98.68%、99.47%、99.45%和98.15%；水果及其制品、食糖、豆类及其制品、罐头产品的检测合格率较低，分别为86.01%、75%、79.09%和90%（见表3）。

表3　2015年1~8月甘肃省各类农产品质量抽检情况

单位：次，%

序号	食品大类	抽检批次	合格批次	合格率
1	粮食及粮食制品	1946	1792	92.09
2	食用油、油脂及其制品	690	632	91.59
3	肉及肉制品	843	830	98.46
4	蛋及蛋制品	240	236	98.33
5	蔬菜及其制品	720	671	93.19
6	水果及其制品	393	338	86.01
7	水产及水产制品	249	242	97.19
8	饮料	1182	1082	91.54
9	调味品	1138	1042	91.56
10	食糖	116	87	75.00
11	酒类	736	688	93.48
12	焙烤食品	440	417	94.77
13	茶叶及其相关制品、咖啡	455	449	98.68
14	薯类及膨化食品	166	159	95.78
15	糖果及可可制品	135	128	94.81
16	炒货食品及坚果制品	258	245	94.96
17	豆类及其制品	263	208	79.09
18	蜂产品	136	123	90.44
19	冷冻饮品	63	61	96.83
20	罐头	30	27	90.00
21	乳制品	568	565	99.47
22	特殊膳食食品	181	180	99.45
23	食品添加剂	54	53	98.15
24	餐饮食品	2233	2075	92.92
	合　计	13235	12330	93.16

资料来源：甘肃省食品药品监督管理局网站①。

① 甘肃省食品药品监督管理局关于2015年1~8月份食品安全抽检监测分析情况的公告（http://61.178.55.47：2418/directory//web/WS01/CL0307/37862.html）。

2. 主要农产品抽检情况

（1）粮食及其制品——合格率92.09%

2015年1~8月，甘肃省食品安全监管部门在全省生产、流通、消费环节共抽检粮食及粮食制品1946批次，其中合格1792批次，合格率92.09%。主要不合格原因：霉菌和酵母菌计数、大肠菌群、菌落总数等微生物含量超标；苯甲酸、胭脂红、柠檬黄、亮蓝、二氧化硫等防腐剂、着色剂含量超标；铝的残留量超标。

（2）食用油、油脂及其制品——合格率91.59%

食用油、油脂及其制品共抽检690批次，其中合格632批次，抽检合格率91.59%。主要不合格原因：苯并芘、酸值/酸价不合格。

（3）肉及肉制品——合格率98.46%

肉及肉制品共抽检843批次，其中合格830批次，抽检合格率98.46%。主要不合格原因：大肠菌群、菌落总数等微生物超标；由食物添加剂造成的苯甲酸、亚硝酸盐等含量超标；镉、铅等重金属含量超标。

（4）蛋及蛋制品——合格率98.33%

蛋及蛋制品共抽检240批次，其中合格236批次，抽检合格率98.33%。主要不合格原因是铅超标和菌落总数超标。

（5）蔬菜及其制品——合格率93.19%

蔬菜及其制品共抽检720批次，其中合格671批次，抽检合格率93.19%。主要不合格原因：大肠菌群超标；亚硫酸盐、山梨酸、二氧化硫、柠檬黄、苯甲酸、甜蜜素、糖精钠等食品添加剂超标；克百威等农药残留量超标；镉、铅等重金属超标。

（6）水果及其制品——合格率86.01%

水果及其制品共抽检393批次，其中合格338批次，抽检合格率86.01%。主要不合格原因：大肠菌群、菌落总数等微生物超标；二氧化硫、山梨酸、苯甲酸、胭脂红、柠檬黄、甜蜜素、安赛蜜等食用防腐剂、着色剂、香料含量超标；甲基对硫磷等农药残留量超标。

(7) 豆类及其制品——合格率79.09%

豆类及其制品共抽检263批次,其中合格208批次,抽检合格率79.09%,在24大类农产品中合格率最低。豆类及其制品质量不合格原因:大肠菌群、菌落总数超标;甲醛含量超标;二氧化硫残留量超标。

(8) 乳制品——合格率99.47%

乳制品共抽检568批次,其中合格565批次,抽检合格率99.47%,在24大类农产品中合格率最高。乳制品质量不合格原因主要是总汞(包括有机汞和无机汞)含量和菌落总数超标。

3. 各环节抽检情况

从农产品生产经营各环节的抽检情况来看,生产环节共抽检样品3141批次,其中不合格样品306批次,不合格率为9.74%;流通环节共抽检样品7474批次,其中不合格433批次,不合格率为5.79%;消费(餐饮)环节共抽检样品2620批次,其中不合格样品166批次,不合格率为6.34%(见图1)。

(三)农产品质量安全监管工作开展情况

1. 重点领域工作开展情况

加大食品安全问题专项整治力度。2015年,农业、食品安全监管部门在全省范围内重点组织开展了冷冻肉品、水产品、水发水产品、婴幼儿配方乳粉、米、面、油、饮料、儿童食品等产品的专项整治工作,先后开展餐饮服务食品安全例行检查4次,向各市(州)政府通报并限期整改食品安全方面存在的问题120多个,及时督促各地积极整改。

积极推进食品安全溯源平台建设。2015年,安排资金3120万元,在城市人口居住较为集中的社区农贸市场和商场超市建成300个食用农产品快速检测室、设置1000台食品安全信息溯源机。鼓励引导有条件的婴幼儿配方食品、肉制品、乳制品、食用植物油、白酒生产企业与"甘肃省食品安全追溯平台"进行对接。2016年,全省食品生产企业、批发商户、商场超市、中型以上餐馆、学校食堂100%加入并应用食品安全追溯平台。其他食品生产经营者100%索取"电子一票通",建立进货台账。

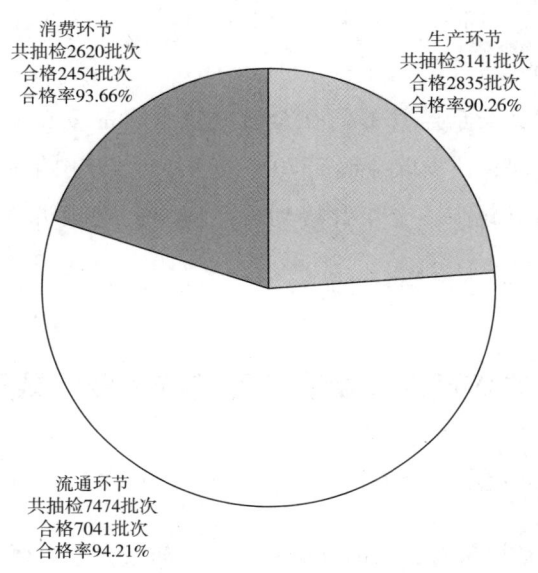

图1　各环节农产品质量检测情况

资料来源：甘肃省食品药品监督管理局关于2015年1~8月份食品安全抽检监测分析情况的公告（http://61.178.55.47:2418/directory/web/WS01/CL0307/37862.html）。

建立健全"从地头到餐桌"的全程监管体系。一是加强产地源头保护和环境治理，强化农业投入品和动物防疫、兽药饲料屠宰监管。二是进一步扩大无公害农产品、绿色食品、有机农产品和地理标志农产品生产规模，继续推进农业标准化示范区和蔬菜标准园、标准化规模养殖场（小区）建设，大力开展农产品质量安全县创建，加快构建以蔬菜、水果、畜产品、水产品等"菜篮子"产品为重点的标准化生产体系。三是加强基层监管机构和人员队伍能力建设，扩大抽检覆盖面。严格落实农产品质量安全监管属地管理责任，确保不发生区域性重大动物疫情、重大农产品质量安全事件。四是加快推进农产品质量安全追溯信息平台建设，构建覆盖农产品生产、收购、储藏和运输各环节的质量安全追溯体系。

2. 食品安全监督执法情况

截至2015年底，全省共发放食品许可证24.17万个，其中，食品生产许可证（含食品添加剂生产企业）2605个，餐饮服务许可证79306个，食品流通许可证159769个。

2015年，食品安全监管部门在全省共查办食品安全案件7399起，比2014年减少615起；罚没款金额2870.6万元，比2014年减少280.6万元。食品安全案件明显减少。全年共接到食品安全问题投诉举报6772件，比2014年增加409件。

四 甘肃省农产品质量安全存在的主要问题及其成因

（一）主要问题

从抽检检测结果来看，当前甘肃省农产品质量安全主要存在以下问题。

一是微生物污染。主要是菌落总数、大肠菌群等指标不合格，反映出农产品生产环境和卫生条件控制不到位。微生物污染可以发生在农产品从生产到消费的各个阶段，各种微生物可以直接或间接地通过多种途径污染食品，如果蔬在田间受到人畜粪肥料的污染、加工产品因包装不严或破损造成的空气中病菌的二次污染等。

二是滥用食物添加剂。主要是一些生产经营者为延长保质期或提升产品感官品相，违规超量或超范围使用防腐剂、着色剂、香精等。如二氧化硫（以及焦亚硫酸钾、亚硫酸钠等添加剂）对食品有漂白和防腐作用，是食品加工中常用的漂白剂和防腐剂，使用后可能产生二氧化硫残留。

三是违规使用农药、兽药。农药、兽药残留是目前比较普遍的现象，也是最严重的问题。农民不按规定剂量使用农兽药、不遵守安全间隔期、使用禁用物质等，均可造成大量农药残留中的危害物附着在果蔬等农产品表面，甚至浸透到其内部，导致毒素被吸收和沉积。如克百威、甲基对硫磷等农药残留超标。

四是重金属污染。主要是由城市工业废水、固体废物对农田土壤的污染所致，如镉、铅等含量超标。

五是掺杂造假、食品欺诈。主要表现为产品标签不合格。一些不法商贩以次充好、假冒商标，造成对消费者的误导，侵害消费者知情权。多涉及一些加工类农产品，如酒类、食糖、果汁饮料、豆制品等。

（二）问题成因

1. 人畜粪肥处理不当，污染果蔬等农产品

人畜粪肥是果蔬栽培中一种重要的农家肥料，具有含氮素较多、肥效快、养分全等优点。但在实际栽培中，如果对人畜粪肥处理、施用不当，会造成大量病原体微生物附着在果蔬等农产品表面，引起质量安全问题。20世纪90年代以来，随着甘肃省养殖业的快速规模化发展，农村地区产生的畜禽粪便量剧增；同时由于劳动力和卫生条件的限制，特别是农民大量施厉化肥而不愿施用粪肥，使得畜禽粪便在农村成为新的污染源。目前，甘肃省畜禽粪便年产量约4400万吨，由于多数养殖场没有综合利用的粪便污水处理设施，堆放的粪便、污水不仅污染了空气和水体，而且传播病菌、危害农田生态。

2. 对化肥、农药的过量、超量使用

化肥、农药在提高农作物产量、防治病虫害方面发挥了重要的作用，但不合理施用也会带来耕地土壤、地下水污染，使农产品质量安全性下降。对化肥的过量、连续使用，会造成土壤中的有机质含量、全氮和碱解氮含量明显增高，从而导致硝酸盐和亚硝酸盐超标，造成土壤硝酸盐积累和地下水污染，污染农产品。而一部分农民由于缺乏安全生产知识，为了达到所谓的"高产"目标，大量施用增效剂、杀虫剂等农药，同时在用时、用量方面不加控制，导致农药中的有害物质大量堆积，并透过植物表皮对植物内部组织产生较强的破坏作用。

近年来，甘肃省化肥施用量和农药施用量均呈明显增长的态势。2003～2014年，甘肃省农用化肥施用量由69.6万吨增长到97.6万吨（按析纯法计算）（见图2），农药施用量由12730吨增长到77832吨，化肥和农药施

用量分别以年均3.1%和17.9%的比率快速增长,且都高于全国水平(见图3)。

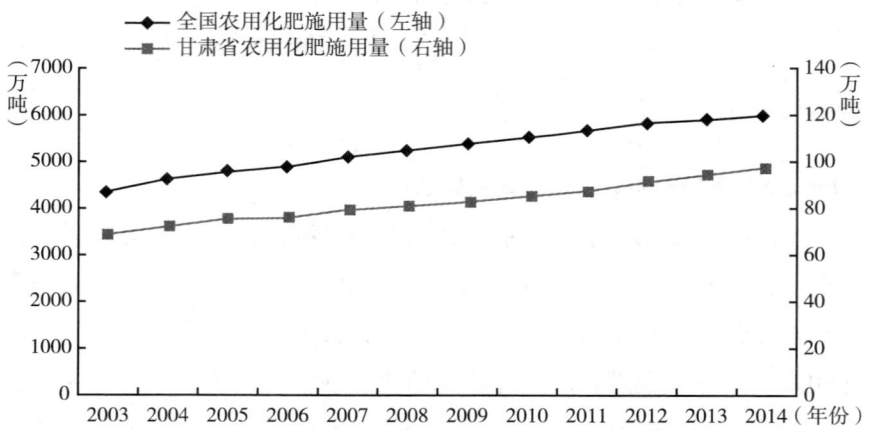

图2 2003~2014年甘肃省和全国农用化肥施用量增长情况

资料来源:《中国农村统计年鉴》(2004~2015)。

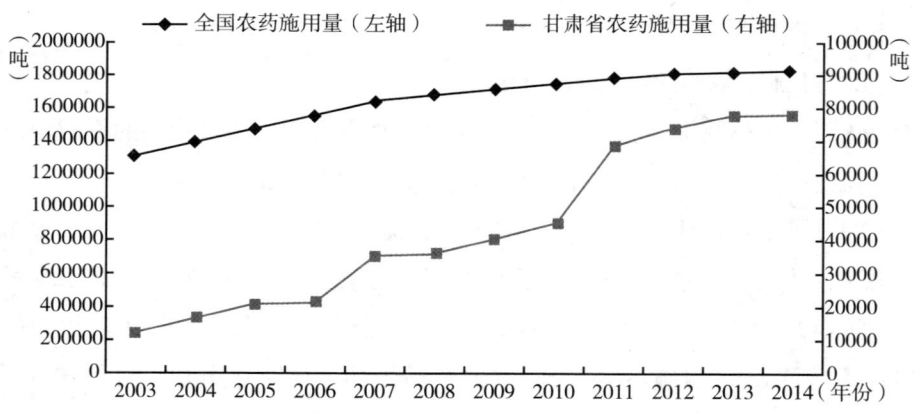

图3 2003~2014年甘肃省和全国农药施用量增长情况

资料来源:《中国农村统计年鉴》(2004~2015)。

3. 城市工业废水、固体废物任意排放造成农田重金属超标

近年来,甘肃省城市化进程快速推进,而伴随着城市人口的急剧增加和城市用地的无序扩张，城市工业污染也逐渐向农村地区扩散和转移，导致了工业废水、固体废物中的重金属元素对农田土壤的侵害和污染。重金属元素在土壤环境中不会发生降解，只能被农作物吸收或转化为另外的形态，而一旦被农作物吸收，就会通过食物链传递逐级污染到农产品，影响消费者健康。甘肃省兰州、金昌、白银、酒泉等都是因重化工业发展而兴起的城市，在工业生产中，大量含有镉、汞等有毒重金属元素的废水、废渣进入城市周围农田，造成土壤污染，进而威胁到农作物的生长。据研究测算，金昌市居民区土壤中，重金属铜、镍含量的平均值分别为当地土壤背景值的16.5倍和9.7倍，锌、镉含量的平均值分别为当地土壤背景值的1.6倍和2.7倍。①

甘肃省气候干旱，水资源匮乏，一些地方的农田仍采用处理后的污水进行灌溉。由于污水处理后仍会有一定的重金属元素残留，因此采用污水灌溉的农田，土壤中重金属含量较高。同时，近年来地下水的过度开采导致地下水受污染程度逐年加重，所以采用地下水灌溉的农田同样存在较严重的重金属污染问题。

（三）农业产业化、组织化程度低，不利于实施农产品质量安全全程监控

1. 小规模分散经营加大农产品质量安全风险

农产品质量安全建设的一个重要环节是对整个生产过程按照标准化的技术规程进行全程控制，协调统一所有生产者的管理，而这需要较高的生产组织化程度来保证。目前，甘肃省农业生产仍以一家一户的分散经营为主，组织化程度偏低，同我国农业组织化发展较好的省份相比差距较大，例如，甘肃省龙头企业数量、龙头企业销售收入、农民合作社数量、家庭农场数量分别仅为山东省的1/3、1/25、1/3、1/5。分散、小规模的生产经营加大了标

---

① 李思成、魏玮：《甘肃省土壤污染防治制度构建》，《中国环境管理干部学院学报》2012年第22卷第2期。

准化生产和规范化管理的难度，使统一品种、统一购药、统一标准、统一检测、统一标识、统一销售难以实现。

2. 生产加工过程质量检验检测能力不足

不同于鲜活类农产品，加工农产品不仅要在种植、养殖阶段进行生产源头的质量控制，而且由于产品加工一般要经过较复杂的生产工艺流程，从而增加了产品受周边环境污染的概率，因此在农产品加工环节进行质量安全控制，需要有较为专业的生产、检测、检验、包装等设备，这就对生产加工企业提出了较高的要求。甘肃省农产品加工企业以小型企业为主，其中部分企业技术条件不足，不具备产品检验能力。全省目前共有各类农产品加工企业2300多家，其中规模以上农产品加工企业仅1026家，另有17448家食品加工小作坊。相当多的小企业、小作坊生产设备简陋，加工工艺简单，有的甚至完全靠手工操作，产品质量安全检验检测存在较大的漏洞。

（四）农产品物流体系不完善，增加了质量安全隐患及风险管控难度

农产品大多具有数量分散、易污染、易损坏、不易储存的特点，而农产品从被生产到被消费，往往需要经过多个环节的储存、运输过程，尤其一些特色农产品更是如此，因此高效的物流体系就成为农产品质量安全控制的关键一环。甘肃省农产品物流体系建设较为滞后，已不能适应绿色、安全、无害化农产品生产发展的需要。一是相关物流技术落后。甘肃省的物流技术还相对较为落后，在包装技术、集装运输技术、装卸搬运技术、农产品保鲜加工技术和冷藏、冷冻技术方面的投入不够，应用水平较低。例如，甘肃现阶段生鲜农产品物流仍以常温或自然物流为主，冷链运输配套尚不能满足需要。二是物流配送效率较低。由于管理不完善、技术水平落后，农产品在物流配送中损耗大、送达不及时、差错率高、野蛮装卸等现象仍然存在。一些生鲜农产品往往需要多次中转才能到达消费者手中，于是发生质量安全问题的风险大大增加，同时也加大了质量安全管控的难度。

（五）农产品质量安全监管体系不完善，监管力量薄弱

一是监管机制不顺。农产品质量监管工作千头万绪，涉及种植、养殖、加工、储藏、流通、消费等多个环节，各级农牧、质检部门既要明确责任分工、避免一哄而上，又要相互密切协作、避免各自为政。目前甘肃省农产品质量监管部门的职能设置不尽合理，一些环节部门职能交叉重叠，一些环节又因为部门失位而存有较大的监管漏洞，未能形成合力，使得监管效率低下。二是法律法规不健全，导致违法成本较低。主要表现在处理一些农产品质量安全事件时，对相关责任人的责任分担规定不具体、不明确，给不法生产经营者提供了规避空间。例如，在处理蔬菜农药残留超标问题上，关于如何处理农药残留超标产品、如何处罚生产者和销售者的法律法规不明确，造成处罚的力度不大，对防止农药残留超标的作用不够明显。三是基层监管力量不足。甘肃省部分县（区）和乡镇农产品质量安全监管机构目前仍面临着经费短缺、人员不足和设备简陋的问题。全省涉农县（区）中，仅有40个县（区）将农产品质量安全监管工作经费纳入财政预算，这些县（区）每年安排工作经费 2~10 万元。全省 1228 个乡镇中，仅有 168 个乡镇有农产品质量安全监管工作的固定工作经费，占 13.7%，这些乡镇每年安排工作经费 1 万元左右。在人员配备上，县级监管检测机构工作人员平均不到 5 人，乡镇监管服务机构工作人员平均不到 1 人，很难履行农产品质量安全监管职责。在设备配置方面，目前全省仅有 16.7% 的乡镇站配置了农残速测设备和办公设备，另有一些乡镇站缺乏必要的交通工具，致使大部分乡镇农产品质量安全监管工作无法正常开展。[①]

（六）消费者质量安全意识和质量鉴别能力有待提高

消费需求的升级对于农产品质量的提高具有正向激励作用。随着生活水

[①] 赴甘肃调查组：《甘肃农产品质量安全监管存在"三缺"》，《农村工作通讯》2014 年第 18 期。

平的提高，人们越来越关心食品安全问题，对农产品的质量要求也越来越高。但从甘肃省的实际情况来看，广大消费者由于受收入、文化水平所限，对农产品质量安全的整体认知度仍比较低，在选购农产品时重价格、轻品质的现象较为普遍，对涉及食品安全方面的知识也疏于学习和了解，使得一些优质农产品无法打开销路，而一些廉价、劣质的产品却因此有了生存空间，造成"劣品驱逐良品"的现象。例如，尽管目前很多超市都在销售绿色产品、有机产品和地理标志产品，但一方面由于价格较高，另一方面由于消费者缺乏辨识能力，这类农产品的销售情况并不乐观。

五 提升甘肃农产品质量安全水平的对策建议

（一）加强农田生态保护，实现农业绿色转型发展

提高农田水土资源质量是保证农产品质量安全的重要基础。在当前资源环境约束日益趋紧的情况下，加强农田生态修复与保护，推进绿色农业转型发展，是提升农产品质量安全水平、实现农业可持续发展的必然途径。为此，一是要优化农业资源保障的法治环境。实行最严格的耕地保护制度，建立农业用水资源保障制度，进一步完善对草原、水域、滩涂、生物等资源保护的法律体系。提高农业资源非农征用、占用的补偿标准，将农业资源的保育成本纳入补偿范围。二是完善农业资源保障的投入机制。设立农业资源保障专项基金，重点向中低产田改造、水利设施建设、农田林网与道路的建设维护、盐碱化及沙化土地的改良、污染农田修复、农业面源污染的防控与治理等领域投入。建立财政贴息、投资参股、以物带资、以奖代补等激励机制，引导信贷资金、民间资本投入农业资源保护建设。三是建立农业资源综合预警系统。建立覆盖水利、农林、国土等多个部门的农业资源信息系统，提升农业资源信息的采集、共享、加工和利用水平。适时跟踪监测农业资源动态，及时评估农业资源保障水平，为其利用和保护决策的制定提供信息支撑。

（二）规范农业生产主体行为，健全农产品生产链监管长效机制

一是加大对生产资料投入的管控力度。严格禁止企业生产国家明令禁止使用的农药，从源头上杜绝剧毒农药、不合格化肥等劣质投入品的生产，减少其对农产品及其生产环境的污染。二是加强对农民的引导和教育。增强农民质量安全意识，规范农民对农业生产资料的使用，引导农民合理施肥、合理用药。三是执行最严格的耕地、水体保护制度。严控城市规模，规范建设用地审批，切实阻止工业污染向乡村蔓延，杜绝铜、锌、砷等元素对土壤、水体造成的重金属污染。四是发展生态修复和废物循环利用技术。如大力推广可降解薄膜的生产技术，减少白色污染的发生。

（三）强化技术支撑，完善农产品质量检验检测体系

一是构建分工合理的省、市、县三级农产品检测体系。加快推进农产品质量检验检测资源整合，提升各检测机构的技术支撑能力和经费保障能力，鼓励和支持第三方检验检测服务平台的建设，形成布局合理、全面覆盖、协调统一、运转高效的农产品质量检验检测体系。二是提高生产、流通、消费各环节市场主体的产品质量检测能力。指导、监督生产加工企业、大型连锁超市、农贸市场和蔬菜批发市场自建食品质量检测室。三是完善农产品质量安全风险预警机制，提高风险防范能力和水平。

（四）理顺监管工作机制，形成部门合力与社会共治

一是明晰、细化工作职责。明确质量安全监管各环节的职能分工，避免出现监管职责不清、职能重叠和监管盲区。形成地方政府负领导责任、农业食品部门负监管责任、生产企业负主体责任的农产品质量监管责任机制；二是建立协同联络机制。加强省、市、县各级部门以及同级各部门之间的工作协同，建立农户、企业、消费者等市场主体与政府之间的信息反馈与联络机制，形成农产品质量安全社会共治的良好局面。

（五）加强宣传教育，落实信息公开，提高消费者质量安全意识

一是加强对食品安全、农产品质量安全法律法规的宣传，提高消费者质量安全意识和维权意识，提升民众对"三品一标"的认知程度，推动全社会形成关注质量安全、参与质量安全的浓厚氛围。二是通过网络、电视等媒体及时向社会公布质量检验检测信息，保证公众对农产品质量安全状况的知情权和监督权。

B.7
甘肃精准扶贫模式研究

段翠清[*]

摘 要： 2015年，甘肃省在重新整合以往扶贫政策的基础上，提出"1+17"精准扶贫方案。通过"1+17"精准扶贫方案的实施，甘肃省扶贫取得了显著的成效，贫困地区的经济有了迅速的发展，农民收入有了显著的提高。本文通过对近两年甘肃在实施精准扶贫方面做法进行深入总结和提炼的基础上，归纳出了以建档立卡为核心的扶贫大数据管理模式、因地制宜的金融扶贫模式、绿色产业发展模式、"互联网+"电子商务扶贫模式、特色评估、帮扶、考核模式等独具甘肃特色的扶贫方式。通过上述精准扶贫模式的有效实施，使得甘肃的扶贫成效走在全国的前列，极大地促进了甘肃脱贫的进程，加快了与全国同步进入小康社会的步伐。

关键词： 甘肃 精准扶贫 模式

改革开放以来，国家将消除贫困、改善民生的扶贫工作作为"战略性、政治性问题"放在首要位置，并取得了不错的成效。但是随着扶贫工作的深入发展，随着贫困户对扶贫需求的不同，贫困程度不一等问题的出现，大而全的粗放扶贫方式已不再适应目前扶贫工作的需要，面对贫困户，需要更

---

[*] 段翠清，甘肃省社会科学院助理研究员，硕士研究生，主要研究方向为恢复生态学、农村经济。

加精确和精准的扶贫方式来代替粗放的扶贫方式。2013年，习近平总书记在湖南湘西考察工作时，针对当前全国的贫困状况，扶贫工作取得的效果及存在的问题，提出要将扶贫工作做到精准化和精细化，并首次提出将精准扶贫作为新的扶贫工作重点。甘肃省委省政府在深入贯彻落实习近平总书记有关精准扶贫重要讲话精神和方法战略的基础上，在"四个全面"战略布局下，紧盯努力到2020年与全国一道全面建成小康社会的奋斗目标，结合甘肃省情，出台实施"1+17"精准扶贫方案。这一方案的出台和有效实施，极大地促进了甘肃脱贫的进程，加快了与全国同步进入小康社会的步伐。

一 甘肃实施扶贫的历程及其必要性

甘肃自古以来生态环境比较恶劣，素有"陇中苦瘠甲于天下"之说，早在改革开放之初，甘肃就有农村贫困人口1254.42万人，79.6%的人口处于贫困线以下，贫困形势非常严峻。

十一届三中全会以后，甘肃正式将扶贫工作放在重中之重的位置，借着"三西"建设之风，自1983年开始，将解决农村贫困人口的温饱问题作为全省扶贫的首要任务。自此，甘肃省吹响了扶贫攻坚的战斗号角。

一是解决温饱问题阶段。甘肃省通过"三西"建设和"四七"扶贫攻坚计划，加快河西商品粮基地建设，并将生存在定西地区极其恶劣环境下的贫困户搬迁至河西地区，将国务院每年拨付的2亿元资金作为专项扶贫基金存入建设银行，如果当年使用不完，可以转为下年使用，连续拨款17年用于以"一户一亩基本农田、一户一亩林果园、一户出售一头商品畜、一户输出一个劳动力"为主要扶贫模式的"三西"建设。"四个一"扶贫模式的提出和实施，有力地推动了解决甘肃省贫困地区农民温饱问题的进程。

二是整村推进模式阶段。2001年，甘肃省确定了以行政村为单位的99个"整村推进"项目，并确定了对整村推进扶贫开发实施"一次确定、分批规划，当年计划、分年实施"的原则。"整村推进"项目的实施，为扶贫资金的投入提供了相对有效的保障，使得扶贫资源不再分散，贫困户可以全程参与项目，对扶贫过程和成果有了真切的体会，实实在在感受扶贫带来的变化。"整村推进"项目在全国反响强烈，国务院扶贫办（简称"国扶办"）于2001年9月在兰州召开全国"整村推进"村级规划会，力求将"整村推进"作为新世纪治贫开发可应用的主要模式进行全面推广。随后，国扶办就如何搞好"整村推进"扶贫开发做出了全面部署。

三是"1236"扶贫攻坚行动和联村联户阶段。随着全国经济发展水平的提高和第一个农村扶贫开发10年纲要的有效实施，扶贫工作取得了卓有成效的进步，人们对生活的要求也不断提高，扶贫工作也从最初的解决温饱提升到保护生态环境、缩小贫富差距的新阶段。据此，国家制定了第二个中国农村扶贫开发10年纲要，提出"两不愁、三保障"的奋斗目标。甘肃面对新的脱贫要求，迎难而上，分别在2012年和2013年实施了"联村联户、为民富民"行动和"1236"扶贫攻坚行动。其通过"联村联户、为民富民"行动将全省多个机关单位的40多万名党员干部与1.6万多个行政村的所有贫困户进行对口联系和帮扶，解决贫困群众贷款难、缺乏发展资金、创新金融服务等问题，并通过"1236"扶贫攻坚行动，主抓农民收入这个核心问题。两大行动的有效实施使得贫困地区的农民收入不断增加，各金融机构投放的涉农贷款明显增多，2014年用于扶贫专项的资金达到4142亿元，同比增长24.3%，农民人均纯收入也增长了13.3%，扶贫对象的人均收入增长幅度高于全省2个百分点。

四是"1+17"精准扶贫方案的提出。2015年，甘肃为能够早日全面脱贫，与全国一道进入小康社会，将扶贫工作从注重抓收入、抓资金向注重饮水安全、通村道路、电子商务、富民产业培育、教育发展、医疗卫生、生态环境、社会救助等17个方面进行全面推进，提出"1+17"精准扶贫实施方案。在全省"1+17"精准扶贫方案整体部署的基础上，各地区真抓落实，取长补短，依据自身特点和不足，制订出各具特色的、能够加快推进精准脱贫速度的扶贫方案：兰州市提出"1+21"扶贫方案，白银市、天水市提出"1+18"扶贫方案，定西市制订出"1+16+5"专项方案，平凉市实施了"12346"工作方案，庆阳市提出"1+20"精准方案，甘南州着重推进"654321"精准扶贫推进计划，武威市提出"1+17+2"精准扶贫规划方案，金昌市提出"1+9"精准扶贫实施方案，张掖市提出"1+19"扶贫方案，酒泉市有效落实"四个六"工作机制。全省各地都在全力以赴打赢攻坚扶贫这场战役。

二 甘肃精准扶贫的特色模式

甘肃省在深入贯彻和实施国家精准扶贫战略的基础上，通过对自身扶贫难度大、扶贫面广、贫困程度深等问题的深刻认识和了解，以全面进入小康社会为总体目标，以"六个精准"为主要内容，以"1+17"为主要扶贫方案，创新出了独具甘肃特色的精准扶贫模式。

（一）建立了以建档立卡为核心的精准扶贫大数据管理模式

1. 精准扶贫大数据管理模式的基本特征与做法

为全面、系统地掌握全省各地区贫困户的各类详细信息，做到精准扶贫，甘肃先是以建档立卡为契机，深入各个基层，摸清贫困地区的贫困状况，在此基础上，通过对采集到的贫困数据进行分析、统计、管理，建立了精准扶贫大数据管理平台。精准扶贫大数据管理平台共分为省、市、县、乡、村5个层级，包括扶贫对象、措施、成效，以及数据分析、绩效考核5个管理子系统。通过对数据的采集和录入，可以对甘肃省所有建档立卡范围内贫困户的致贫原因、健康状况、教育程度，以及未纳入贫困范围但是也比较贫困的农户情况进行全面系统的分析。对甘肃省精准扶贫各个实施方案的精准扶贫政策的落实程度进行专业化、标准化、系统化的专项分析，可以使甘肃省精准扶贫工作更加精确。

甘肃省以县（区）为单位，通过对58个连片贫困地区和17个"插花型"贫困县的贫困村、贫困户进行彻底盘查，以精准扶贫大数据平台为支撑，制定出统一的标准和路径，通过实名制录入，将417万名贫困人口全部录入大数据系统，进行精细化、实名制管理；同时依据精准扶贫大数据库的录入资料，对97万户贫困户417万名贫困人口的致贫原因进行分类、分地区统计，在制定出"三因四缺"①的大数据标准的基础上，精确统计出不同贫困户的致贫原因，对特殊贫困群众还要进行精准标注；根据实际情况，制订出详细的实施方案，并要进行公开化、透明化作业，确保进度和保障资金的供给，建立完善的监测体系，责任到人。

2. 各个地区因地制宜，取长补短，确保大数据平台的建设速度

甘肃各市（州）根据其不同的地理条件，不同的致贫原因，不同的贫困人员结构，在建档立卡和精准扶贫大数据平台建设时，因地制宜，积极结合实际出台各种办法，以便更加精确地掌握贫困户的信息。

白银市以"两公示一公告"和"一完善三采集"为程序和要求，严把摸底精准关、程序精准关、资料精准关、录入精准关"四道"关口，扎实开展扶贫建档立卡和大数据平台建设工作。其采取村级摸底、乡级初审、县级抽查的方式，对贫困村、贫困户的贫困信息进行两次"回头看"，以保证采集资料的完善和录入信息的准确性；并且按照"四项原则"基本要求，审查纸质版信息的准确性，通过对扶贫专干的专业培训，提高数据平台数据的录入速度。

平凉市在识别精准扶贫对象时，推行"农户报、社内评、村民议、入户查、村级定、乡审核、两公示、一公告、实名管、动态调"，以及通过"五步精准识别法"，全面摸清594个贫困村10.11万贫困户40.6万贫困人口的基本情况。

陇南市按照贫困户"五清"和贫困村"六有"的要求，全面完成了1365个贫困村64.37万贫困人口的调查摸底和建档立卡工作，建立了完善的资料库；并自主研发，在能兼容省信息系统的基础上，建立了具有陇南特色的市级大数据系统平台。

甘南州坚持以18个特困片带、284个贫困村为重点范围，采取

---

① 三因：因灾、因病、因学；四缺：缺项目、缺资金、缺劳力、缺技术。

"33221"贫困人口识别法,对其贫困户进行建档立卡,大力开展大数据平台信息采集、分析、整理、录入等工作,扶持措施、帮扶责任到户到人、无缝对接,扶贫工作实现了从"被动粗放"向"主动精准"的巨大转变。

酒泉市将从全市精准识别出的5.95万建档立卡的贫困人口进行分级、分别对待。对有劳动能力的4.22万名帮扶对象逐户建立了精准帮扶明白卡,将扶贫对象的家庭基本情况、帮扶责任、扶持政策、脱贫时限、增收措施等具体内容融入其中,建立"一户一卡、一村一册、一乡一簿、一县一档"的电子信息网和精准扶贫查询平台;将1.73万名没有劳动能力的帮扶对象纳入社会救助范围,由社保来"兜底",确保做到不遗漏任何一户贫困户,这种区别对待的帮扶方式,切实解决了帮扶干部无从下手、帮扶对象底数模糊不清和帮扶对策虚浮粗放的问题,做到落实有卡、核对有册、推进有簿、监督有档。

(二)创立了各具特色、因地制宜的金融扶贫模式

1. 甘肃金融扶贫主要模式

贫困产生的主要原因就是缺乏资金的支持,因此,在扶贫的道路上,如何融集到和利用好更多的扶贫资金,是解决扶贫问题的关键所在。甘肃考虑到目前扶贫资金缺口大、资金需求多等多种因素,创新出了"信贷+产品创新""信贷+大众创业""信贷+互联网金融""信贷+新型城镇化"四种金融扶贫模式,将其作为甘肃精准扶贫的金融保障,为各市(州)的精准扶贫奠定金融基础。

2. 各市(州)金融扶贫模式

为使省级提供的金融支持资金能够用在刀刃上,尽全力实现资金的效益化,甘肃各市(州)根据自身情况,用活甘肃金融模式。例如,定西市为探索把扶贫贷款转变为贫困户的资产收益或股权收益,真正实现增收,提出了干部包村、帮扶工作队驻村、干部双联等帮扶措施,并设计出了"贫困户+增收产业"模式、"贫困户+致富能人"模式、"贫困户+合作社"模式、"贫困户+龙头企业"模式、"互助资金协会+银行+农户"模式、"富

民产业合作社+银行+农户"模式等多种金融扶贫模式，从各个方面对贫困户进行金融帮扶。

庆阳市政府出台了《庆阳市农业产业发展资金合作社试点工作指导意见》，与兰州银行合作，在全市行政村开展农村产业发展资金合作社试点工作，市级财政安排专项资金1.5亿元（担保基金1亿元、风险补偿金5000万元），按照1∶10的比例放大撬动银行信贷资金15亿元，形成"基金担保、村里推荐、县上对接、银行放款、农户经营"的金融扶贫模式。

陇南市积极实施"专业合作社+基地+农户"的经营模式，做到扶贫资金跟着贫困户走、贫困户跟着龙头企业（合作社）走、龙头企业（合作社）跟着市场走，着力整体提升经营主体发展水平，带动贫困群众持续增收，有效破解无致富能力贫困户的增收致富问题。截至2015年11月底，该市共为4.5万户贫困群众发放专项贷款21.2亿元。

（三）提出了以第三方评估的考核模式，确立更加精准、客观的扶贫成果考核模式

甘肃省通过健全精准评估机制、健全正向激励机制、健全惩戒约束机制等，实现扶贫业绩考核精准，防止泛化考核代替攻坚评估。考核既是"风向标"，也是"指挥棒"，只有实施了客观、公正、精确的考核模式，才能真实检验出扶贫成效。

定西市通过确定的"1+7"考核评价政策文件，构建精准扶贫业绩考核评价体系，加大精准扶贫在年度政绩考核中的赋值权重，健全正向激励机制，加大惩戒约束力度，突出对县（区）、乡镇、承担双联助推精准扶贫任务的市直部门、驻村扶贫工作队四个层次的考核评价，简化考核指标，聚焦减少贫困人口这一核心指标，考核结果与干部使用直接挂钩。

甘肃在引入第三方评估时，严格确立了评估执行模式，确保第三方评估的客观公正性。具体模式为"3938"模式。第一个"3"指选派的评估人员应达到的三项要求，即作为评估人员首先要熟悉业务，明确应该干什么、不应该干什么、怎样干、要干成什么结果；其次要掌握县情、乡情、村情、民

情,了解调查评估对象的基本情况,做到心中有数、有的放矢;再次要有责任感,客观公正、认真负责地开展工作。"9"是指评估人员工作方法要做到九掌握,要在进村、进现场、进户时分别掌握9个工作要点。第二个"3"是指进贫困农户要做到三必看,即精准扶贫三本账必看,联系农户干部工作记录必看,相关证件必看。"8"是指入户评估调查要做到必须问及家庭基本信息、收入水平、帮扶情况、政策落实情况等8个方面的问题。

(四)创新了以文化旅游产业为主的绿色发展模式

1. 乡村旅游发展模式

甘肃近年来重视乡村旅游产业的发展,坚持实施以旅兴农、以农助旅的绿色扶贫模式,通过板块化布局、区域化联动、集合式推进、差异化发展,现已初步形成了红色带动型、景区辐射型、通道景观型、城郊休闲型、农业观光型、养生保健型等乡村旅游扶贫模式,使乡村旅游成为加快脱贫致富步伐、建设幸福美好新甘肃的重要抓手。目前,甘肃省共建成旅游示范村42个,旅游专业村447个,农家乐9115户,带动农民就业9.45万人,乡村旅游年收入达46.5亿元。

在红色旅游方面,甘肃省主要依托会宁会师旧址、迭部天险腊子口、宕昌哈达铺、华池南梁苏维埃政府等革命遗址,重点建设红色旅游名城、爱国主义教育基地等示范基地和红色主体形象,不断提升旅游接待能力,并取得了良好的成效,每年的旅游人次和旅游收入都在持续地增长。除此之外,甘肃还围绕已有的精品特色景区,大力发展以服务业为主的民俗村、农家乐和特色旅游商品,依托沿线的旅游风景区,发展以特色林果业为主的休闲观光农业,注重乡村村容村貌的美观化建设,以便吸引周边游客前来休闲度假,充分发挥景区辐射的带动作用,从而提升周边景区农民的旅游收入。金昌市通过坚持把加快发展农村观光休闲旅游与实施生态花卉富民工程相结合,大力实施生态旅游扶贫项目,通过规模化、成片化种植花卉等经济作物,建成一批以观赏花卉、田园采摘、农家休闲为主题的休闲农家乐园,提高了当地农民的收入,也美化了乡村环境,促进了生态建设,创新出了可持续增收绿色产业发展模式；通过在重要交通干线上建设游客换乘中心，在交通方便的地区建设景观型旅游村镇，促进通道景观型扶贫模式的发展，目前已建成平凉崆峒镇、天水麦积镇、定西凤翔镇、庆阳太白镇等，极大地提升了当地农民的收入。

除此以外，庆阳市、甘南州、临夏州等地积极发展特色旅游服务，为贫困户扩展新的收入增长点，据统计：甘南州2015年有近1万贫困人口从发展旅游业中受益，人均增长8000元。平凉市崆峒镇寨子街村依托312国道和精品丝路、华夏寻根、中医药养生等旅游线路，积极培育发展以"吃农家菜、住农家屋、学农家活、享农家乐"为主题的休闲旅游业。华池县加大投入，精心打造南梁红色景区，进一步提升了其红色旅游形象。2015年，华池县乡村旅游接待人数达到139.63万人（次），实现旅游收入3.9亿元；已开发的非物质文化类、工业类、工艺品类等类型的旅游产品有5大类23项896种，带动全县1000多户农户从事红色旅游产品的制作。

2. 新能源绿色产业模式

除了发展旅游产业外，甘肃还积极推进新能源绿色产业模式，通过推动光伏扶贫试点的进程，努力提升农业科技扶贫能力。其在太阳能资源丰富、土地利用成本低、电力输出方便的地区，优先实行"光伏下乡"扶贫工程，在有空闲的农户屋顶和院内安装分布式光伏发电设备，农户就近利用荒山荒坡、种养棚、道路两侧、绿化地带等空间，设立小型光伏电站。小型光伏电站是一次性投入设备，无须成本，无污染，技术要求底，对生态环境没有破坏，光伏产业是发展较持久的一种绿色产业。通过光伏扶贫，农户可以有效利用其闲置的空地来发展低投入、无污染、健康绿色的产业，有效增加收入。目前光伏产业在一些风电资源较好的地区已经有了一定的发展，瓜州县作为全省光伏扶贫项目实施试点县，2015年共获批25兆瓦光伏扶贫项目8个，由4家企业负责建设，每家企业负责一个大规模地面电站和一个小规模地面电站的建设。平凉市崆峒区在山塬区的各家各户都架起了太阳能光伏小发电板，基本解决了各家各户农机具用电和道路照明用电。崆峒区于2015年在9个村修建了太阳能光伏集中式供电工程，总容量达到690kWp，9个村子的农户用电问题都可以完全保证。

3. 丰富多彩的乡村文化活动

甘肃不仅考虑到农户的物质生活，而且还积极创建文化活动，丰富贫困户的精神生活，提升农村公共文化服务的能力。兰州市榆中县将"1＋17"精准扶贫政策编排成相声、快板、花儿、三句半、秦腔等广大群众喜闻乐见的文艺节目进行传唱。庆阳市在2015年新建乡（镇）综合文化站36个、乡村舞台428个的基础上，整合贫困村文化设施建设资源，将文化设施建设重点放在农村贫困地区，扩大公共文化覆盖面，积极开展健康向上的文化体育活动，提高贫困地区群众文化体育素质。其全年新建乡村舞台140个，全市行政村乡村舞台覆盖率达到74%。

（五）加快促进了以电子商务为主的"互联网＋"产业发展模式

1. 甘肃省实施"互联网＋"电子商务产业发展模式进程

"互联网＋"作为目前产业发展的新模式，受到广泛的关注。2015年，甘肃出台并实施了《甘肃省精准扶贫电商支持计划实施方案》，商务厅在75个县（区）部署电子商务试点工作，通过利用互联网络技术带来的便利性和快捷性，积极扩展农产品销售市场，同时在全省各地引入阿里巴巴农村淘宝项目，促进本地农民对电子商务的认识，增加其接受度，让其感受电子商务所带来的便捷服务，形成线上线下全面发展的产业模式。甘肃省对全省电子商务产业发展做出了详细的计划安排，计划从2015年到2017年，全省70%以上的贫困乡实现利用电子商务销售当地特色产品，交易额年均增长20%以上，全省95%以上的行政村通固定和移动宽带，绝大多数贫困村实现宽带网络全覆盖。

2. 陇南市电子商务发展模式

陇南市是甘肃省最先推进电子商务扶贫的地区，积累了丰富的经验，并在全省起到了模范带头的作用。2014年，陇南市编制完成了《陇南市电商扶贫试点工作方案》和《关于电商扶贫试点工作的实施意见》，并及时启动了试点工作；编制完成了电商扶贫试点项目实施规划，规划建设项目估算总投资371250.2万元；分层次组织电商扶贫培训班，对电商扶贫管理人员、从业人员和参与人员进行了培育，培训人员2000余人。此外，陇南市多次组织人员赴阿里巴巴集团洽谈合作，赴发达地区考察学习，聘请了国内知名电商专家为顾问，成立了市县电子商务工作领导小组及办公室，制定扶持政策，提出了自建服务平台与借力外援"两条腿"走路的办法，确立了政府主导、社会参与、市场推进、协会运作、金融支撑、媒体助力"六位一体"的发展路子，并把电商培训纳入农村"两后生"培训范围，采取以奖代补的形式扶持开办贫困村示范网店。

经过近几年的努力，陇南电商扶贫取得了不错的成效。其在全省率先启动农村物权抵押贷款交易试点工作，累计发放"三权"抵押贷款22亿元。全市有75个村进入国务院扶贫办、国家旅游局等7部委确定的乡村旅游扶贫重点村行列。2014年争取财政专项扶贫资金4.3亿元，较上年净增8640万元，增幅25.1%，实现了历史性突破。截至2015年9月底，全市开展电商人才培训41714人次，网店总数达到6988家，实现网络销售总额11.62亿元，带动就业9844人。

3. 甘肃其他地区电子商务发展模式

在陇南电商扶贫的成效和经验带动下，甘肃省其他地方的电子商务也逐渐开始发展。白银市积极探索"电商+专业合作社+快递"等现代服务模式，已建成农产品电商经营企业78家，销售农产品1.65万吨，实现销售收入2650万元；并积极配合电子商务模式，建立了产品产地批发市场45个，冷链储藏物流企业21个，冷链储藏库（窖）26.47万立方米，为电子商务的发展提供物流保障。定西市积极探索"电商+专业合作社+快递"等模式，扩大特色优势农产品销售渠道，在淘宝、天猫、京东等大型网络平台开设网店1356家，建成专业电子商务交易平台10家，通过网络外销当地土特产品交易额达7869万元。酒泉市在2012年被确定为国家电子商务示范基地后，在中央和省、市政策引导和重视支持下，加大力量发展电子商务产业，推动电子商务在工业、农业、商贸、旅游等领域的应用。通过实施"电子产业示范基地+本土电商服务平台+第三方电子平台+电商人员培训"的发展模式，电子商务产业扶贫在酒泉取得了良好的效果，其先后建成了聚馨电子商务产业园、巨龙电子商务物流园、敦煌智慧旅游官网、有种网等大型电商平台，培育了汉唐电商、酒泉故事、西北人家、智酷互动等一批电商运营和服务企业。据统计：截至2015年底，酒泉市电子商务交易规模已达到48亿元，网络零售额约为16亿元，网络零售额年均增长30%，各类网店有2700多家，其中农村网店达到184家，农产品网络销售额达到1.2亿元。酒泉特色产品、鲜活农产品、旅游服务产品等网上销量大幅上升，极大拓宽了农产品销售渠道，促进了农民增收，实现了经济的跨越发展。

（六）实施了以资金、智力和医疗卫生为主的精准帮扶、救助模式

1. 甘肃精准医疗救助模式

甘肃省既要逐年提高农村低保标准和一、二类对象补助水平，消除绝对贫困，又要逐步提高医疗救助水平，缓解农村贫困家庭就医难和因病致贫的问题，织牢保障基本民生的"安全网"。为此，甘肃省制定了帮扶救助扶贫模式。一方面精准确定保障对象，科学确定补助水平，严格落实操作规程，加强管理和完善农村低保工作机制；另一方面，又积极通过资助参合、完善救助模式、扩大救助范围等措施，加大医疗救助力度。例如：白银市通过市县区逐级管理，以供销社、互助合作社、综合服务中心为核心，承担各级综合协调工作，扶贫部门是互助合作社扶贫资金业务的管理部门，负责互助合作社扶贫资金业务的指导和监督；天水市通过开展"万名干部轮流驻村活动"，对贫困户进行定期、定点、定户、定人的精准帮扶，并对每年在全市建档立卡贫困户中被录取为全日制高等院校的符合资助要求的大学生进行严格筛选，每人给予4000元补助；金昌市通过采取"支部+合作社+基地+农户"的模式成立了以六坝乡七坝村、新城子镇西湾村为代表的21个专业合作社和产业协会党支部，支持贫困农户采取土地入股保底、资金入股分红等方式增加收益，带动贫困农户加快脱贫；陇南市对帮扶对象实施个性化对接，为广大爱心人士和贫困人群搭建网络平台，实现有效对接。

甘肃还积极强化医疗卫生扶贫政策落实，重点促进村级卫生室、村级医生职业水平、村级医生薪酬待遇方面的改进和提升；增加每个乡镇卫生院全科医生的数量（2017年在3名以上，2020年达到5名），并不定期地派遣乡镇、村级卫生所的医生到省级医院进行培训，派遣省、市级医师下乡进行帮扶；在提高贫困地区医师水平的基础上，还不断提高贫困农民医保报销比例，自2016年起，将农村贫困地区农民大病保险的起付线调整为3000元，大病保险报销比例提高3%。

2. 因地制宜、各具特色的精准帮扶模式

甘肃各地区通过积极整合社会各界力量，探索精准帮扶的新模式。2015年，定西市通过与对口单位实行帮扶机制，引进帮扶资金4887.4元，帮扶项目648个，并探索出"6+X"的帮扶模式，先后引导437户企业与406个贫困村建立结对帮扶关系，总结出以渭源元古堆村为代表，通过采取企业投资为主、村民入股分红的方式，创新推出"企业主办+群众入股""能人+贫困户"的"企业+"精准帮扶模式；以甘肃天耀草业科技有限公司为代表，通过采取"投母还犊""投母还草"的方式，探索出"公司+合作社+贫困村""订单农业"等模式；以甘肃参宝药业股份公司为代表，创新推出"公司+基地+贫困户""公司+基地+村委会+贫困户""公司+合作社+银行+贫困户""生产资料入股分红"等模式；以山东三木集团公司投资建设漳县贵清山植物园项目为代表，采取"企业+基地+农户"的发展模式。酒泉在2012年全面实行联村联户的基础上，于2016年把扶贫任务最大的玉门、瓜州两个移民大县确定为市委、市政府的重点帮扶对象，提出"固定+轮流"的帮扶模式，重点帮扶，逐个击破。

三 进一步完善甘肃精准扶贫模式的对策建议

（一）提高对象精准识别精确度，加快扶贫大数据化建设

当前，甘肃各地区精准扶贫的建档立卡数据采集工作已接近尾声，接

下来，各个地区应加快进行精准扶贫大数据库的数据录入等工作。各个地区要尽快挑选出对计算机和扶贫工作较熟悉的县、乡干部，对其进行专门化的培训，提高数据输入速度。在对象精准方面，应做到更加精准，提高识别标准，加强对贫困户贫困强度和贫困深度的判断。提升贫困户致贫因素分析层次，对贫困户致贫因素的分析应从单一化走向复合化。

（二）加大力度深入了解贫困户意愿，确保精准帮扶的精确性

由于不同贫困户在其表现、根源、特点和需求等贫困方面的要求不同，在实施精准帮扶时，应对贫困农户的具体情况提供针对性的帮扶措施，帮助贫困户了解自己的特长，没有特长的帮助其掌握一门或两门专业技术，提升他们创业和谋生的能力，增加非农收入。增加对贫困农户农业生产的产前和产后环节的培育帮扶，增加对农户非农技能的培训，减少返贫概率。将扶贫开发工作与县域经济、集体经济发展相结合，综合规划，长远谋划。

（三）进一步加大产业扶贫的力度，提高农村产业结构的合理性

在进行职业技能培训时，要深入了解贫困户的意愿和基础，不能一概而论，简而化之，要根据贫困户的学识水平和掌握专业技术能力的高低，分批次、分层次地进行培训，对于接受能力强的，应使其尽量掌握高技术的专业技能，对于接受能力较弱的，就给予一般实用技能的培训。在进行农村产业结构调整和优化时，应根据当地的产业布局、资源禀赋、人力资源状况、地理环境进行精心布局和长远规划；应注重对贫困地区农产品深加工企业的扶持和培育，提升农产品的附加值，延伸产业链条，扶持地方企业，扩大企业规模。

（四）优化农村专业合作社结构，高效发挥专业合作社的作用

在引导农民加入专业合作社时，首先应建立健全专业合作社的组织机构，挑选知识水平较高、能够用正确的理念来治理农村专业合作社的农民担任组织者和协调者，使其向着专业化的方向发展。应建立健全专业合作社的

法律制度，引导专业合作社由注重市场销售的横向拓展向以创新农产品附加值的纵向合作转变，扩大专业合作社的规模和范围。

（五）制定合理的脱贫退出体系，保证脱贫工作的可持续性

要进一步完善精准扶贫大数据管理平台的各项指标体系的设置，适当加入脱贫退出指标体系，完善脱贫退出机制。在制定脱贫退出指标时要着重考虑脱贫农户的可持续致富能力，对脱贫农户要适时进行跟踪和访问，及时了解他们的生产生活能力及是否具有可持续发展的能力。计算的脱贫指标，要与当年的经济发展相吻合。

参考文献

王学权：《"十三五"时期扶贫新模式：实施精准扶贫》，《经济研究参考》2016年第7期。

尹丽娟：《对甘肃实施精准扶贫战略的思考》，《三农问题》2015年第23期。

仝爱华：《财政与金融共同推动农业科技创新与推广研究》，《安徽农业科学》2013年第41期。

汪三贵、郭子豪：《论中国的精准扶贫》，《贵州社会科学》2015年第5期。

张丽娜、郝晓蔚、张广科等：《国外农村扶贫模式与中国"精准扶贫"创新模式探讨》，《黑龙江畜牧兽医》2016年第5期。

李裕瑞、曹智、郑小玉等：《我国实施精准扶贫的区域模式与可持续途径》，《中国科学院院刊》2016年第3期。

B.8
甘肃省农业竞争力研究

李振东　潘从银*

摘　要： 本文从基础竞争力、结构竞争力、规模竞争力、效益竞争力、现代化竞争力和成长竞争力六个方面横向和纵向分析了甘肃省农业竞争力及其发展趋势。结果发现：甘肃省农业现代化竞争力和成长竞争力较强，基础竞争力、结构竞争力、规模竞争力和效益竞争力4个方面相对较弱；现代化竞争力和成长竞争力保持着较好的发展势头，基础竞争力、效益竞争力和规模竞争力在逐渐提升，结构竞争力将持续较弱的状态。同时本文提出提升甘肃农业竞争力的对策建议：一是强化现代竞争力优势，提升效益竞争力；二是完善农业投融资机制，保持成长竞争力增长势头；三是稳步推进旱作农业与草食畜牧业的融合，提升结构竞争力；四是挖掘特色资源，提升特色优势产业规模竞争力；五是加强农业基础设施建设，提升基础竞争力。

关键词： 甘肃　农业竞争力　横向分析　纵向分析

2016年中央一号文件指出要统筹用好国际国内两个市场、两种资源，提高农业质量效益和竞争力。"十二五"以来，甘肃农业综合生产能力稳步提升，2015年农业增加值达954.54亿元，比"十一五"末增加355.26亿

---

* 李振东，甘肃省社会科学院农村发展研究所副所长、副研究员，博士，主要从事生态经济方面的研究；潘从银，甘肃省社会科学院助理研究员，区域经济学硕士，主要从事农村经济发展研究。

元，增长了59.28%①。特色产业已成为促农增收的重要支撑，特色优势作物面积超过3000万亩，占农作物播种面积的一半以上；甘肃省已成为全国最大的杂交玉米制种、马铃薯脱毒种薯生产基地和重要的蔬菜、花卉种子生产基地，杂交玉米制种面积和产量分别占全国的42%和48%。② 在此背景下，甘肃省农业竞争力在西部地区和全国分别处于何种地位，发展趋势如何，值得研究。本研究对基础竞争力、结构竞争力、规模竞争力、效益竞争力、现代化竞争力和成长竞争力六个方面从横向和纵向两个维度分析甘肃省农业竞争力在西部地区和全国所处的位置与发展趋势。

一 甘肃省农业竞争力横向分析③

（一）基础竞争力

甘肃省农业基础竞争力正向指标中只有人均耕地面积高于全国平均水平，人均2.72亩，是全国平均水平的116.24%，全国排名第7，其他指标均低于全国平均水平，其中有效灌溉面积比重和森林覆盖率分别只有全国平均水平的50.83%和52.31%，排名第29和27位；在反向指标中农作物受灾成灾率比全国平均水平低1.24个百分点，是全国平均水平的97.57%，全国排名第17，15岁及以上人口文盲率为8.65%，高于全国3.73个百分点，是全国平均水平的175.81%，全国排名第4。总体而言，在全国范围内甘肃省农业基础竞争力处于较低水平。在西部12省（区、市）④ 中，甘肃省农业基础竞争力正向指标中只有耕地面积比重和人均耕地面积2个指标排名处于上游，农村居民家庭拥有农业生产性固定资产原值排名第7，处于中

---

① 《2015年甘肃省国民经济和社会发展统计公报》。
② 《甘肃省"十三五"农业现代化规划》。
③ 本文数据除特别注明外，均来自国家统计局网站（http://www.stats.gov.cn/）。
④ 指内蒙古自治区、广西壮族自治区、重庆市、四川省、贵州省、云南省、西藏自治区、陕西省、甘肃省、青海省、宁夏回族自治区、新疆维吾尔自治区。

游，有效灌溉面积比重和森林覆盖率的排名处在下游；反向指标中农作物受灾成灾率排名第8，处于中游，15岁及以上人口文盲率排名第4，处于下游。说明甘肃省农业基础竞争力在西部12省（区、市）中也处于较低水平，特别是有效灌溉面积、森林覆盖率和15岁及以上人口文盲率3个方面。2014年甘肃省农业基础竞争力如表1所示。

表1 2014年甘肃省农业基础竞争力比较①

	甘肃省	全国	占全国的比重(%)	全国排名	西部排名
耕地面积占全国的比重(%)	3.98	100	3.98	10	4
人均耕地面积(亩)	2.72	2.34	116.24	7	4
有效灌溉面积比重(%)	23.87	46.96	50.83	29	11
单位有效灌溉面积排灌机电数(台/千公顷)	125.59	344.51	36.45	24	8
森林覆盖率(%)	11.30	21.60	52.31	27	10
农村居民家庭拥有农业生产性固定资产原值(元/户)	13124.41	16974.09	77.32	10	7
农作物受灾成灾率(%)	49.69	50.93	97.57	17	8
15岁及以上人口文盲率②(%)	8.65	4.92	175.81	4	4

资料来源：国家统计局网站。

（二）结构竞争力

2014年甘肃省农林牧渔业增加值占地区生产总值的比重为13.74%，比全国平均水平高出4.4个百分点，全国排名第7，在甘肃省国民经济中占有重要地位；农业增加值占农林牧渔业增加值的比重为75.07%，比全国平均水平高16.46个百分点，全国排名第1；农业多样化指数略高于全国平均水平，相差不到1个百分点；牧业增加值占农林牧渔业增加值的比重低于全国平均水平3.91个百分点，全国排名第25；林业和渔业增加值共占农林牧渔业增加值的1.44%，全国排名均为第30；农林牧渔业从业人员占乡村从业

---

① 人均耕地面积和农村居民家庭拥有农业生产性固定资产原值为2012年数据，有效灌溉面积比重为2013年数据。
② 1‰人口变动调查样本数据。

人员比重高于全国平均水平 11.98 个百分点，全国排名第 9；农产品加工企业主营业务收入为 777.34 亿元，仅占全国农产品加工企业主营业务收入的 0.42%，排名第 27，同比增长 6.74%，只达到全国平均增速的 82.20%，排名第 21；农产品加工企业主营业务平均年收入为 1.43 亿元/家，占全国平均水平的 58.65%，排名第 29。从全国视角看，甘肃省农业结构竞争力除农业多样化外其余各项指标均处于下游，结构竞争力较弱。与西部 12 省（区、市）相比较，甘肃省农业结构竞争力指标只有农林牧渔业增加值占地区生产总值的比重和农林牧渔业从业人员占乡村从业人员比重 2 项指标处于中游，其余都处于下游，竞争力仍然较弱。2014 年甘肃省农业结构竞争力比较如表 2 所示。

表 2　2014 年甘肃省农业结构竞争力比较

	甘肃省	全国	占全国的比重(%)	全国排名	西部排名
农林牧渔业增加值占地区生产总值的比重(%)	13.74	9.34	147.05	7	5
农业增加值占农林牧渔业增加值的比重(%)	75.07	58.61	128.10	1	1
林业增加值占农林牧渔业增加值的比重(%)	1.28	4.64	27.52	30	12
牧业增加值占农林牧渔业增加值的比重(%)	19.40	23.31	83.21	25	12
渔业增加值占农林牧渔业增加值的比重(%)	0.16	10.41	1.53	30	11
农业多样化指数(%)	32.28	31.87	101.30	19	9
农林牧渔业从业人员占乡村从业人员比重(%)①	62.17	50.19	123.88	9	6
农产品加工企业主营业务收入(亿元)	777.34	184753.90	0.42	27	9
农产品加工企业主营业务收入同比增长(%)	6.74	8.20	82.20	21	12
农产品加工企业主营业务平均年收入(亿元/家)	1.43	2.44	58.65	29	11

资料来源：国家统计局网站。

① 来自 2012 年数据。

(三）规模竞争力

甘肃省农业规模竞争力在全国范围内处于下游，农林牧渔业总产值仅占全国的1.58%，在全国排名第22，从农、林、牧、渔业分项看，农业总产值占全国的2.15%，排名第21，林业、牧业和渔业总产值均在1%以下，排名分别为第26、24和30；在西部12省（区、市）中，甘肃省农业规模竞争力农林牧渔业总产值和农业总产值处于中游，林业、牧业和渔业总产值均处于下游，说明甘肃省农业规模竞争力在全国处于下游，在西部也不具优势（见表3）。

表3　2014年甘肃省农业规模竞争力比较

单位：亿元，%

	甘肃省	全国	占全国的比重	全国排名	西部排名
农林牧渔业总产值	1618.80	102226.10	1.58	22	8
农业总产值	1174.93	54771.55	2.15	21	8
林业总产值	25.54	4256.00	0.60	26	9
牧业总产值	268.43	28956.30	0.93	24	9
渔业总产值	2.15	10334.26	0.02	30	11

资料来源：国家统计局网站。

（四）效益竞争力

在14项农业效益竞争力指标中，2014年甘肃省只有牧业增加值/中间消耗和渔业增加值/中间消耗2项指标超出全国平均水平，全国排名分别为第3和第4，处于上游，具有较强的竞争力。其余12项指标均低于全国平均水平，其中单位面积蔬菜产量、劳均水果产量和农林牧渔业增加值/中间消耗3项指标基本达到全国平均水平，全国排名分别为第15、19和20；劳均蔬菜产量、劳均粮食产量和土地产出率3项指标全国排名分别是第18、21和20，处于中游，具有一定的竞争力；单位面积粮食产量、单位面积园林水果产量、劳均农林牧渔业增加值、农村居民家庭人均家庭经营纯收入、农业增加值/中间消耗和林业增加值/中间消耗6项指标全国排名均在第21位以后，处于下游，竞争力较弱。由于甘肃牧业和渔业增加值总和占农林牧渔业总产值比重只有19.56%，甘肃省农业整体效益竞争力在全国范围仍然较弱，处于中下游。在西部12省（区、市）中，单位面积园林水果产量从全国处于下游，上升到西部的中游，排名第6；农林牧渔业增加值/中间消耗在全国处于中游，在西部处于下游，排名第10；其余指标排名趋势与全国排名趋势相同。共计有2项处于上游，中游和下游各6项。同样，甘肃省农业效益竞争力在西部地区也较弱，处于中下游水平。2014年甘肃省农业效益竞争力比较见表4。

表4 2014年甘肃省农业效益竞争力比较①

	甘肃省	全国	占全国的比重（%）	全国排名	西部排名
单位面积粮食产量（公斤/公顷）	4076.22	5385.10	75.69	27	9
单位面积蔬菜产量（公斤/公顷）	33642.23	35508.60	94.74	15	5
单位面积园林水果产量（公斤/公顷）	9412.13	13408.51	70.20	23	6
劳均粮食产量（公斤）	1570.63	2167.99	72.45	21	6
劳均水果产量②（公斤）	799.67	884.61	90.40	19	5
劳均蔬菜产量（公斤）	2067.03	2606.49	79.30	18	5
土地产出率（元/公顷）	16798.05	21310.55	78.83	20	6
劳均农林牧渔业增加值（元）	11187.72	22254.16	50.27	27	9
农村居民家庭人均家庭经营纯收入（元）	2761.60	4237.40	65.17	26	10
农林牧渔业增加值/中间消耗	1.38	1.43	0.97	20	10
农业增加值/中间消耗	1.50	1.81	0.83	22	9
林业增加值/中间消耗	0.89	1.91	0.47	25	11
牧业增加值/中间消耗	2.11	0.94	2.25	3	3
渔业增加值/中间消耗	2.50	1.54	1.63	4	3

资料来源：国家统计局网站。

（五）现代化竞争力

2014年甘肃省农业现代化竞争力有2项指标超出全国平均水平，为单

---

① 劳均粮食产量、劳均水果产量、劳均蔬菜产量和劳均农林牧渔业增加值为2012年数据。
② 水果产量包括园林水果和瓜果类产量。

位播种面积农用小型拖拉机数量和单位播种面积农用大中型拖拉机数量，全国排名分别为第7和第11；单位播种面积农业机械总动力达到全国平均水平的92.86%，全国排名第14；单位播种面积农用柴油使用量和单位播种面积用电量分别是全国平均水平的69.91%和22.74%，全国排名第22和第24。说明甘肃省单位面积农业机械拥有量排在全国前列，但农业机械的使用率较低。反向指标中单位播种面积农用化肥施用量只有全国平均施用量的64.16%，全国排名第27，具有较强的竞争力；单位播种面积农用塑料薄膜使用量和单位播种面积农药使用量分别位列全国第4和第5，分别是全国平均水平的269.04%和169.69%。这2项指标升高与甘肃省从2003年起大力推广的旱作农业紧密相关，也是甘肃农业竞争力的体现，本文将在综合分析部分详细阐述。整体而言，甘肃省农业现代化在全国范围内具有较强的竞争力。2014年甘肃省农业现代化竞争力比较如表5所示。

表5 2014年甘肃省农业现代化竞争力比较

	甘肃省	全国	占全国的比重（%）	全国排名	西部排名
单位播种面积农业机械总动力（千瓦/公顷）	6064.81	6531.22	92.86	14	4
单位播种面积农用大中型拖拉机数量（台/千公顷）	34.38	34.33	100.15	11	6
单位播种面积农用小型拖拉机数量（台/千公顷）	142.54	104.55	136.34	7	3
单位播种面积农用柴油使用量（公斤/公顷）	91.96	131.54	69.91	22	9
单位播种面积用电量（千瓦时/公顷）	1221.20	5369.96	22.74	24	7
单位播种面积农用化肥施用量（公斤/公顷）	232.52	362.41	64.16	27	9
单位播种面积农用塑料薄膜使用量（公斤/公顷）	41.97	15.60	269.04	4	2
单位播种面积农药施用量（公斤/公顷）	18.53	10.92	169.69	5	1

资料来源：国家统计局网站。

在西部省（区、市）中，甘肃农业单位播种面积农用小型拖拉机数量、单位播种面积农业机械总动力和单位播种面积农用化肥施用量处于上游，单位播种面积农用大中型拖拉机数量和单位播种面积用电量处于中游，单位播种面积农用柴油使用量处于下游，单位播种面积农药使用量和单位播种面积农用塑料薄膜使用量位列西部第1和第2，同样这也是甘肃农业竞争力的体现。因此，在西部省（区、市）中，甘肃省农业现代化具有较强的竞争力。

（六）成长竞争力

2014年甘肃省农林牧渔业固定资产投资增长率高于全国47.16个百分点，位列全国第2；农林牧渔业固定资产投资比重高于全国2.22个百分点，位列全国第4；地方财政农林水事务支出占地方财政一般预算支出的比重位列全国第2；水土流失治理面积和农林牧渔业增加值增长率分别位列全国第4和9。以上5项指标处于全国上游。地方财政农林水事务支出增长率位列全国第15，处于中游；除涝面积和水库总库容量分别位列全国第29和22，处于下游。甘肃省地处内陆干旱地区，形成水涝的面积相对较少，因此除涝面积全国排名较靠后。总体而言，在全国范围内甘肃省农业具有较强的成长竞争力。在西部甘肃省农林牧渔业固定资产投资的2项指标排名前列；地方财政农林水事务支出增长率排名第9，处于下游；地方财政农林水事务支出占地方财政一般预算支出的比重排名第2；农林牧渔业增加值增长率和水库总库容量分别排名第6和第8，处于中游；除涝面积处于下游，甘肃农业面临的主要困难是抗旱。因此甘肃农业在西部同样具有较强的成长竞争力。2014年甘肃省农业成长竞争力比较如表6所示。

表6　2014年甘肃省农业成长竞争力比较

	甘肃省	全国	占全国的比重（%）	全国排名	西部排名
除涝面积（千公顷）	11.14	22369.00	0.05	29	10
水土流失治理面积（千公顷）	7567.08	111609.00	6.78	4	4
水库总库容量（亿立方米）	105.00	8396.00	1.25	22	8

续表

	甘肃省	全国	占全国的比重(%)	全国排名	西部排名
农林牧渔业固定资产投资比重(%)	5.46	3.24	168.62	4	2
农林牧渔业固定资产投资增长率(%)	70.12	22.96	305.40	2	1
地方财政农林水事务支出占地方财政一般预算支出的比重(%)	14.41	10.55	136.59	2	2
地方财政农林水事务支出增长率(%)	5.65	6.33	89.26	15	9
农林牧渔业增加值增长率(%)	6.74	5.60	120.36	9	6

资料来源：国家统计局网站。

二 甘肃省农业竞争力纵向分析

（一）基础竞争力

2003～2014年甘肃省耕地面积占全国的比重在3.9%上下窄幅波动；有效灌溉面积占耕地面积的比重在2003～2014年总体呈上升趋势，可分为两个上升阶段一个下降阶段，2003～2008年从19.79%上升到26.93%，上升了7.14个百分点，2009年为23.37%，下降了3.56个百分点，2010～2014年缓慢上升到24.11%，上升了0.74个百分点；自然灾害成灾率于2003～2009年在波动中从72.03%下降到35.58%，下降了36.45个百分点，2010～2014年在波动中上升到56.01%，上升了5.16个百分点，自然灾害成灾率总体呈下降趋势，说明甘肃省农业抗灾能力在逐步提高；2003～2014年甘肃省15岁及以上人口文盲率[①]由21.11%下降到8.65%；2003～2011

---

① 2005年为1%人口抽样调查样本数据，其他年份为1‰人口变动调查样本数据。

年农民生产性固定资产原值逐年增长，2003年、2005年和2011年的增长率分别为12.03%、26.33%和94.61%，其余年份在3.71%至8.30%之间波动（见图1）。

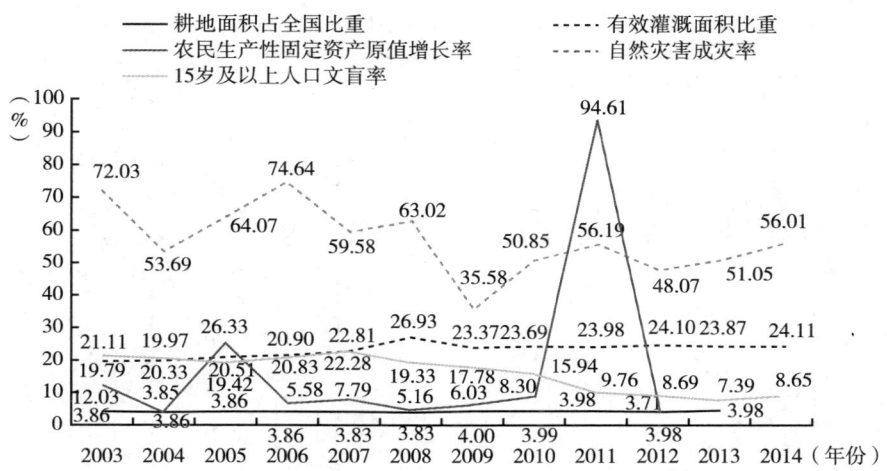

图1　2003~2014年甘肃省农业基础竞争力指标变化情况

资料来源：国家统计局网站。

（二）结构竞争力

2003~2014年农业增加值占农林牧渔业增加值比重在2007~2010年波动较大，最大降幅为2.32个百分点，最大升幅为4.22个百分点，其余年份波动较小，升降幅度均小于1个百分点（2012年除外，为1.02个百分点），整体稳中有升，从68.96%升高到75.07%；牧业增加值占农林牧渔业增加值的比重在2003~2005年从26.29%缓慢上升到27.91%，2005年之后牧业增加值比重在波动中逐渐下降，2014年为19.40%；林业增加值占农林牧渔业增加值比重在2003年最高，为3.04%，2004~2009年（2006年除外，为1.74%）维持在2.01%至2.28%之间，2010~2014年在1.12%至1.30%之间波动；渔业增加值占农林牧渔业增加值比重在 2003～2008 年（2006 年除外，为 0.16%）维持在 0.22% 至 0.29% 之间，呈下降趋势，2009～2014 年维持在 0.13% 至 0.16% 之间，基本保持稳定（见图 2）。

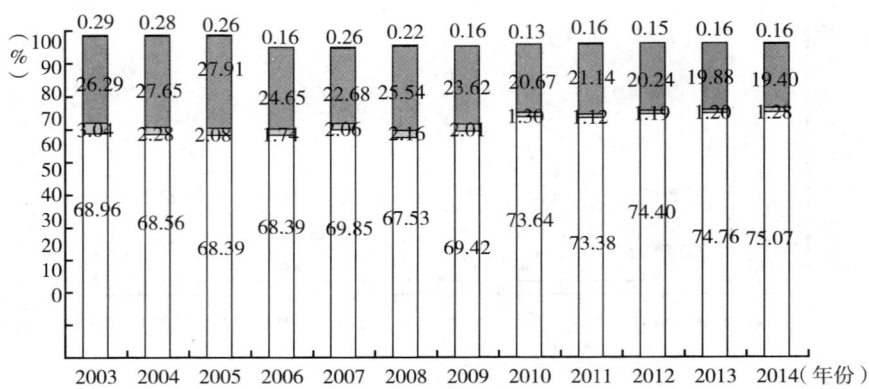

图 2　2003～2014 年甘肃省农林牧渔业增加值比重变化情况

资料来源：国家统计局网站。

2003～2014 年甘肃省农林牧渔业增加值占地区生产总值的比重在小幅波动中逐渐从 17.00% 下降到 13.74%；2003～2014 年甘肃省农产品加工企业主营业务年收入逐年增长，除 2008 年和 2014 年外增长率均为两位数，其中 2006 年最高，达到 31.09%，2007 年、2009 年分别为 26.19% 和 20.87%，但增长率总体呈下降趋势；2006 年、2007 年、2010 年农业多样化指数分别为 28.97%、28.52% 和 29.92%，其余年份均保持在 30% 以上，呈缓慢上升趋势；2009 年农林牧渔业从业人员占乡村从业人员的比重上升了 0.23 个百分点，除此之外，2003～2014 年农林牧渔业从业人员占乡村从业人员的比重逐年下降，从 72.42% 下降到 59.90%（见图 3）。

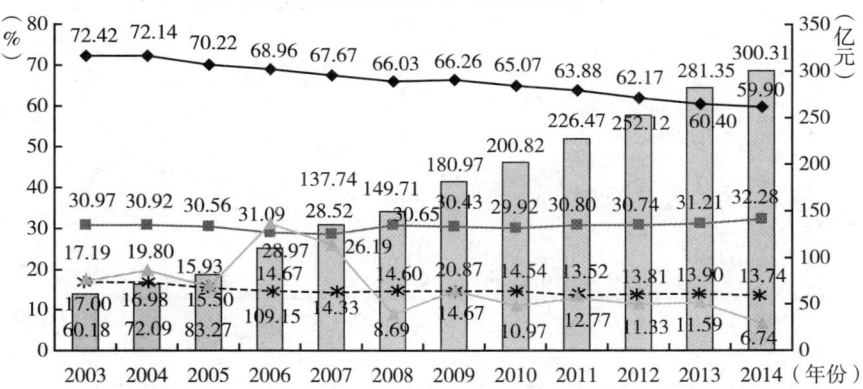

图3 2003~2014年甘肃省农业结构竞争力指标变化情况

资料来源：国家统计局网站。

（三）规模竞争力

2003~2014年甘肃省农林牧渔业总产值占全国农林牧渔业总产值的比重在小幅波动中从1.35%上升到1.58%，最大降幅0.06个百分点，最大升幅0.07个百分点；2003~2014年甘肃省农业总产值占全国农业总产值的比重在小幅波动中从1.85%上升到2.15%，最大降幅0.03个百分点，最大升幅0.08个百分点；甘肃省林业总产值占全国林业总产值的比重在2003~2006年和2010~2011年呈下降趋势，2007~2009年和2012~2014年呈缓慢回升趋势，总体呈下降趋势，从2003年的1.60%下降到2014年的0.60%，下降了1个百分点；2003~2014年甘肃省牧业总产值占全国牧业总产值的比重在小幅波动中从0.98%下降到0.93%，最大降幅0.12个百分点，最大升幅0.06个百分点，总体略呈下降趋势；甘肃省渔业总产值占全国渔业总产值的比重2003~2005年保持在0.03%，2006~2014年保持在0.02%，总体略呈下降趋势（见图4）。

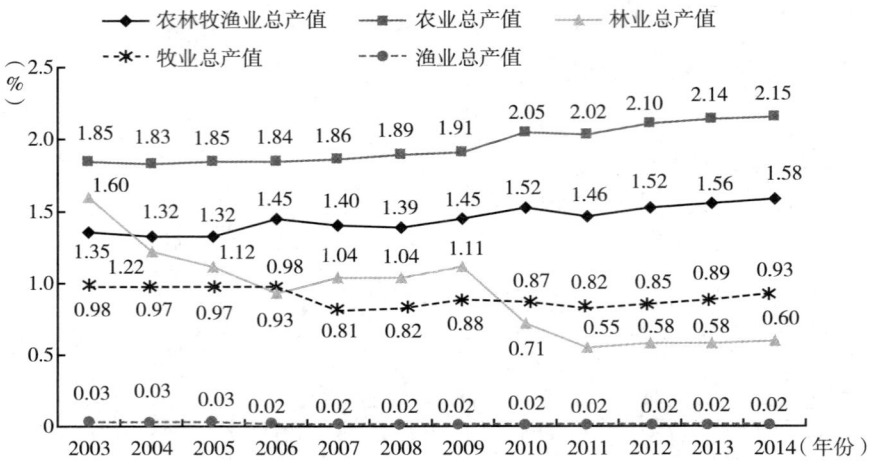

图4 2003~2014年甘肃省农业生产总值占全国农业生产总值比重变化情况

资料来源：国家统计局网站。

2003~2014年甘肃省农林牧渔业总产值逐年增长，2005年、2009年和2014年增长率分别为9.26%、8.44%和6.66%，其他年份均保持两位数增长，其中2010年增速最高，为20.62%，2003~2012年增长率只有2005年、2009年和2011年下滑，第二年均回升，2013年和2014年连续下滑，2014年增长率下滑到最低点6.66%；2003~2014年甘肃省农业总产值逐年增长，2003~2010年增长率在波动中上升，从7.21%上升到29.00%，2011~2014年增长率在波动中下降，从11.99%下滑到6.38%；2003~2014年甘肃省牧业总产值除2006年外均在逐年增长，其中2003年、2005年、2009年、2010年、2013年、2014年均为个位数增长，2004年、2007年、2008年、2011年、2012年为两位数增长，2008年最高，为28.28%，2006年最低，为-8.38%（见图5）。甘肃省农林牧渔业总产值增长率变化趋势与农业总产值增长率变化趋势基本相同。

（四）效益竞争力

2006年、2007年和2009年甘肃省粮食单位面积产量均为负增长，增长率

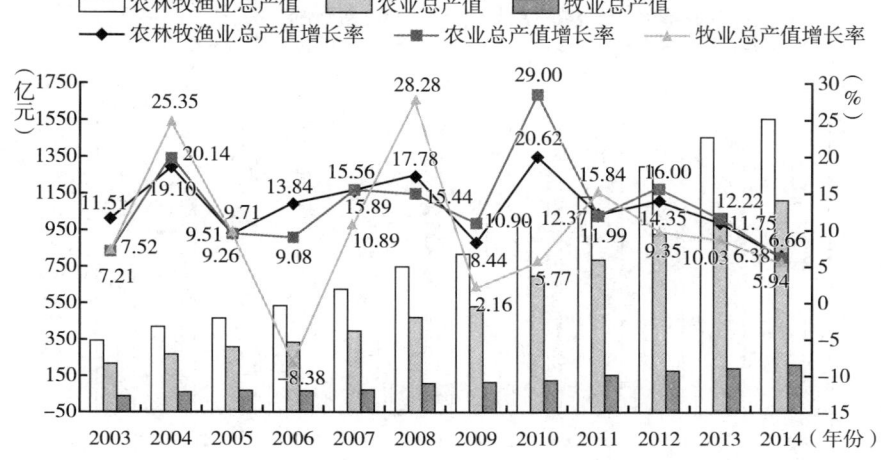

图 5　2003～2014 年甘肃省农业生产总值及增长率变化情况

资料来源：国家统计局网站。

分别为 -3.88%、-1.37% 和 -0.13%，其余 9 年均为正增长，其中 2012 年最高，为 9.15%，2003～2014 年单位面积粮食产量呈增长态势，单产增长率总体呈下降趋势；2003 年、2005 年、2006 年、2007 年甘肃省蔬菜单位面积产量均为负增长，增长率分别为 -14.71%、-1.46%、-6.31% 和 -1.31%，2004 年、2008～2014 年均为正增长，其中 2008 年最高，为 12.63%，2003～2014 年单位面积蔬菜产量和单产增长率总体均呈上升趋势；2003 年、2004 年和 2007 年甘肃省园林水果单位面积产量均为负增长，增长率分别为 -2.31%、-7.36% 和 -0.01%，其余 9 年均为正增长，其中 2005 年最高，为 17.91%，2003～2014 年单位面积园林水果产量和单产增长率总体均呈上升趋势（见图6）。2010～2014 年甘肃省粮食、蔬菜和园林水果单位面积产量均为正增长，其中蔬菜和园林水果单产增长率呈上升态势，粮食单产增长率波动较大。

2003 年和 2006 年甘肃省单位劳动力生产粮食产量为负增长，增长率为 -3.46% 和 -2.67%，其余 10 年均为正增长，增长率在波动中上升到最高点，即 2012 年的 11.48%，2013 年和 2014 年连续下降，2003～2014 年单位劳动力生产粮食产量和单产增长率总体均呈上升趋势；单位劳动力生产园林水果产

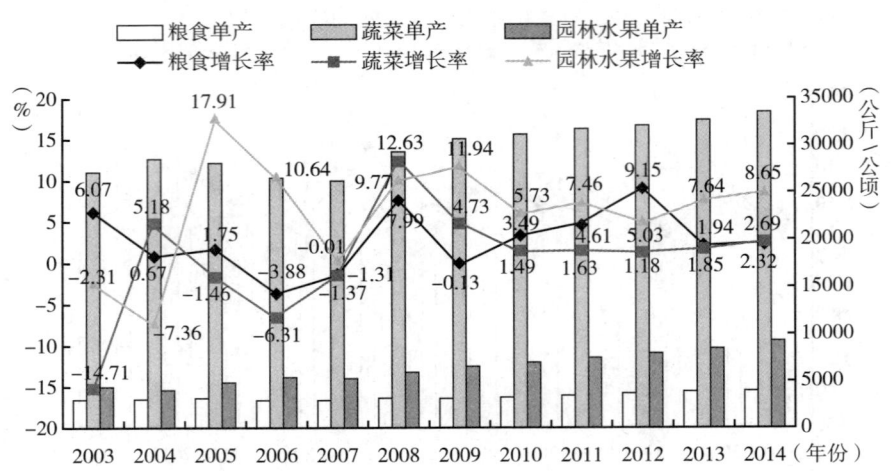

图6 2003～2014年甘肃省粮食、蔬菜、园林水果单位面积产量及增长率变化情况

资料来源：国家统计局网站。

量2004年为负增长，增长率为-2.47%，2005年和2006年持续快速增长，最高点为2006年的19.50%，2007～2014年均为正增长，增长率在波动中下降到2014年的4.78%，2004～2014年单位劳动力生产园林水果产量和单产增长率总体均呈上升趋势；2006年单位劳动力生产蔬菜产量为负增长，增长率为-2.27%，其余10年均为正增长，增长率2008年最高，为21.29%，2009～2014年增长率波动中呈下降趋势，2004～2014年单位劳动力生产蔬菜产量呈上升趋势，单产增长率总体保持稳定（见图7）。

甘肃省农业增加值与中间消耗的比值从2003年的1.50经历了两次小幅下降与回升，2014年保持在1.50；甘肃省林业增加值与中间消耗的比值从2003年的0.58在小幅波动中上升到2014年的0.89；甘肃省牧业增加值与中间消耗的比值从2003年的2.05在小幅波动中上升到2014年的2.11，其中2008年的比值最高，为2.35；甘肃省渔业增加值与中间消耗的比值从2003年的3.02经过2004年和2005年上升到4.06，2006年和2007年快速下降，到2007年为0.84，2008～2014年在波动中上升到2.31，其中2009年的比值最高，为2.58（见图8）。

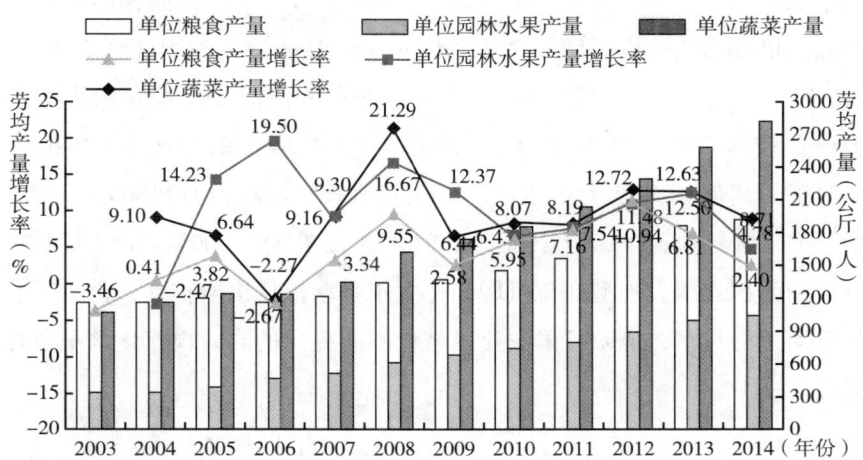

图7 2003~2014年甘肃省单位劳动力生产粮食、蔬菜、园林水果产量及增长率变化

资料来源：国家统计局网站。

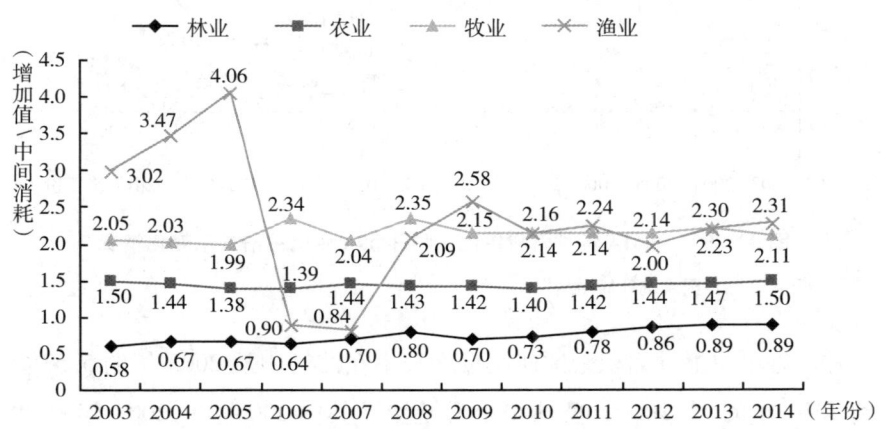

图8 2003~2014年甘肃省农林牧渔业增加值与中间消耗比值变化情况

（五）现代化竞争力

2003~2014年甘肃省单位播种面积农业机械总动持续增长，增长率在

波动中从 2003 年的 6.76% 下降到 2014 年的 4.22%；单位播种面积农用大中型拖拉机数增长较快，增长率从 2003 年的 11.66% 波动增长到 2009 年的 49.26%，之后波动下降到 2014 年的 9.56%；单位播种面积农用小型拖拉机数增长较缓，2004 年和 2008 年出现负增长，增长率分别为 -0.02% 和 -0.09%，其余 10 年均为正增长，2012 年增长率最高，为 11.64%，之后 2 年增长率下降较快，2014 年下降到 2.91%（见图 9）。2003~2014 年甘肃省单位播种面积农用大中型拖拉机增长率大于小型拖拉机增长率，也大于农业机械总动力增长率，说明甘肃农业机械化不断提高的同时规模化水平也在不断提高。

图 9　2003~2014 年甘肃省单位播种面积农业机械增长率变化情况

资料来源：国家统计局网站。

甘肃省单位播种面积柴油使用量增长率在波动中从 2003 年的 5.53% 上升到 2014 年的 11.10%，整体呈上升趋势，其中 2005 年、2007 年和 2011 年为负增长，增长率分别为 -6.18%、-2.24% 和 -0.51%，其余 9 年均为正增长，2006 年和 2012 年单位播种面积柴油使用量增长率分别为 16.30% 和 11.74%，说明只有 2005 年、2007 年和 2011 年 3 年农业机械的使用率均低于上年，其余年份农业机械的使用率均高于上年；甘肃省单位播种面积用电量增长率在波动中从 2003 年的 10.26% 下降到 2014 年的 0.78%，虽然增长率呈下降趋势，但均为正增长，说明甘肃省单位播种面积机电使用率还是在逐年提高（见图10）。

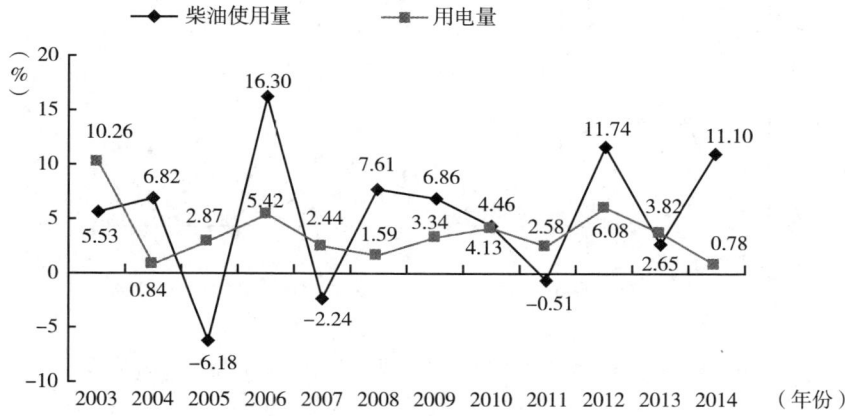

图 10　2003～2014 年甘肃省单位播种面积农业机械使用柴油和电力增长率变化情况

资料来源：国家统计局网站。

甘肃省单位播种面积农用化肥施用量增长率在波动中从 2003 年的 1.03% 缓慢提升到 2014 年的 2.03%，其中 2008 和 2011 年为负增长，增长率分别为 -1.34% 和 -0.17%，其余 10 年为正增长，2012 年增长率最高，为 5.47%；甘肃省单位播种面积农用塑料薄膜使用量增长率在波动中从 2003 年的 -2.00% 缓慢提升到 2014 年的 5.21%，其中 2003～2005 年为负增长，增长率分别为 -2.00%、-1.55 和 -0.05%，2006～2014 年为正增长，2010 年增长率最高，为 23.84%；甘肃省单位播种面积农药施用量增长率在 2003 年和 2014 年均为负增长，增长率分别为 -3.75% 和 -0.99%，2004～2013 年均为正增长，但波动较大，有 3 个波峰，分别是 2004 年、2007 年、2011 年，增长率分别为 26.67%、58.33% 和 49.63%，有 3 个波谷，分别是 2006 年、2008 年、2013 年，增长率分别为 6.25%、0.47% 和 4.14%，2003～2014 年甘肃省单位播种面积农药使用量增长率整体呈上升趋势（见图 11）。

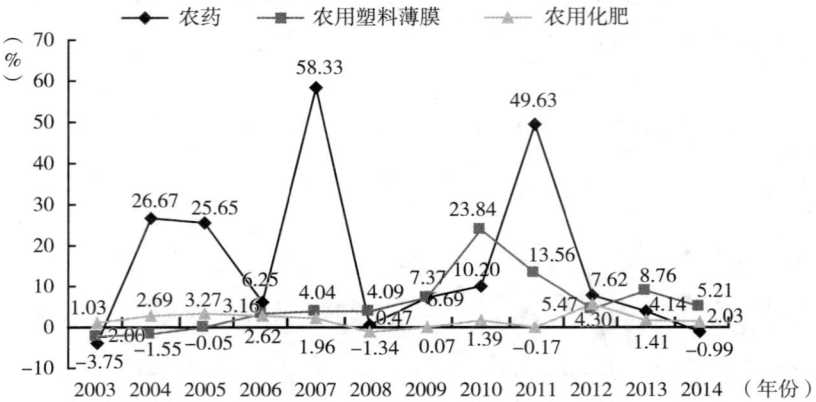

图11 2003~2014年甘肃省单位播种面积农用化肥施用量、农用塑料薄膜和农药使用量增长率变化

资料来源：国家统计局网站。

1995~2004年甘肃省单位播种面积农药使用量低于全国平均水平的一半，但从2004年开始甘肃省单位播种面积农药使用量明显增加，到2010年甘肃省单位播种面积农药使用量超过全国平均水平，2011年快速增长达到16.7公斤/公顷，是全国平均水平的1.52倍，经过2012年和2013年的连续增长达到最高点18.7公斤/公顷，是全国平均水平的1.72倍，2014年甘肃省单位播种面积农药使用量开始下降，每公顷下降0.2公斤，是全国平均水平的1.70倍；1995~2014年甘肃省单位播种面积农用塑料薄膜使用量均高于全国平均水平，1996~2002年甘肃省单位播种面积农用塑料薄膜使用量增长较快，2002年农用塑料薄膜使用量为21.8公斤/公顷，是全国平均水平的2.20倍，2003~2005年甘肃省单位播种面积农用塑料薄膜使用量呈下降趋势，2005年农用塑料薄膜使用量为21.0公斤/公顷，是全国平均水平的1.86倍，2006~2014年甘肃省单位播种面积农用塑料薄膜使用量持续增长，2014年农用塑料薄膜使用量为42.0公斤/公顷，是全国平均水平的2.69倍（见图12）。

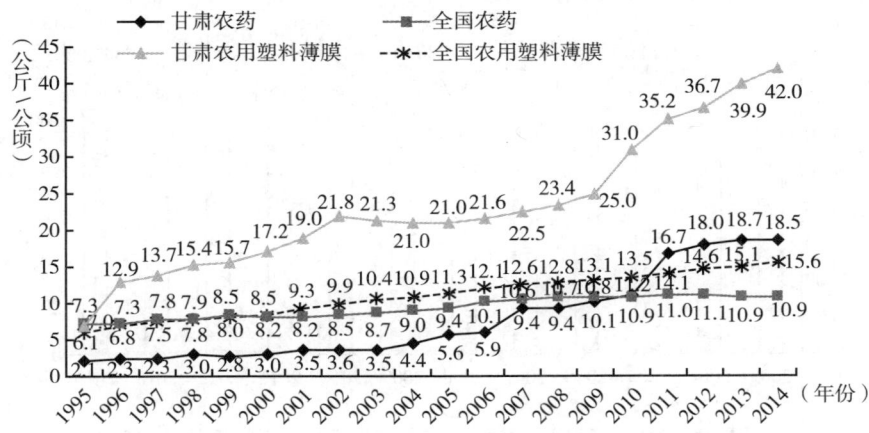

图12 1995～2014年甘肃省单位播种面积农用塑料薄膜和
农药使用量与全国比较

资料来源：国家统计局网站。

（六）成长竞争力

2003～2014年甘肃省水库总库容量稳中有升，从2003年的86.97亿立方米上升到2014年的105.00亿立方米；2003～2013年甘肃省除涝面积稳定在12.48千公顷左右，2014年下降到11.14千公顷；甘肃省水土流失治理面积2003～2007年从7241.16千公顷上升到7914.33千公顷，2008年下降到7683.78千公顷，2009～2012年持续上升到最高点8244.68千公顷，2013年下降到7388.78千公顷，2014年上升到7567.08千公顷，2003～2014年甘肃省水土流失治理面积呈上升趋势（见图13）。

2003～2014年甘肃省农林牧渔业全社会固定资产投资在不断增加，增长率从2003年的17.79%波动上升到2014年的20.78%，其中2009年的增长率最高，为37.96%，但农林牧渔业全社会固定资产投资比重波动中略有下降，从2003年的6.55%下降到2014年的5.46%，下降了1.09个百分点；2007～2014年甘肃省地方财政农林水事务支出增长率在2009年达到最高点48.08%，之后在波动中下降，2014年下降到5.65%，但地方财政农林水事务支出比重

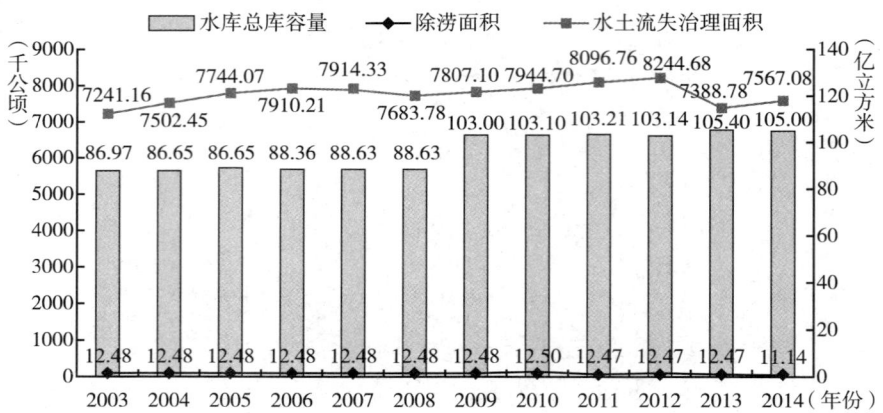

图 13　2003~2014 年甘肃省农业成长竞争力指标变化情况

资料来源：国家统计局网站。

在波动中上升，从 2007 年的 12.55% 上升到 2014 年的 14.41%；2003~2014 年甘肃省农林牧渔业增加值增长率在波动中下降，2005 年、2006 年、2009 年和 2004 年为个位数增长，其余 8 年均为两位数增长，从 2003 年的 10.39% 下降到 2014 年的 6.74%（见图 14）。

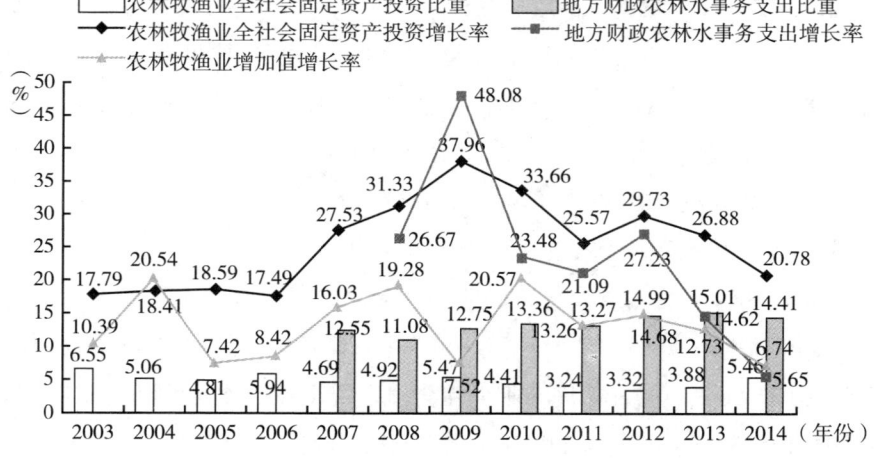

图 14　2003~2014 年甘肃省农业成长竞争力指标变化情况

资料来源：国家统计局网站。

三 甘肃省农业竞争力综合分析

(一) 基础竞争力

横向分析发现甘肃农业基础竞争力在全国和西部地区均处于较低水平，突出体现在有效灌溉面积比重、森林覆盖率和 15 岁及以上人口文盲率 3 个指标中。2003~2014 年的纵向数据反映出甘肃省有效灌溉面积占耕地面积的比重和森林覆盖率正处于上升阶段，15 岁及以上人口文盲率正处于下降阶段。有效灌溉面积占耕地面积的比重和森林覆盖率处于低水平与甘肃特殊的气候有一定的关联，甘肃地处内陆，属大陆性很强的温带季风气候，大部分地区气候干燥，年降水量地区分布极不均匀，从西北部向东南部递增，全省各地年降水量为 36.6~734.9 毫米，季节分配不均，冬春季少、夏秋季多；全省河川径流年内分配不均，汛期 (5~9月) 水量集中，冬春季水量小。"引大入秦"工程和"引洮工程"等引水工程的不断实施部分缓解了降雨少且地区和季节分布不均的困境，使甘肃省有效灌溉面积占耕地面积的比重和森林覆盖率处于上升阶段。随着义务教育和农民职业教育的推进，15 岁及以上人口文盲率将继续下降。

横向分析中处于较高水平的是耕地面积比重和人均耕地面积。2003~2014 年的纵向数据表明耕地面积比重处于稳定水平，说明在大力推进城镇化的背景下甘肃省对基本农田的保护是有成效的。横向分析中处于中等水平的是农村居民家庭拥有农业生产性固定资产原值和农作物受灾成灾率。2003~2012 年农村居民家庭拥有生产性固定资产原值逐年增长，特别是 2011 年增长率达到 94.61%，2012 年继续保持了 3.71% 的正增长。2003~2014 年自然灾害成灾率总体呈下降趋势。总之，虽然甘肃省农业基础竞争力目前处于低水平阶段，但从 2003~2014 年的纵向发展趋势来看，处于高、中、低三个层次的各项指标均处于不断增强的发展阶段。

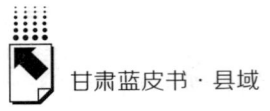

（二）结构竞争力

横向分析认为从全国视角看甘肃省农业结构竞争力除农业多样化处于中游外其余各项指标均处于下游，结构竞争力较弱；与西部12省（区、市）相比较甘肃省农业结构竞争力指标中只有农林牧渔业增加值占地区生产总值的比重和农林牧渔业从业人员占乡村从业人员比重2项指标处于中游，其余都处于下游，竞争力仍然较弱。纵向分析认为农业多样化指数呈缓慢上升趋势，农林牧渔业从业人员占乡村从业人员比重逐年下降，农林牧渔业增加值占地区生产总值的比重逐年下降。3项处于中游的指标发展趋势均向好。处于下游的指标中农产品加工企业主营业务年收入逐年增长，但增长率呈下降趋势，农业增加值占农林牧渔业增加值比重呈上升趋势，牧业、林业、渔业增加值占农林牧渔业增加值的比重均呈下降趋势。目前甘肃省农业结构竞争力较弱，从2003~2014年纵向数据发展趋势看，农业在国民经济中比重过大的现状短期内无法改变，尽管甘肃省正在大力推进草食畜牧业的发展，但农业（种植业）一家独大的态势还将继续存在并不断扩大。因此，甘肃省农业结构竞争力在西部地区乃至全国较弱的状态还将持续。

（三）规模竞争力

横向分析认为甘肃省农业规模竞争力在全国范围内处于下游，在西部处于中下游水平。纵向分析认为虽然2003~2014年甘肃省农林牧渔业总产值、农业总产值和牧业总产值的增长率均呈下滑态势，但农林牧渔业总产值和农业总产值占全国总产值的比重均呈上升态势，牧业总产值占全国牧业总产值的比重在小幅（下降了5.10%）下降。"十二五"期间甘肃省农林牧渔业总产值、农业总产值和牧业总产值纵向年增长率在波动中下滑，但总量横向占全国的比重却均在稳定的升高，说明在经济发展新常态下，甘肃省农业发展下滑态势较缓，规模竞争力逐渐在提升。

（四）效益竞争力

横向分析显示在14项农业效益竞争力指标中，在全国范围内甘肃省农业效益指标有2项处于上游，中游和下游各6项，整体效益竞争力较弱，处于中下游水平；在西部12省（区、市）中，甘肃省农业效益竞争力指标同样有2项处于上游，中游和下游各6项，处于中下游水平。纵向分析显示处于上游的牧业增加值与中间消耗的比值呈稳中略升态势，渔业增加值与中间消耗的比值趋于稳定；处于中下游的指标中，农业增加值与中间消耗的比值保持稳定，林业增加值与中间消耗的比值呈上升趋势，2003~2009年单位面积粮食、蔬菜和园林水果产量增长率波动较大，单位面积产量有增有减，2010~2014年甘肃省粮食、蔬菜和园林水果单位面积产量连续增长，其中蔬菜和园林水果单产增长率呈上升态势，粮食单产增长率波动较大，2003~2006年劳均粮食、蔬菜和水果产量波动较大，单位面积产量有增有减，2007~2014年甘肃省劳均粮食、蔬菜和水果产量持续增长，但近两年增长率均处于下滑趋势。说明目前甘肃省农业效益竞争力整体较弱，从发展趋势看大部分指标均处于增长态势，但增长率上升趋缓。

（五）现代化竞争力

横向分析认为目前甘肃省农业现代化竞争力中单位面积农业机械拥有量位于前列，但农业机械的使用率较低；单位播种面积农用化肥施用量具有较强的竞争力，但单位播种面积农用塑料薄膜和农药使用量偏高。整体而言，甘肃省农业现代化在西部和全国范围内都具有较强的竞争力。

纵向分析认为2003~2014年甘肃省单位播种面积农业机械总动力持续增长，增长率略有下滑，从不同类型的机械来看，农用大中型拖拉机增长率一直大于农业机械总动力增长率，农用小型拖拉机增长率基本低于农业机械总动力，个别年份还有负增长。单位播种面积柴油使用量增长率呈上升趋势，电力使用量不断增加，农用机电的使用率逐年提高，机械化电气化水平逐渐提高。说明甘肃农业机械化正在稳定提升的同时规模化水平也在不断提升。2003~2014年甘肃省单位播种面积农用化肥施用量增长率保持了低速增长，12年提升了1个百分点，其中还有2年是负增长，这对于甘肃农业长期保持农业现代化竞争力中低化学化的全国领先水平具有重要意义。

1995~2004年甘肃省单位播种面积农药使用量低于全国平均水平的一半，但从2004年开始甘肃省单位播种面积农药使用量明显增加。2003年甘肃省开始实施旱作农业，其中一项重要的技术是全膜双垄沟播技术①，该技术包含土壤消毒②、种子处理③和一膜两年用技术④。全膜覆盖能保墒蓄墒、保水保肥、增加地表温度，地表全部覆盖使得后期出现的土壤病虫害及杂草等问题无法得到实时处理，只能在播种时对各种可能出现的土壤病虫害及杂草等问题通过土壤消毒和种子处理来做预处理，再加上一膜两年用技术使得土壤消毒更显重要，而全面预防性使用农药的量比以前出现问题后对症下药使用农药的量要大，该技术的推广使甘肃省单位播种面积农药使用量明显增加。但这些农药都是在播种时使用，主要作物有玉米、马铃薯、冬小麦、油料、谷子等，因此，不存在收获的农产品中有农药残留的问题。另外，随着全膜双垄沟播技术推广的深入，从2012年开始甘肃省单位播种面积农药使用量增长率连续下降，2014年已经出现了负增长。1995~2014年甘肃省单位播种面积农用塑料薄膜使用量均高于全国平均水平，但增长率从2011年逐渐下降。虽然旱作农业技术的推广使甘肃省农业化学化部分指标偏高，但其有力地推进了甘肃省农业的发展，提升了甘肃省农业现代化竞争力。总

---

① 全膜双垄沟播技术是甘肃农技部门经过多年研究、推广的一项新型抗旱耕作技术，该技术集覆盖抑蒸、垄沟集雨、垄沟种植技术为一体，实现了保墒蓄墒、就地入渗、雨水富集叠加、保水保肥、增加地表温度，提高了肥水利用率。

② 土壤消毒：地下害虫危害严重的地块，起垄后每亩用40%辛硫磷乳油0.5公斤加细沙土30公斤，拌成毒土撒施，或兑水50公斤喷施；杂草危害严重的地块，起垄后用50%乙草胺乳油100克兑水50公斤全地面喷施，喷完一垄后及时覆膜。

③ 种子处理原则上要求使用包衣种子，对于少数未经包衣或包衣药剂针对性差的种子，播前必须进行药剂拌种。防治地下害虫，用50%辛硫磷乳油按种子重量的0.1%~0.2%拌种。防治瘤黑粉病等病害，用20%粉锈宁乳剂或70%甲基托布津乳油150~200克加水1.5~2.5公斤，拌种50公斤。

④ 全膜双垄沟播一膜两年用技术就是在全膜双垄沟播玉米收获后，不再揭膜和耕翻土地，来年春季在原地膜上播种下茬作物的栽培技术。

之，目前甘肃省农业具有较强的现代化竞争力，各项现代化竞争力指标都保持着较好的发展势头。

（六）成长竞争力

横向分析认为目前甘肃省农业成长竞争力大部分指标排名靠前，在西部和全国范围内都较强。纵向分析认为2003~2014年甘肃省水库总库容量稳中有升；除涝面积基本稳定；水土流失治理面积呈上升趋势；农林牧渔业全社会固定资产投资逐年增加，增长率呈上升趋势；农林牧渔业增加值逐年增长，增长率呈下滑态势；2007~2014年甘肃省地方财政农林水事务支出逐年增长，比重逐渐上升，增长率呈下滑态势。总之，目前甘肃省农业具有较强的成长竞争力，各项指标发展态势良好。

综上所述，甘肃省农业竞争力在基础竞争力、结构竞争力、规模竞争力和效益竞争力4个方面均较弱，只有在现代化竞争力和成长竞争力方面较强。从发展趋势看，结构竞争力将持续较弱的状态，基础竞争力、效益竞争力和规模竞争力在逐渐提升，现代化竞争力和成长竞争力保持着较好的发展势头。

四 对策建议

（一）强化现代竞争力优势，提升效益竞争力

加快农村土地承包经营权流转，创新土地流转方式，破除土地细碎化对使用大中型农业机械的制约，发展多层次的适度规模经营，培育家庭农场、专业大户、农民专业合作组织等新型农业经营主体，促进农业规模化生产和产业化经营；加快研发推广与特色产业相适应的高效灌溉、机械化生产、烘干等方面的先进适用农机具，发展多元化农机经营服务主体，提升现代农业发展的装备服务保障能力，提高大中型农业机械使用率，强化现代竞争力优势，解放更多劳动力，提升农业效益竞争力。

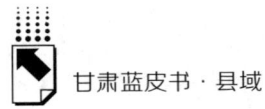

（二）完善农业投融资机制，保持成长竞争力增长势头

发挥地方财政农林水事务支出比重和农林牧渔业全社会固定资产投资增长率全国领先并呈上升态势的优势，整合财政资金，通过财政贴息、股权投资等方式撬动金融资本和社会资本投资农业。同时，完善政府宏观农业投入机制，规范政府农业投入行为，建立健全国家、集体、农户和社会各界相结合的多渠道农业投资体系。建立有效的农业支持保护体系，重点加强对农业基础设施建设和生态环境建设的投入，支持农业科技进步，对农民进行教育和培训，提高农业科技含量。

（三）稳步推进旱作农业与草食畜牧业的融合，提升结构竞争力

紧抓国家级旱作农业示范区建设机遇，推动旱作农业与草食畜牧业融合发展，提高农业生产与资源环境匹配度；推广草粮结合的牧草生产方式，积极推动玉米等秸秆饲料化，大力发展草食畜牧业，实现秸秆过腹还田，发展"秸秆—草食畜养殖—粪便—沼气—有机肥—果园（菜园）—无公害农产品生产"，促进资源循环利用，同时降低畜牧业的中间消耗，提高牧业增加值与中间消耗之比，提升牧业比重，改善农业结构，增强结构竞争力。

（四）挖掘特色资源，提升特色优势产业规模竞争力

在继续发展壮大马铃薯、优质林果、蔬菜、道地中药材、现代制种、酿酒原料等特色优势产业的同时从医疗、保健、特色食品、美容等视角不断挖掘筛选开发新的特色产业，如油橄榄、紫斑牡丹、小杂粮等。其中油橄榄开发程度较高，目前已开发出食用橄榄油、橄榄茶、橄榄酒、制药中间体、保健橄榄油软胶囊、橄榄油系列化妆品、洗涤用品7大类50多种产品[1]。从种类和数量两个方面提升特色优势产业的规模竞争力。

---

[1] 《陇南油橄榄产业发展报告》，甘肃农业信息网，http://www.gsny.gov.cn/cyhjy/gssnycyhfzbg/2014/09/19/1411095757578.html。

（五）加强农业基础设施建设，提升基础竞争力

完善农田水利基础设施，加强旱涝保收高标准农田建设，提高有效灌溉面积的比重，改造中低产田和盐碱地，同时加强基本农田保护，防止城镇化进程中出现占水补旱、占优补劣等以次充好严重扭曲占补平衡政策的现象，提升耕地质量与保证数量并重。加强灾害性天气预测预警能力建设，健全应急储备机制，建设适度的防洪和抗旱应急水源工程，提高应对自然灾害和重大突发事件能力。加强农民职业培训，提升农民学习和应用现代农业技术的能力，促进现代农业科技的普及推广，提高农业生产的现代化水平和综合效益。

参考文献

王建兵：《甘肃农业综合竞争力分析与对策选择》，《开发研究》2005 年第 5 期。
石海红：《甘肃省农业竞争力问题研究》，兰州大学硕士学位论文，2010。
王秋萍：《甘肃省农业竞争力问题研究》，兰州大学硕士学位论文，2008。
朱慧英：《甘肃省特色农业产业竞争力提升问题研究》，甘肃农业大学硕士学位论文，2011。
袁忠贤：《省域农业竞争力研究》，福建师范大学硕士学位论文，2010。
漆雁斌：《中国省域农业竞争力比较研究》，西南财经大学硕士学位论文，2007。
孙能利：《省域农业竞争力比较研究》，华中农业大学硕士学位论文，2012。
黄森慰、刘飞翔、苏时鹏：《省域农业竞争力评价》，《综合竞争力》2010 年第 1 期。

B.9
甘肃贫困地区农村居民自我发展能力研究

刘伯霞*

摘 要： 本研究在分析甘肃省贫困地区农村居民自我发展能力现状的基础上，总结了甘肃贫困地区农村居民自我发展能力培育和提升存在的主要问题及其原因，探讨了甘肃贫困地区农村居民自我发展能力的提升路径，提出了甘肃省贫困地区农村居民自我发展能力建设的内容、重点和一系列对策建议。

关键词： 贫困地区 农村居民 自我发展能力 提升

贫困的真正含义是贫困人口创造收入能力和机会的贫困，贫困意味着贫困人口缺少获取和享有发展的能力。甘肃贫困面广，贫困程度深，贫困人口自我发展能力差，创造收入能力和机会不足，收入增长缓慢。因此，要彻底改变这一落后状况，缩小与其他地区的差距，根本途径在于培育和提升贫困地区农村居民的自我发展能力，激发贫困人口的积极性和主动性。

一 甘肃省农村居民自我发展能力现状

（一）农业劳动生产效率低，对生产总值的拉动力弱

2014年，甘肃省第一、二、三产业的就业结构为58.02∶16.10∶25.88，产

---

* 刘伯霞，甘肃省社会科学院农村发展研究所研究员、硕士，研究方向为城市经济、农村经济。

值结构却为13.18∶42.80∶44.02。其中,41.98%的非农劳动力创造了86.82%的生产值,而58.02%的农村劳动力却只创造了13.18%的生产值,价值创造力很低。甘肃省第一、二、三产业每天分别创造财富24678万元、80177万元、82455万元。其中第一产业(农业)每天创造的财富最少,仅相当于第二产业创造财富的30.78%,仅相当于第三产业创造财富的29.93%。

2014年,甘肃全社会劳动生产率为45205元/人,第一、二、三产业的全社会劳动生产率分别为10157元/人、120366元/人、78700元/人。其中第一产业(农业)的全社会劳动生产率最低,仅相当于甘肃全社会平均劳动生产率的22.47%,相当于第二产业全社会劳动生产率的8.44%,相当于第三产业全社会劳动生产率的12.91%。

2014年,第一、二、三产业的贡献率分别为7.32%、50.66%、42.02%(见图1),其中第一产业(农业)的贡献率最低,分别低于第二、三产业43.34、34.70个百分点。

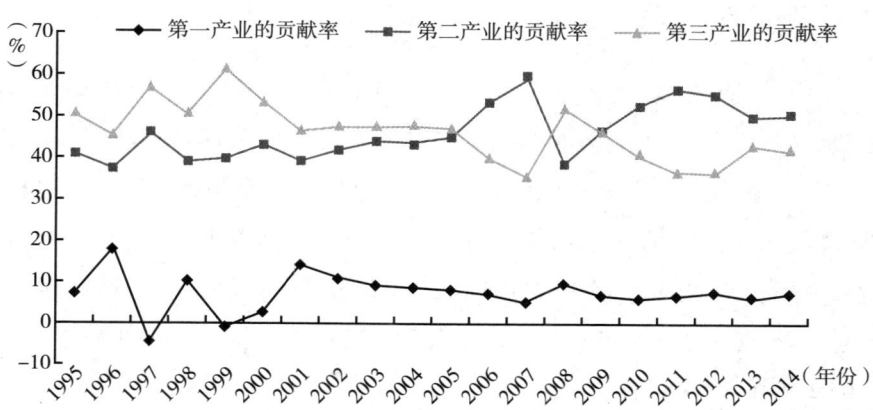

图1 1995~2014年甘肃省第一、二、三产业的贡献率

资料来源:1996~2015年《甘肃发展年鉴》。

2014年,第一、二、三产业对生产总值的拉动率分别为0.65%、4.50%、3.74%(见图2),其中第一产业(农业)对生产总值的拉动率最低,分别低于第二、三产业3.85、3.09个百分点。

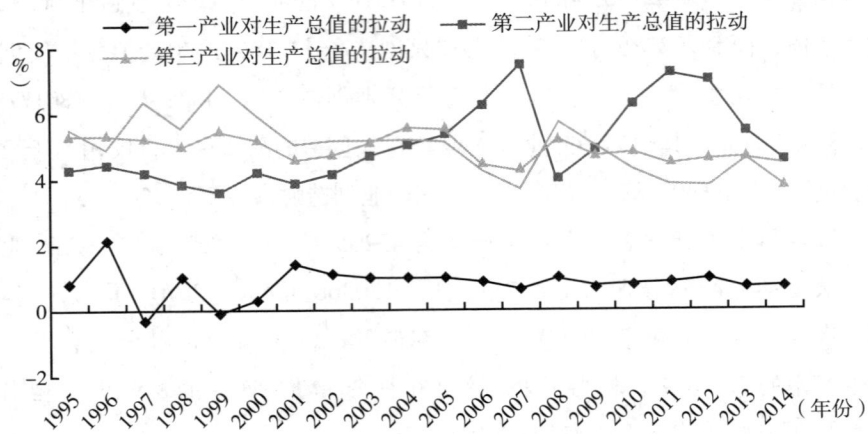

图 2　1995~2014 年甘肃省第一、二、三产业对生产总值的拉动率

资料来源：1996~2015 年《甘肃发展年鉴》。

（二）农村居民人均纯收入低，贫困人口比重高

2016 年 1~6 月，全国农村居民人均纯收入 4424 元，而甘肃农民人均纯收入仅为 3256.8 元，只相当于全国农民人均纯收入的 73.62%；从 2007 年到 2015 年，甘肃省农村居民人均纯收入连续 8 年全国倒数第一。再从城乡居民收入差距来看，2016 年 1~6 月，甘肃城镇居民人均可支配收入 12162.4 元（见图 3），农民人均纯收入 3256.8 元，仅相当于城镇居民人均可支配收入的 26.78%，城乡差距 3.73%，大于全国城乡差距（3.05%）0.68 个百分点。

甘肃农村居民人均纯收入低的表面原因是工资性收入、家庭经营纯收入和财产性纯收入不高。2014 年，甘肃省农民人均纯收入中工资性纯收入 1755.8 元、家庭经营纯收入 2761.6 元、财产性纯收入 112.3 元、转移性纯收入 1646.9 元（见图 4），分别占到甘肃省农民人均纯收入的 43.3%、42.8%、2.9%、11.0%；甘肃省农民人均纯收入中工资性纯收入、家庭经营纯收入、财产性纯收入和转移性纯收入分别仅相当于全国农民工资性纯收

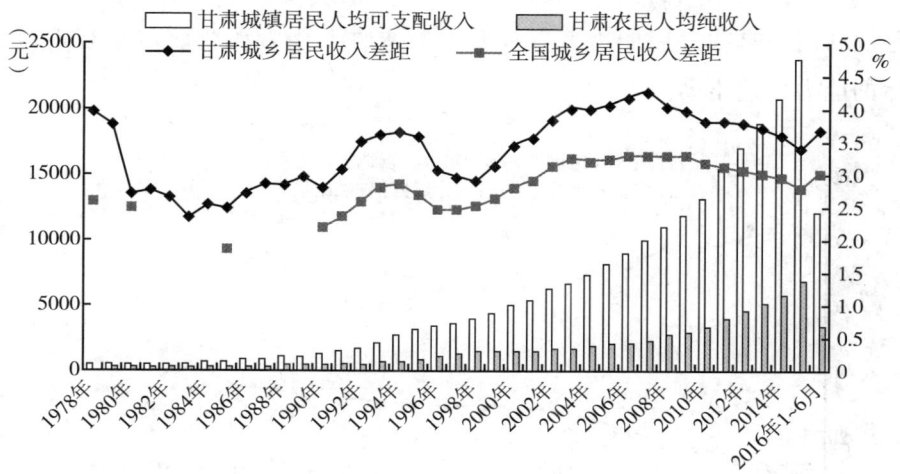

图 3　甘肃城乡居民收入对比及甘肃与全国城乡差距对比

资料来源：根据 2015 年《中国统计年鉴》、2015 年《甘肃发展年鉴》。

入、家庭经营纯收入、财产性纯收入和转移性纯收入的 42.29%、65.17%、50.56%、87.73%，分别排全国农民工资性纯收入、家庭经营纯收入、财产性纯收入、转移性纯收入的第 30 名、第 26 名、第 29 名、第 17 名。甘肃农民家庭经营纯收入及财产性纯收入和转移性纯收入对农民人均纯收入的贡献也不是很大（见图 5），而其中的深层次原因还是农村居民的自我发展能力不强。正如联合国开发计划署（UNDP）《人类发展报告》指出的那样，"收入的匮乏只是贫困的一部分，强调贫困不仅仅是缺少收入，更重要的是基本生存与发展能力的匮乏与不足"。

2015 年末，甘肃省常住人口 2599.55 万人，仅占全国总人口的 1.89%，而贫困人口（317 万）却占到全国贫困人口的 5.7%，贫困发生率 15%，是全国贫困发生率（7.2%）的 2.08 倍。甘肃 58 个贫困县（区、市），占到全国 9 省 213 个贫困县（区、市）的 27.23%，占甘肃省 86 个县（区、市）的 67.44%；其中，陇南 9 个县（区）、甘南 8 个县（市）、临夏 8 个县（市）、定西 7 个县（区）整体贫困，因此，"两州两市"为甘肃的贫困人口集中区。甘肃贫困人口比重高的主要原因还是农村居民自我发展能力普遍较差，创造收入能力和获取与享有正常生活的能力普遍不高。

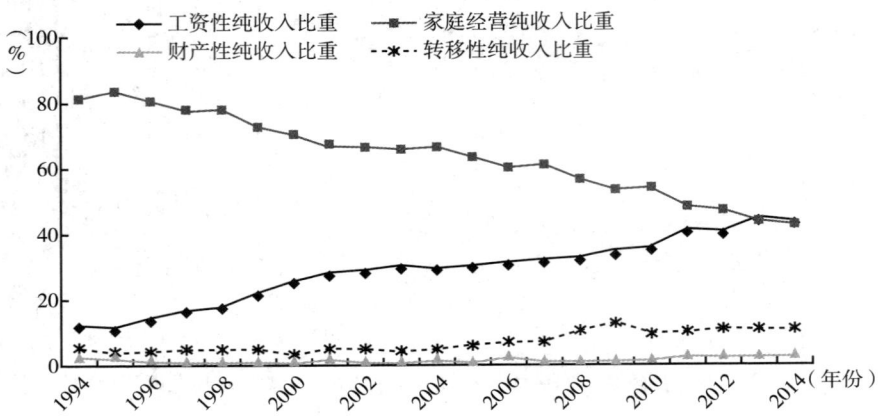

图4 1994~2014年甘肃农村居民收入结构变化

资料来源：1995~2015年《甘肃发展年鉴》。

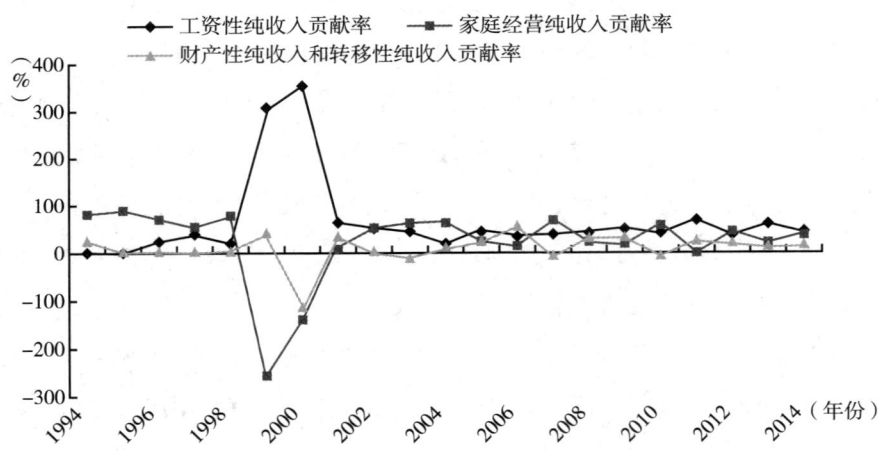

图5 1994~2014年甘肃农民收入结构变化

资料来源：根据1995~2015年《甘肃农村年鉴》整理计算。

二　甘肃省农村居民自我发展能力提升存在的问题

（一）甘肃贫困地区农村居民受教育水平低，制约了其自我发展能力的提升

2014年，甘肃农村劳动力1332.39万人，其中高中以上程度193.81万人，占农村劳动力总数的14.55%，初中程度422.15万人，占农村劳动力总数的31.68%，小学程度414.27万人，占农村劳动力总数的31.09%，文盲、半文盲93.75万人，占农村劳动力总数的7.04%，农村劳动力以初中和小学文化程度为主，高中以上文化程度的劳动力人数太少（见图6）。而且，2014年高中以上文化程度和初中文化程度的人数分别比上年减少14.27万人、5.01万人，小学文化程度和文盲、半文盲人数却分别比上年增加5.36万人、3.85万人。

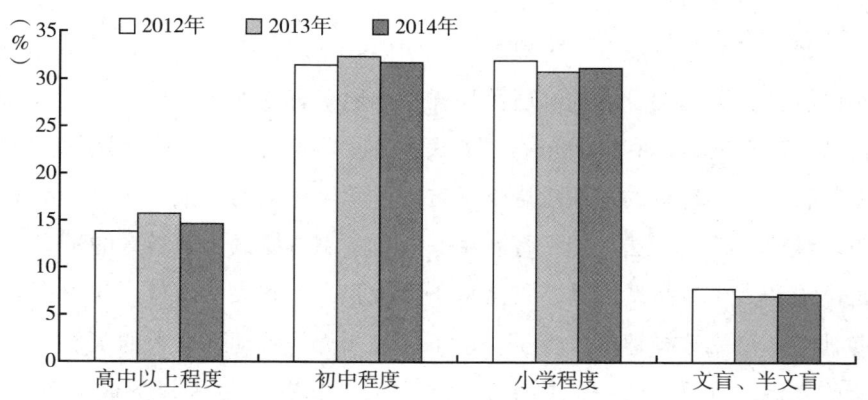

图6　2012~2014年甘肃农村劳动力受教育程度

资料来源：根据2013~2015年《甘肃农村年鉴》整理计算。

一方面，由于贫困地区农村居民受教育程度低，自身素质差，非农就业能力欠缺，就业机会减少，转移困难；即使已转移的农民，因为综合素质偏低，大多数人也只能从事文化需求较低的粗工、杂工，很难进入技术含量

高、收益好的就业领域，也就无法获得较高的劳动收入，这又最终影响到农村剩余劳动力的转移。另一方面，由于一些综合素质相对较高的青壮年农民都外出打工，留在农村的老、弱、妇、幼、残人口所占比例较大，从而使长期滞留于乡村的农民整体素质下降，他们在接受、理解、掌握及推广应用新的科学技术和新工艺方面有很大的局限性，要使这部分人综合素质有明显提高较为困难；同时，这些人中有近百万文盲、半文盲，还有414.27万人只有小学文化程度，他们学习和掌握现代农业知识、科学技术知识和管理知识的能力有限，生产经营能力差，致使农业产业结构单一，现代农业发展缓慢，农业产业化程度低，农业产出水平和经济效益较低，农产品的深加工面窄量小，家庭经营性纯收入就难以提高；而且，他们的当家理财能力更差，所以财产性纯收入也很低。

甘肃农村人口受教育程度低的原因是多方面的。一是农民观念落后、行为保守，轻视教育、对文化知识无所需求，导致贫困村整体受教育年限短，文盲、半文盲人口比重大。二是教育投入不足，学校校舍、师资、教育设备严重不足，村教学点撤并，山村孩子上学山高路远，天生就丧失了全面接受教育的机会，无法同发达地区居民那样平等地享有受教育的权利。三是当前学校教育培育的目标和方向与农村农民的实际需求不一致，大学生就业难、职业教育学用不对口的现状也影响了贫困村学生读书的积极性。四是贫困家庭人均纯收入低，无法负担教育费用，导致贫困群体缺少受教育的机会。尤其是高中和大学教育费用高，贫困村子女放弃高中和大学教育，初中毕业就走向社会，毫无选择地进入工厂从事工资收入低、劳动强度大的工作；但又由于收入低，其下一代只能接受低水平教育，这就在贫困村形成"低水平教育—贫困—低水平教育—再贫困"的恶性循环。

（二）政府财政投入严重不足，农村居民自我发展能力提升的硬环境不硬

从第一、二、三产业投入来看，2016年1~10月，甘肃第一、二、三产业分别投入497.51万元、3066.64万元、4008.76万元，其中第二、三产业的投资额分别是第一产业的 6.2 倍、8.1 倍，第一产业投资分别仅相当于第二、三产业的 16.22%、12.41%。因此，政府对农村和农业的投入过低，加之贫困地区地方财政入不敷出，经济发展的启动力严重不足，教育落后，基础设施差，生活生产条件差，卫生条件差，人口增长快，劳动力素质低下，农民的人力资本投入不足，导致农民文化素质偏低，严重地影响了其对先进农业技术的接受能力，科学技术转化为现实生产能力的效率不高，最终影响了贫困地区农村居民收入的增长。

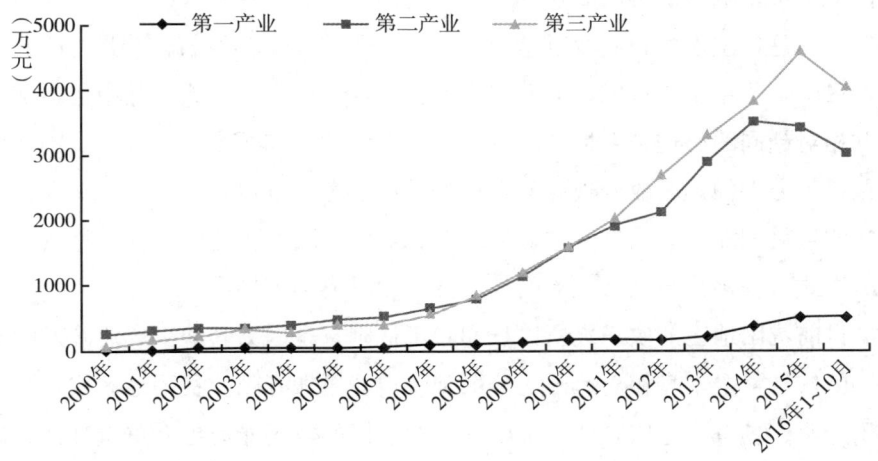

图 7　2000 年 ~ 2016 年 10 月甘肃三次产业投入对比

资料来源：根据 2009 ~ 2015 年《甘肃发展年鉴》及 2016 年相关新闻数据整理计算。

政府财政投入严重不足对农村居民自我发展能力的提升产生严重影响。一是基础设施投入严重不足，交通、医疗、文化等设施投入严重欠缺，对贫困地区农村居民素质的提高形成巨大障碍，群众普遍存在着看病难、行路难、饮水难等问题。二是教育投入不足，教育事业发展滞后，办学条件较差，教育质量不高。三是在改善贫困地区人口生产生活水平方面，存在着地方财力投入不足和投入效益不高的情况，扶持资金和力度仍不能满足当地发展需要，公共服务严重缺失，生产生活条件较差，尤其是文化、体育、卫生等民生设施建设投入与需求的矛盾突出。

（三）贫困农村社会服务欠缺，居民自我发展能力提升的软环境不优

贫困村的农业科技服务覆盖面小，农民无法获得全面的农技服务。一是农业科技推广资金不足，农业机械化程度低，农民对农业新科技认识欠缺，导致农业劳动生产率低，进一步影响了农民增收和能力提升。二是贫困农村科技文化事业不发达，农民文化素质和人口素质偏低，特别是科技文化素质的低下直接影响其从事的职业和劳动的附加值，影响其收入的增加和能力的提升。三是贫困农村科技文化宣传不力，未能及时有效破解贫困文化的制约。贫困文化主要指贫困人群所具有的一种独特的生活方式，其中包括贫困人群相对趋同的心理、习惯、思维方式、生活态度和行为方式等。贫困文化既包含了穷人们不愿改变现状的消极的心理状态，也包含了穷人们缺少改变现状的远见和能力。受贫困文化的影响，贫困人群逐步适应这样一种贫困的生活方式，并逐步与社会主流的生活方式相隔离和相排斥。

目前贫困地区的农户之所以长期趋于贫困，是因为其缺少农业开发的资金，因扶贫资金本身相对有限，分散到农户就更加有限。贫困地区农业属于弱质产业，具有一定风险性，金融部门对农民的偿还能力也有重重疑虑，规定了许多"门槛"，制约了贫困户的发展。本身作为贫困人口的农户获得投资所需的信贷资金就十分困难，而农村信用社在向农户放贷时还要进行理性选择，这就使那些缺乏发展能力的农户（信用社认为）失去信贷机会，更使得他们缺少了自我发展的条件，而那些有条件的农户则进一步得到信贷的支持。因此，缺乏获得较低成本的信贷环境成为贫困农户发展的外部约束力。

三 甘肃贫困地区农村居民自我发展能力建设与提升路径

美国著名经济学家舒尔茨指出："人类的未来并不全取决于空间、能

源和耕地,而是取决于人类智慧的开发。"由此可见,在贫困地区农村的扶贫开发过程中,应该采取"扶贫先扶'智',治穷先治'愚'"的方针。因为只有通过增强农村贫困人口的自我发展能力,提高贫困人口的自我脱贫意识和参与意识,贫困人口的基本生存状态才可能有一个比较好的改善。

(一)贫困地区农村居民自我发展能力建设重点

一是妇女自我发展能力建设。妇女素质的高低,直接影响子女健康与受教育机会,影响家庭人口的健康,影响人口数量。因此,贫困地区农村居民自我发展能力建设的首要问题就是妇女自我发展能力的提高。

二是成人文化素质和生存技能建设。成人文化素质和生存技能对贫困家庭的影响最大,直接影响青少年文化水平的提高。研究结果显示,农户收入状况与户主文化素质呈正相关,即户主文化水平高,家庭收入高。因此,要真正改变农村贫困现状,提高成人文化素质和生存技能十分关键。

三是贫困地区基层组织干部能力提升。基层组织作为农村发展的"领头羊",其功能发挥对农村贫困人口自我发展能力建设至关重要,基层组织干部能力的培养与提升对推动扶贫工作及贫困农村脱贫致富至关重要。要把贫困地区干部培训工作纳入各县干部教育培训规划,每年有针对性地选派一批贫困地区干部到高等院校、党校和发达地区培训锻炼,着力培养一支业务精、能力强、作风硬的基层干部队伍。

四是贫困地区乡土人才培养。通过设立乡土人才发展基金、成立乡土人才互助会等形式,建立和完善对乡土人才的扶助机制;积极争取金融部门的支持,使农业小额贷款向乡土人才倾斜。

五是残疾人教育培训。根据贫困地区残疾人分布状况和残疾人自身的情况,启动实施贫困地区残疾学生就学保障工程,成立免费学校,实施特殊教育,让残疾人接受正规教育,实现自食其力(无条件的应得到相应的救助),为社会发展和进步尽力。这既维护了其生存权、发展权和受教育的权利,也减轻了贫困家庭负担。

（二）甘肃贫困地区农村居民自我发展能力的提升路径

1. 加强教育培训，提高农民知识技能水平

一是要大力发展农村教育事业，加强人力资本投资，优先提升个人发展能力。教育是提高贫困人口素质、培养贫困人口能力的根本途径，也是阻止贫困代际传递的重要途径。贫困人口与非贫困人口最大的差别就是健康状况与教育状况的差别，一般来说人力资本含量越高的农民其自主发展的能力就越高，而教育投资水平是决定人力资本含量的关键因素。因此，要优先抓好贫困地区的基础教育，降低农村人口文盲、半文盲率，提升人口的文化素质。坚决执行适龄儿童完成九年义务教育，逐步普及高中教育，扫除青壮年文盲，防止今后出现新的文盲、半文盲劳动力。二是要发展贫困农村职业技术教育，提高成人文化素质和生存技能。社会生产的实践表明，劳动生产率的高低与劳动者文化程度的高低呈正相关关系。贫困农村职业技术教育发展，一方面应与农村发展项目相结合，与农村经济发展需求相结合，与农村人口素质相适应，提供适应农村社会发展需求的实用技术培训内容，培养适应现代农业发展的有文化、懂技术、会经营的新型职业农民和农村实用人才带头人。同时，推行农民技术资格认证制度，获得技术资格的农民可优先承包适度规模经营的集体产业。另一方面应依据劳动力市场需求，根据第二、三产业的技能要求，有目的地进行适岗定训。积极探索"培训+就业"模式，大力推广"订单式"培训，推动农村劳动力的转移就业由体力型向技能型转变，力争把接受培训的农村劳动力"送出去"。同时，启动技能人才教育培训工程，推行集中连片特困地区贫困县免费中等职业教育。三是要加大教育资源的倾斜力度。一方面，中央财政在安排财力性转移支付资金时，要将义务教育作为重要因素进行考虑，加大对贫困地区贫困学生的补助，确保学生不因贫困失学。另一方面，要从体制机制上形成有利于贫困地区教育发展的良好环境，给予在贫困地区工作的教师高于全省教师平均工资的报酬，稳定教师队伍，促进当地教育事业的发展。四是要继续推行科技特派员制度，加大涉农部门科技下乡力度，大力普及科学知识，强化农业科技培训，推广成功有效的技术，通过远程教育、绿证培训、阳光工程、普法宣传等多种方式，以行政村为单位开展地毯式科技培训，提高贫困人口的自主创新能力。

2. 加快基础设施建设，改善贫困地区生产生活条件

基础设施是贫困人口自我发展能力建设的基础，是生产生活的必要条件。基础设施改善是提升贫困人口自我发展能力的前提条件，无论是贫困人口自身素质的提升，还是与外界的通联、资源的获取等都离不开基础设施的改善。贫困人口自我发展能力的提升与其生产生活的基本条件息息相关，生产生活条件的改善是自我发展能力提升的基础，能够更好地为自我发展能力的提升服务。因此，必须加快基础设施建设，加大力度改善贫困人口的基本生产生活条件，为其能力提升奠定物质基础。一是加大交通扶贫力度，加强村庄与县城及周边城镇的综合运输通道建设，巩固通村公路成果，将水泥路延伸到村组、自然湾，解决好群众出行难的问题；二是加快实施中低产田（地）改造，推进小型水利工程建设，解决好农村饮水安全问题；三是加快农村能源建设，抓好农村电网改造，解决好不通电建制村、自然村的用电问题；四是加强村庄整体改造和环境治理，尤其是要解决农户的居住环境；五是加快农村通信网络建设，力争实现建制村基本通宽带、自然村和交通沿线通信信号基本覆盖，解决好贫困山区群众与外界联系沟通不畅的问题；六是进一步加强贫困地区的文化设施建设，满足贫困人口的发展意愿，塑造良好的文化环境，文化部门要为贫困地区安排一定的文化设施建设，以多种多样的形式改善群众文化生活，在贫困地区建设一批电视差转台，扩大电视收视率和有线广播覆盖范围，让贫困人口能够充分了解外面的世界。

3. 加大公共产品投入力度，提高贫困地区基本公共服务能力

注重贫困地区医疗卫生、文化、科技等基层服务网络体系建设，针对薄弱环节进一步推动卫生室、文化活动室及区域特色博物馆的建设，提高贫困地区基本公共服务水平；不断提高社会保障水平，进一步建立和完善新型农村合作医疗、新型农村养老保险、农村居民最低生活保障等社会保障制度，使其全面覆盖，特别是对那些不能进行移民搬迁的农民实施更加有效的生活

保障措施，使他们具有更大的生存权和更好的发展权，从根本上实现自我发展能力的提升。

4. 培育贫困农户的信贷资金获取能力，为农村发展提供充足的资金支持

农村发展最大的瓶颈是资金，因此，加快培养贫困农户获取信贷资金的能力是推动贫困农户自我发展能力提升的重要环节。一方面，要促进贫困农户能力的提高，加快培养其获取信贷资金的能力，建立政府担保、亲属担保和家庭固定财产（如拖拉机）担保的小额贷款机制，强化农户的信用约束。另一方面，要建立现代农村金融制度，强化对信贷部门支农投入的硬性约束，促使其放宽农村信贷条件，降低贫困农户贷款"门槛"，减少审批环节，扩大小额扶贫贴息贷款到户规模。鼓励金融机构创新符合贫困地区特色产业发展特点的、适合贫困地区特点的金融产品和服务方式，为农户脱贫致富提供资金支持，重点解决贫困农户发展的资金瓶颈。

5. 制定贫困群体人力资源投资政策

国家要针对贫困群体制定人力资源投资规划和法规，尤其要注重教育和人力资源开发。一是要通过法律政策主动引导和规范地方政府、相关部门及个人的行为。二是要明确各级政府对贫困地区人力资源开发的责任，将人力资源建设作为脱贫的首要任务。地方政府要注重生产性基础设施的开发和投入，保证贫困地区享有基础设施优先发展权，贫困群体享有人力资源优先开发权。三是要继续加大对贫困地区的投入力度，提高扶贫政策的针对性。既要为贫困群体自我发展能力的提升创造硬件环境，也要直接出台贫困群体自我发展能力提升的相关政策，优化扶贫开发的软环境。一方面，加大贫困群体扶持资金的投入力度，改善生产、卫生等方面的基础设施和提高贫困群体的素质能力，保证专项扶贫到户资金用于提高素质能力的部分不低于30%。另一方面，完善农村社区扶贫项目的决策和实施机制，完善扶贫工作的管理机制，提高政策的针对性和有效性。充分考虑贫困群体的实际需要和真实诉求，要让真正贫困的对象从政策中受益，防止扶贫项目扶富不扶贫或不分贫富平均扶持。

6. 发展特色优势产业，培育增收脱贫能力，培养维护自身经济利益的能力

树立把发展特色产业作为提升贫困人口自我发展能力有效载体的观念，充分利用各贫困地区自然条件和区位优势，着力发展符合当地资源状况、适应市场需求的特色优势产业，培育龙头企业，形成"龙头"建基地、基地带农户的经营格局。同时，要有重点、有步骤地引导当地贫困群众参与到特色产业的发展中，充分激发他们的创造性，逐渐推动贫困人口实现从"要我发展"到"我要发展"的转变，增强其自主意识，满足其自我价值实现的愿望，培育其增收脱贫的能力。要保证专项扶贫到户资金用于扶持产业发展的部分不低于50%，通过发展特色优势产业，既可以推动贫困地区的经济发展，又可以给贫困农民提供更多的就业机会，同时还使其获得维护自身经济利益的能力。

参考文献

陈琦，宋雯：《连片特困地区贫困人群自我发展能力研究》，华中科技大学出版社，2015。

韩斌：《西部贫困民族人口自我发展能力现状与提升路径》，中国乡村发现网（授权发布），2014年4月25日。

陈军民：《贫困地区农村自主发展能力研究》，《广西农业科学》2008年第3期。

梁廉华、覃荣初：《如何提升贫困村自我发展能力的几点思考》，广西扶贫信息网，2010年8月30日。

《提升贫困地区人口素质的研究——贵州省罗甸县新时期人口素质情况调研报告》。

天府智库：《浅论我国西部农村少数民族地区人口能力贫困问题——针对四川省峨边彝族自治县研究报告》，2010年1月9日。

杨科：《论农村贫困人口的自我发展能力》，《湖北社会科学》2009年第4期。

韩斌：《基于自我发展能力的云南扶贫开发之思考》，《西部社会》2013年第21期。

沈茂英：《试论农村贫困人口自我发展能力建设》，《安徽农业科学》2006年第10期。

B.10
精准扶贫背景下甘肃省农村产业融合发展研究

刘燕平*

摘　要： 农村产业融合发展是精准扶贫的命脉，是解决三农问题、促进农业现代化以及加快新型城镇化的基础和依托，是农业经济发展的创新。目前，甘肃农村产业融合正在探索中发展，取得了一定的成效，但是，农村劳动力素质低、土地流转机制滞后、龙头企业带动不足等问题制约着农村产业融合更快更好的发展。因此，甘肃省要致力于科技、教育、制度等多方面投入，从而大力推进农村产业的深度融合。

关键词： 精准扶贫　农村　产业融合

农村产业融合是近年来为解决三农问题、促进农村经济社会发展而做出的最新探索，是主动适应经济新常态的重要举措。2015年中央一号文件围绕加快农业现代化主题提出"推进农村一二三产业融合发展"的政策措施。2016年1月4日发布的《国务院办公厅关于推进农村一二三产业融合发展的指导意见》进一步从发展多类型农村产业融合方式、培育多元化农村产业融合主体、建立多形式利益联结机制、完善多渠道农村产业融合服务以及健全

---

* 刘燕平，甘肃省委党校经济学教研部副教授、经济学博士，主要从事区域经济和农村经济领域的研究。

农村产业融合推进机制4个方面提出了推动农村产业融合的具体思路。甘肃正处在精准扶贫的攻坚阶段，农村产业融合发展也就成为精准扶贫的助推器。

一 甘肃农村产业融合发展的现状及问题

现阶段，甘肃农村产业融合取得一定成效，从农村产业融合依托看，近几年，甘肃省通过农业结构调整、大力发展县域经济等措施，已建成了相对集中、规模较大的优势产业和产品基地：河西地区以优质专用小麦、玉米、籽种、啤酒原料、酿造葡萄、棉花、牧草等农产品发展为重点，中部地区以优质马铃薯、药材、百合、花卉等农产品发展为重点，陇东地区以小杂粮、黄豆、烤烟、蚕桑、苹果、杏、桃、黄花菜、白瓜子、干杂果等农产品发展为重点，陇南地区以优质花椒、核桃、油橄榄、茶桑、中药材等农产品发展为重点，甘南地区以优质豆科牧草、山羊、藏羊、牦牛、中药材等农产品发展为重点。中药材中，当归、党参、黄（红）芪、大黄、甘草五大药材出口量占全国的80%以上。从农村产业融合的纵深发展看，2015年，甘肃省产业化经营组织超过一万个，带动农户比例高达65%，农产品加工转化率为51.5%。但总体而言，甘肃农业生产仍以传统种植技术为主，粮食加工仍以初级加工为主，机械化水平偏低，生产经营方式仍以粗放式为主，一二三产业之间脱节现象严重，互通性不强，这些亟待解决的问题已成为制约甘肃农村产业融合进一步发展的突出因素。

（一）农村劳动力素质低下

农村劳动力数量和技能水平是推进农村产业融合的重要人力资本因素。从农村劳动力数量来看，2015年甘肃农村人口总数为1476.8万，占人口总数的56.81%，其中，农村劳动力资源总量为876.21万人；从2015年甘肃劳动力输转情况来看，尽管呈现出省外输转向省内输转过渡的趋势，但是向省外输转比例依然较高，2015年全省输转528.6万人次，其中向省内输转360.4万人次，占总输转人数的68.18%。从输转的劳动力来看，参加劳动力技能培训人数达到216.97万人次，其中引导性培训148.32万人次，技能性培训68.64万人次，占培训总数的31.64%，但是这一比例仍明显低于城镇水平。因此，农村劳动力的减少与技能水平的偏低在很大程度上抑制了我国农业规模化发展，在一定程度上阻碍了农村产业融合的进程。

（二）土地流转机制不健全

从甘肃农村土地规模化经营的具体方式来看，其主要包括农业大户（家庭农场）经营、合作经营（包括农机合作社、种植合作社等合作经营方式）集体经营以及企业经营等。从甘肃省农村土地流转情况来看，2015年甘肃土地确权登记在35个县整体推进，流转土地面积1136.3万亩，农业合作社达到5.65万家，入社农户120万户。尽管甘肃土地规模化经营逐渐呈现出多元化发展态势，但规模化经营主体仍以农业种植大户为主，对其他农户的带动作用相对较弱。

（三）农产品加工企业发展滞后

2014年，甘肃省各类农产品加工企业共有2534多家，农产品加工能力超过1400万吨。其中，淀粉加工能力近80万吨，具有一定规模的马铃薯加工企业60家，啤酒麦芽加工企业42家。从农产品的加工企业来看，农产品的生产种类主要还是初级农产品，并且农产品加工仍以初级加工为主，产业链条较短，高附加值产品所占比重较低。这在很大程度上与农产品自身的生产经营特性有密切的关系，并且也与农业系统内部的不协调发展有关，也就是农产品的加工规模与农产品的生产产量不匹配。

（四）新型农业经营组织发育迟缓

近几年来，甘肃的新型农业经营组织有一定程度的发展，但总体来看，还是数量少、规模小、生产经营方式单一，并且很大一部分新型农业经营组织还处在成长的初级阶段。尽管农民合作社数量逐年递增，但还是以种植合作社和农机合作社居多，生产经营方式主要是种养为主的生产服务型；而集种养、加工、储运、销售等环节于一体的综合服务型农业经营组织还相对较少。

(五)农产品加工业的规模化发展滞后

农产品加工业的规模化发展是农村产业融合的重要环节,从农产品加工业规模来看,2014年,全省从事特色农产品种植、加工、营销的农户达到235万户,增收总额60.11亿元,户均增收2557元,龙头企业带动基地农户增收总额达到39.48亿元。当前,农产品生产和加工能力不足、缺乏龙头企业的带动,尤其是大型特色农产品加工企业少之又少,中小型企业由于受资金、技术、人才、设备等多种因素的制约,农产品达不到深层次加工的能力,副产品综合利用率低,与专业化、标准化和规模化的生产尚存在一定的差距。因此,现阶段农产品加工转化程度与农产品产量之间不对等的现状,决定了农产品加工业仍然处于初级阶段。

(六)缺乏金融支持,信贷供给不足

农村产业融合离不开金融支持,金融保障是农业发展的强大支撑。但是现阶段,资金短缺制约农业发展,更影响到农村产业的深度融合。从农业经营主体看,其还处于发展初期,发展机制还不健全,信用等级偏低,不利于农村产权抵押贷款,这在一定程度上形成了农业发展的融资"瓶颈",致使农村金融机构无法提供规模化农业信贷服务,不能提供适宜多种农业发展的信贷服务。

二 甘肃农村产业融合发展的方向

农村产业融合是农业经济发展的客观规律和内在要求,从农村产业自身发展来看,农村产业融合是农业发展到一定阶段的产物,农村单一型产业发展到一定程度后就必须借助相关产业以突破农业发展的"瓶颈";从农村发展需求来看,农村产业融合是现代农业发展的必然要求,顺应农村社会发展和新型城镇化建设的必然趋势。随着农村劳动力向城镇的大量转移,农村地区人口减少、劳动力老龄化、农地弃耕、农业发展副业化、农村空心化和

"三留守"等问题与日剧增，这样的负面效应倒逼农村产业融合，从而有效改善农村落后的发展环境，提高农民综合素质，促进农村土地集约化利用，实现农村产业结构的优化与综合效益的提高，进而通过激发农村产业发展的内在动力，助推农业现代化和新型城镇化建设的进程，有助于实现全面建成小康社会的发展目标。农村产业融合要突破创新，因地制宜，发挥当地农村资源的特色与优势，在此基础上，实现一二三产业的融合发展。

（一）破除单一型生产经营方式，培育多元化农村产业融合主体

第一，培育新型农业经营主体和农业合作组织作为农业发展的多元化主体，有助于现代农业和农村经济的健康持续发展。多元化的新型农村产业融合主体可以高效利用土地、资金、技术和劳动力等要素，最大限度地促进农业资源利用效率，进而助推农村产业融合。第二，培育多元化农村产业融合主体，有助于实现我国农村产业的规模化发展。多元化的新型农村产业融合主体可以解放生产力，让农民充分受益，以建设农民专业合作社和农机合作社为重点，吸引更多的农民带地入社，进而有效扩大农村土地集约化经营规模。第三，培育多元化农村产业融合主体，有助于政府职能的有效发挥。政府可以凭借农村资源禀赋，充分激发农村各种生产要素的潜能，鼓励和支持现代化农业企业、农业社会化服务组织等多种新型农业经营组织的发展，并发挥其示范引领作用，形成多元化的新型农村产业融合主体，开展多种形式的农村产业融合发展，推进优势特色农产品的"生产、加工、储运、销售"一体化流程，进而推进一二三产业的融合发展。

（二）强化农产品原料基地作用，延伸农产品产业链

第一，促进农村产业融合要依托农产品生产，延伸农产品产业链，发挥本地的资源优势，培育优势农业产业和打造特色农产品，突破产业之间的界限，促进农村一二三产业的深度融合。同时，这种融合可以为龙头企业与拥有种植生产优势的新型农业经营主体提供优质原材料，可以强化农产品质量安全保障，有利于打造农产品知名品牌，实现农村一二三产业的融合。除了

生产、加工环节之外，在销售环节上还可以针对特色农产品兴办农产品产地加工业。第二，建立农产品直销店。采取线上和线下相结合销售等多种方式，促进农产品生产与农产品加工业、餐饮业、农产品物流业等农村服务业之间的融合，实现农业生产、加工、销售和服务一体化。第三，在后续的农村产业发展过程中，应适度引导各区域依托其自身资源禀赋形成"百花齐放"的发展模式，凸显农村产业特色。

（三）发展休闲农业和乡村旅游，促进农业与文化旅游融合

第一，大力发展休闲农业，将农业功能向经济功能、社会功能、政治功能、文化功能和生态功能等多功能延伸，推进农业与旅游、教育、文化、健康养老等产业深度融合。提升农业或乡村的生态休闲、旅游观光、文化传承、科技教育等功能，促使大量的农区变景区、田园变公园、空气变人气、劳动变运动、农产品变商品，使其在转变农业发展方式、带动农民就业增收、推进美丽乡村和美丽中国建设、拉动国内消费升级等方面发挥积极作用。第二，挖掘特色农村的文化内涵，拓展新型农业的社会功能。挖掘特色农村的文化内涵要以农业和农村为载体，利用农业生产经营活动、农村自然生态环境和农村特有的乡土文化吸引游客，通过发展农村生态观光旅游和休闲体验农业，激活农业的生活、生态功能，赋予农业环保、教育、文化、体验等内涵，深度开发农业资源潜力，进而拓展农业功能，促进一二三产业融合，提升农业经济价值。同时充分调动吃、住、行、游等旅游要素，阐释乡村民俗风情，促进农业与旅游业的充分融合。第三，为进一步推进深层次融合，需要通过组团发展和组合创建等方式促使休闲观光农业逐步实现集群分布，进而实现休闲、教育和体验等多功能一体化。

（四）发展新技术新业态新模式，促进创新要素向农业渗透

第一，大力发展新技术，借助以"大数据""云计算""互联网＋"为代表的先进技术，充分应用现代信息技术成果，集成应用计算机与网络技

术、音视频技术、3S 技术、无限通信技术及专家智慧与知识，实现农业可视化远程诊断、远程控制、灾变预警等智能管理，利用现代信息技术解决农业粮食安全和食品安全两大问题，除此之外，还包括农业电子商务、食品溯源防伪、农业休闲旅游、农业信息服务等内容。第二，大力发展新业态，与城市相比，农村空气好，又不拥堵，越来越多的都市人群喜欢到农村旅游，体验农家生活。因此，努力探索休闲农业、会展农业、创意农业以及循环农业是今后农业发展的大方向。第三，大力发展新模式，诸如物联网技术下的工业化种养殖模式、扁平化物流交易集散模式、农产品品牌化模式，加速推进多种形式农产品交易电商平台建设、以大数据为基础的市场预测分析及产品开发以及给农业带来更多可能的农业众筹模式的发展等。

三 甘肃农村产业深度融合的对策建议

在农村产业融合发展模式的框架下，根据甘肃农村产业融合发展存在的主要问题和困境，提出以下对策建议。

（一）完善土地流转机制，促进土地规模化经营

农村产业融合的重要基础之一是农村产业的规模化经营，通过农村土地流转可以实现农村土地规模化经营，同时又能够解放更多农村剩余劳动力，使其从事其他非农领域的生产，进而在扩大农村各个产业规模的同时更好地促进农村产业融合。加快推进农村土地经营权确权登记颁布试点工作，明晰土地耕地等各类土地承包经营权，做好土地流转的基础准备。探索制定地区农用地基准地价，为农户土地入股或流转提供参考依据。探索以农户承包土地经营权入股的股份合作社、股份合作制企业利润分配机制，切实保障土地经营权入股部分的收益。

（二）加大农业科技投入，促进农业科技创新

促进农村产业融合，关键要加大科技投入，让农业生产加工部门与科研

院所合作,发挥科研院所的人才优势,提高农产品的精深加工层次。因此,应出台相关优惠政策,加大招商引资力度,吸引更多优秀农产品加工企业入驻农村,重点培育一批具有一定影响力的大型龙头企业,借用大型龙头企业的引领带动能力,促进农村地区企业的全面发展,进而扩大农产品精深加工规模,最大限度地挖掘农产品潜在的附加价值;另外,给予中小型农产品加工企业政策方面的优惠、资金方面的支持以及技术方面的指导,不但要重视农产品的加工品质,更重要的是要拓宽农产品的精深加工范围,提高副产品的综合利用率。在此基础上,逐步形成以农业龙头企业和农业合作组织为支撑的农产品"生产—加工—储运—销售"一体化产业链与产业群,进而更好地推进农村产业融合。

(三)构建农业经营保障机制,拓展农产品推广渠道

第一,必须进一步扩宽农产品营销渠道,通过积极召开农产品展销会,建立大型农产品集散中心和农产品批发零售市场等。第二,在农产品的推广过程中也要充分利用互联网这一新型推广方式,实施"互联网+农业"战略,积极建设和利用农产品网络信息平台向外推广优质农产品。第三,有针对性地建设新型农业经营保障体系,深化农村金融体制改革,进一步加快大型农机具及不动产权、土地经营权、集体资源使用权等抵押贷款的步伐,通过建立农村产业融合投资基金、农业信贷、农业保险、农业补贴等多种形式充分提升新型农业经营主体的抗风险能力和市场拓展能力,从而在全面促进农业发展的同时有效地推进农村产业融合。

(四)规范政府培训投入机制,提高农民职业技能

第一,需要政府加大相应的农民职业技能培训投入力度,大力发展农村职业教育和技能培训,输送大批有文化、懂技术、会经营的复合型人才以推动新型农业经营组织的发展。第二,政府应通过对农民职业技能培训意愿、企业劳动力需求以及职业技能培训能力进行调查,并根据劳动力供需的实际

情况，组织相应的职业技能培训，从而为解决我国农村劳动力供需矛盾和提升农村劳动力综合技能水平铺平道路。第三，针对农民职业技能培训，一方面要根据农民的农业技能需求为农民提供专业的农业技能培训，提升农民的综合农业科技水平，从而在普及农业科技知识的同时有效提高农业生产效率；另一方面要有针对性地对农村剩余劳动力进行转移技能培训，将我国农村剩余劳动力转移到农产品加工业和农村非农产业中，从而在实现农村剩余劳动力有效转移和有序就业的同时促进农村土地规模化经营，为实现农村产业深度融合提供高素质的人力资本。

（五）加大培训教育投入力度，提升产业融合的人才科技支撑

第一，加强融合发展科技创新推广。推动以科技创新为核心的全面创新，以技术创新向三次产业渗透，加快推进甘肃农产品加工技术研发体系建设，构建"产学研推用"有机融合的科技创新体系，建设一批农产品加工技术集成基地，建立具有中试能力的工程化研究平台和产业化应用平台，开展工程化研究和核心装备创制。走内涵挖潜、集约增效、科技强农之路，加快实施农业新品种、新技术、新肥料、新农药、新机具"五新"工程，全面提高农业科技含量。第二，加强融合发展人才队伍建设。深化与农业科研部门及大、中专院校的合作，注重提高农民整合利用资源、参与融合发展的能力水平，积极搭建跨领域交流合作的平台。加快发展农村教育特别是职业教育，加大农村实用人才和新型农民培育力度，鼓励开展"大众创业、万众创新"活动，引导各类科技人员、大中专毕业生到农村创业，鼓励农民工等人员返乡创业。第三，培育具有企业家精神的独立市场主体。政府应当贯彻落实强化新型职业农民教育培训及认证制度，与"211"或"985"院校的MBA培训机构合作，在全国范围内选拔中青年农业企业家，建立长期定点的新农民企业家专门培训班，为其提供学费补贴。同时，吸引有志青年返乡或下乡创业，与农发行或农信社等机构合作，建立小额创业贷款贴息制度，为农村产业融合创造有利的条件。

参考文献

胡金星:《产业融合的内在机制研究——基于自组织理论的视角》,博士学位论文,复旦大学,2007。

胡永佳:《从分工角度看产业融合的实质》,《理论前沿》2007年第8期。

陈柳钦:《产业融合的发展动因、演进方式及其效应分析》,《西华大学学报》(哲学社会科学版) 2007年第4期。

甄晓非:《科技创新与新农村城镇化建设》,《西北农林科技大学学报》(社会科学版) 2013年第3期。

国彩同:《对我国农机合作社发展的观察与思考》,《中国农民合作社》2013年第6期。

厉无畏:《产业融合与产业创新》,《上海管理科学》2002年第4期。

B.11
甘肃农村医疗卫生发展与居民健康促进模式研究

贾 琼*

摘 要： 近些年，甘肃省农村居民健康服务发展较快，增速高于西部以及全国平均水平，但还存在卫生技术人员不足、就医环境和诊疗条件欠缺、个人卫生费用支出较高等问题。在实施"健康中国2020战略计划"背景下，甘肃结合省情和医改实践，实施健康促进模式改革，把健康促进融入公共政策制定，引导农民主动参与防病强体，转变基层医疗服务方式，建立起健康与脱贫、健康与生活、健康与医改的良性互动，从"源头"探索建立维护居民健康的长效机制：重视居民健康预防，秉持节约理念，实施大卫生战略，坚持走群众路线，创新融合发展。

关键词： 农村居民 医疗卫生 健康促进

我国贫困地区的贫困状况虽然不断得到改善，但也存在反复与波动，贫困户的健康更易受到冲击，疾病仍然是农村致贫的重要原因之一。① 从可行能力的视角来看，疾病不仅仅造成收入贫困，更重要的是对可行能力的剥

---

* 贾琼，甘肃省社会科学院农村发展研究所副研究员，在读博士研究生，主要研究方向为农业经济、农村区域发展。
① 洪秋妹、常向阳：《我国农村居民疾病与贫困的相互作用分析》，《农业经济问题》2010年第4期。

夺，降低获取收入的能力，并使得将收入转化为可行能力更加困难，影响可能具有持久性，甚至发生代际传递。① 从解决健康贫困的途径来看，保健投入相比医疗服务投入是成本小、收益大的较优选择，但是，当前贫困地区居民"轻预防，重医疗"的行为仍普遍存在。② 因此，引导农户关注当前的健康型消费投入，促进贫困地区形成一个"健康—富裕—健康"的良性循环模式，具有非常重要的意义。同时，探索贫困地区居民健康促进的典型实践，可为其他地区医改和居民健康促进提供借鉴，推动实现全面建设小康社会与健康中国战略目标。

一 甘肃省农村居民健康服务发展现状

（一）农村卫生环境不断改善，发展速度较快，但自来水受益人口比重不高

2014年，甘肃省农村改水累计受益人口已超过两千万人，其中，自来水累计受益人口1461万人（见表1），占农村改水受益人口的72%，较2010年增加了225.6万人，提高了11个百分点，发展速度快于西部及全国农村地区。但横向比较来看，2014年，甘肃省农村自来水改水累计受益人口占农村改水受益人口比重，仍比西部及全国平均水平分别低5.7个和10.5个百分点。

表1 2014年农村改水、改厕情况

	农村改水累计受益人口（万人）	自来水累计受益人口（万人）	自来水占农村改水受益人口比重（%）	累计使用卫生厕所户数（万户）	卫生厕所普及率（%）
全国	91511	75470.9	82.5	19939	76.1
西部	26915.9	20915.9	77.7	5120.5	65.2
甘肃	2030.3	1461	72.0	334.1	68.9

资料来源：根据《中国统计年鉴》《甘肃年鉴》数据整理得出。

---

① 洪秋妹：《健康冲击对农户贫困影响的分析——兼论健康风险应对策略的作用效果》，博士学位论文，南京农业大学，2010。
② 孙颖：《中国农户健康投资行为的经济分析》，《经济研究导刊》2009年第31期。

2014年，全省农村累计使用卫生厕所户数达到334.1万户，卫生厕所普及率68.9%，比2010年增加了38.3万户，普及率提高了7.6个百分点。卫生厕所普及率高于西部地区3.7个百分点，但低于全国平均水平7.2个百分点。

近些年来，甘肃省农村卫生环境不断改善，在新农村和美丽乡村建设措施实施下，农村居民居住环境焕然一新，但由于受自然地理条件的约束，如干旱缺水，加上农村居民居住分散等原因，全省农村改水工程任务仍然较重，农村居民健康的生活观念仍需提升。

（二）农村三级医疗卫生机构不断加强，公立性质的基层服务网点不足

目前，甘肃农村三级医疗服务体系基本健全。2014年底，甘肃省86个县共有卫生机构20490个、卫生技术人员56237人、卫生机构床位数达到59517张，分别较2010年年均增长30.6%、6.7%、9.7%。

全省基层医疗卫生机构总数在2014年达到25376个，其中，乡镇卫生院1375个，比2010年增加了37个，村卫生室有16681个，比2010年增加了266个；同时期，全国乡镇卫生院机构数量减少了934个，村卫生室减少了2954个；西部地区乡镇卫生院机构数量减少了255个，村卫生室增加了7322个（见表2）。全国农村医疗卫生机构数减少的主要原因是实施乡村一体化管理后村卫生室合并，但在这一政策背景下，西部地区以及甘肃农村基层卫生机构数仍然在不同程度地增加，说明了对欠发达地区基层医疗卫生服务的重视与倾斜。

表2 2010~2014年乡镇卫生院和村卫生室机构数变化情况

单位：个

	乡镇卫生院			村卫生室		
	2010年	2014年	变化	2010年	2014年	变化
全国	37836	36902	-934	648424	645470	-2954
西部	16378	16123	-255	195038	202360	7322
甘肃	1338	1375	37	16415	16681	266

资料来源：根据《中国统计年鉴》《中国卫生年鉴》《甘肃年鉴》数据整理得出。

甘肃省设置卫生室的村占行政村数的比重自 2010 年以来已达 100%。从村卫生室设立情况看（见表3），全省私人办村卫生室的比重占到 32.8%，比全国平均水平高 7.9 个百分点，村办卫生室的比重占到 41.9%，比全国低 12.2 个百分点，联合办以及其他类型承办村卫生室的情况，比重均比全国平均水平高。可见，在甘肃农村地区的基层医疗卫生机构设置中，当地居民自办或私人投资的较多，而公立性质的基层服务网点不足，农村公共医疗卫生均等化仍需加强。

表3 2014 年甘肃省村卫生室设立情况

单位：个，%

	村办		乡卫生院设点		联合办		私人办		其他		总数量
	数量	占总数量	数量	占总数量	数量	占总数量	数量	占总数量	数量	占总数量	
全国	349428	54.1	59396	9.2	29180	4.5	160549	24.9	46917	7.3	645470
甘肃	6987	41.9	1622	9.7	958	5.7	5475	32.8	1639	9.8	16681

资料来源：根据《中国统计年鉴》数据整理得出。

（三）农村医疗卫生机构床位量大幅增长，但乡镇卫生院床位量增速较慢，低于西部及全国农村地区平均水平

农村基层医疗卫生机构床位量大幅增长（见表4）。2014 年，甘肃省农村医疗卫生机构床位数达到 6.9 万张，较 2010 年增加了 2.1 万张，年均增长 9.57%。相比较同一时期，甘肃城市医疗卫生机构床位数年均增长 9.36%，低于农村 0.21 个百分点；全国农村医疗卫生机构床位量增长较快，高于甘肃农村 0.55 个百分点。

甘肃农村每千人口医疗卫生机构床位量由 2010 年的 2.53 张增加到 2014 年的 3.60 张，增加了 1.07 张，年均增长 9.22%，低于甘肃城市每千人口医疗卫生机构床位增长率 0.15 个百分点，低于全国农村平均水平 0.53 个百分点。甘肃农村地区医疗卫生机构床位量近些年增长较快，但每千人口床位量仍低于全国农村的平均水平。

表4　医疗卫生机构床位数变化情况

	床位数（张）		增长率（%）	每千人口床位数（张）		增长率（%）
	2010年	2014年		2010年	2014年	
甘肃城市	37270	53306	9.36	4.57	6.54	9.37
甘肃农村	47954	69106	9.57	2.53	3.60	9.22
全国农村	2333707	3431334	10.12	2.44	3.54	9.75

数据来源：根据《中国统计年鉴》《中国卫生年鉴》《甘肃年鉴》数据整理得出。

乡镇卫生院床位量增长较慢（见表5）。2014年，甘肃省乡镇卫生院床位量2.38万张，较2010年增加了0.24万张，年均增长2.70%。这一增幅低于西部乡镇卫生院床位量变化2.6个百分点，低于全国1.39个百分点。全省乡镇卫生院每千农业人口床位量2014年达到1.21张，比2010年增加了0.15张，低于西部及全国的平均水平。

表5　乡镇卫生院床位数变化情况

	床位数（张）		增长率（%）	每千人口床位数（张）		增长率（%）
	2010年	2014年		2010年	2014年	
全国	99.43	116.72	4.09	1.12	1.34	0.22
西部	32.84	40.37	5.30	1.09	1.37	0.28
甘肃	2.14	2.38	2.70	1.06	1.21	0.15

资料来源：根据《中国统计年鉴》《甘肃年鉴》数据整理得出。

随着社会经济的发展，居民收入水平不断提高，越来越多的农民在患病就医选择中，倾向于条件较好的医疗机构就诊，因此，乡镇卫生院床位量增幅较慢。同时也可以看出，相较于西部及全国，甘肃发展更为缓慢，欠发达地区的农村居民选择外出就诊的倾向更大，制约了当地乡镇卫生院的进一步发展。

（四）卫生人员数量在农村地区不断增加，但卫生技术人员发展不足，每千人口卫生技术人员拥有量低于全国农村平均水平

近些年，甘肃及西部地区农村基层卫生人员数量增加较快（见表6）。

2014年，甘肃省乡镇卫生人员总数达到2.8万人，比2010年增加近五千人，年均增长4.91%，比西部地区及全国乡镇卫生人员增长率分别高出0.27个、2.89个百分点。乡村医生和卫生员人数在2014年达到2.2万人，较2010年年均增长1.59%，高于西部地区平均水平0.7个百分点。每千农业人口村卫生室人员增幅较大（见图1），2014年为1.58人，年均增长8.5%，高于全国增长率5.1个百分点。

表6 农村卫生人员变化情况

	乡镇卫生人员（人）		增长率(%)	乡村医生和卫生员（人）		增长率(%)
	2010年	2014年		2010年	2014年	
全国	1151349	1247299	2.02	1091863	1058182	-0.78
西部	319222	382660	4.64	304361	315285	0.89
甘肃	23250	28165	4.91	20351	21682	1.59

资料来源：根据《中国统计年鉴》《甘肃年鉴》数据整理得出。

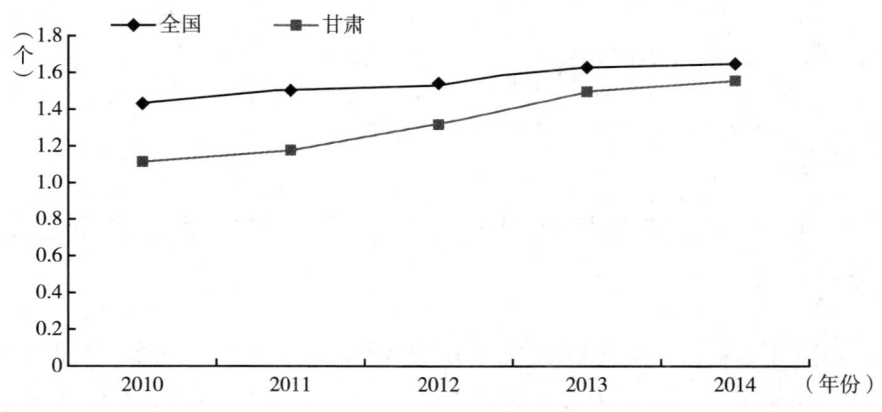

图1 每千农业人口村卫生室人员数

资料来源：根据《中国统计年鉴》《中国卫生年鉴》《甘肃年鉴》数据整理得出。

在国家实施乡村一体化管理后村卫生室合并，使全国乡村医生和卫生员数量减少，但在西部地区以及甘肃，乡村医生与卫生员人数还在不断增加，为农村居民甚至贫困地区的人们提供更多医疗服务。

从卫生人员类型看,甘肃省每千人口拥有卫生技术人员不足(见图2)。2014年全省农村每千人口拥有卫生技术人员3.44个,相比城市卫生技术人员拥有量少3.98个,较全国农村平均水平低0.33个;执业(助理)医师1.28个,分别比城市、全国农村少1.55个、0.23个;注册护士1.04,分别比城市、全国农村少2.1个、0.27个。

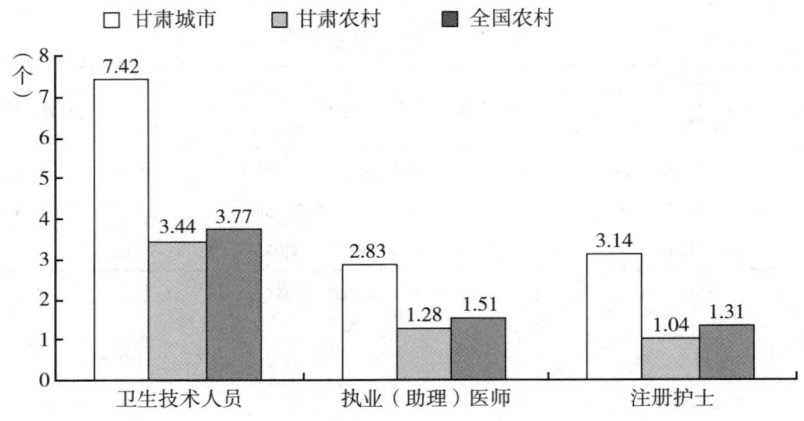

图2　2014年每千人口卫生技术人员数

资料来源:根据《中国统计年鉴》数据整理得出。

(五)农村基础医疗卫生服务需求不足,农村居民更愿意选择外出就诊

2014年甘肃省乡镇卫生院诊疗人次为0.2亿人次,比2010年增加0.03亿人次,年均增长4.1%;入院人数为57.25万人,比2010年增加了1.51万人,年均增长0.67%;病床使用率从2010年到2014年提高了1.6个百分点;平均住院日增加了0.92日(见表7)。近些年,甘肃省乡镇卫生院医疗卫生服务人群不断增加,但除病床使用率略高于西部地区及全国平均水平外,诊疗人次、入院人数以及平均住院日的服务情况变化均低于西部及全国平均水平。在农村基层医疗卫生机构和卫生人员数量增长高于全国平均水平的情况下,乡镇

卫生院医疗服务发展速度稍显缓慢。因此，除了农村居民自我保健意识需要不断提高外，农村基层医疗服务的环境与技术也需不断加强。

表7 乡镇卫生院医疗服务情况

	诊疗人次(亿人次)			入院人数(万人)			病床使用率(%)			平均住院日(日)		
	2010年	2014年	年增长率(%)	2010年	2014年	年增长率(%)	2010年	2014年	提高	2010年	2014年	增加
全国	8.74	10.29	4.2	3630	3733	0.7	59	60.5	1.5	5.2	6.3	1.1
西部	0.22	0.26	4.3	114	121.5	1.6	55.4	56.7	1.3	5	6	1
甘肃	0.17	0.2	4.1	55.74	57.25	0.67	54.4	56	1.6	5.98	6.9	0.92

资料来源：根据《中国统计年鉴》《中国卫生年鉴》《甘肃年鉴》数据整理得出。

（六）农村居民健康保健意识不断提高，新型农村合作医疗稳步发展，人均筹资额大幅提高

2014年，甘肃省参加新型农村合作医疗人口数达1925.92万人，参合率为98.26%，较2010年提高了2.34个百分点；资金使用率达到100%，比全国高4.5个百分点，比西部地区平均水平高5.4个百分点；从2010年到2014年，全省新农合人均筹资从146.3元增加到514.6元，增加了368.3元，年均增长36.9%，均高于全国及西部地区平均水平；补偿受益人次从2132.4万人次增加到3627.04万人次，年均增长14.2%，高于全国3.2个百分点，低于西部地区4个百分点（见表8）。

表8 新型农村合作医疗情况

	参加新农合人数（万人）		2014年参合率（%）	人均筹资（元）			补偿受益人次（万人次）		年增长率（%）	资金使用率(%)
	2010年	2014年		2010年	2014年	增加	2010年	2014年		2014年
全国	83560	73627.3	98.9	156.6	410.9	254.3	108666	165221	11.0	95.5
西部	2200.8	2375.1	—	154.1	431.8	277.7	2441.9	4762.6	18.2	94.6
甘肃	1910.3	1925.92	98.26	146.3	514.6	368.3	2132.4	3627.04	14.2	100

资料来源：根据《中国统计年鉴》《中国卫生年鉴》《甘肃年鉴》数据整理得出。

（七）针对农村特殊人群的医疗卫生服务成效显著，但城乡公共卫生资源仍不平衡，公共医疗服务需向贫困地区加强

目前，甘肃省拥有妇幼保健院（所/站）100个，专科疾病防治院（所/站）7个，疾病预防控制中心103个（见表9）。2014年妇幼保健院（所/站）拥有床位3561张，较2010年增加了1315张，年均增长12.2%。全省所有县已开展免费孕前优生健康检查，为农村计划怀孕夫妇免费提供健康教育、健康检查、风险评估和咨询指导等孕前优生服务。

表9 妇幼保健和疾病预防、防治机构数

单位：个

	妇幼保健院(所/站)	专科疾病防治院(所/站)	疾病预防控制中心
全国	3098	1242	3490
甘肃	100	7	103

资料来源：《中国统计年鉴》。

从2010年到2014年的妇幼公共医疗卫生情况看（见表10），针对农村特殊人群的医疗卫生保健工作也取得了很大进展。近些年，甘肃农村孕产妇死亡率、婴儿死亡率、5岁以下儿童死亡率、新生儿死亡率都呈大幅下降趋势，发展情况优于全国农村平均水平，尤其是农村孕产妇死亡率下降趋势显著。但相较于城市，差距显著，需加强贫困地区公共医疗服务。

表10 妇幼公共医疗卫生情况

	孕产妇死亡率(1/10万)			婴儿死亡率(‰)			5岁以下儿童死亡率(‰)			新生儿死亡率(‰)		
	2010年	2014年	变化	2010年	2014年	变化	2010年	2014年	变化	2010年	2014年	变化
甘肃城市	23.38	19.37	-4.01	7.66	5.29	-2.37	8.86	6.52	-2.34	5.9	3.81	-2.09
甘肃农村	37.50	19.52	-17.98	11.02	5.76	-5.26	12.43	6.99	-5.44	8.64	4.13	-4.51
全国农村	30.10	22.20	-7.9	16.10	10.7	-5.4	20.10	14.2	-5.9	10.00	6.90	-3.10

资料来源：根据《中国统计年鉴》《中国卫生年鉴》《甘肃年鉴》数据整理得出。

二 健康服务的投资与需求

（一）农村居民对医疗保健服务及用品消费旺盛，支出增速高于西部以及全国平均水平，农村居民的自我医疗保健意识不断提升

随着农村居民收入水平的提高，其生活消费结构也在发生变化，对教育、医疗保健的需求不断增加。2014年，甘肃省农民人均纯收入达到5736元，较2010年年均增长13.8%；医疗保健支出达到546.2元，较2010年年均递增28.1%，占总消费性支出的8.88%（见表11）。全省农村居民人均医疗保健支出增速比纯收入增幅高14.3个百分点，比生活消费支出增幅高出7.9个百分点。同时，从2010年到2014年，甘肃省农村居民人均医疗保健支出增速高于西部地区3.8个百分点，高于全国平均水平4.8个百分点，体现了较为旺盛的消费需求。可以看出，在"健康中国""全面建成小康社会"口号背景下，甘肃省推行的健康促进工作，使农村居民的自我医疗保健意识不断提升。

表11 农村居民人均医疗保健支出变化情况

	人均消费支出(元)		年增长率(%)	人均医疗保健支出(元)		年增长率(%)	人均医疗保健支出占人均消费性支出比重(%)		
	2010年	2014年		2010年	2014年		2010年	2014年	提高
全国	4381.82	8382.6	17.6	326.04	753.9	23.3	7.44	8.99	1.55
西部	3528.10	7202.6	19.5	279.40	666.3	24.3	7.92	9.25	1.33
甘肃	2941.99	6147.8	20.2	203.13	546.2	28.1	6.90	8.88	1.98

资料来源：根据《中国统计年鉴》《甘肃年鉴》数据整理得出。

（二）全省卫生费用支出增速较快，与全国相比，在卫生费用总支出中社会卫生费用支出较少，政府及个人卫生费用支出较高

2014年，甘肃省卫生总费用为569.75亿元，较2010年年均增长

17.8%；人均卫生总费用2199.13元，较2010年年均增长17.5%。其中，政府卫生费用支出占全省卫生总费用的37.27%，比重比全国高7.37个百分点，年均增长16.2%；社会卫生费用支出占卫生总费用的28.8%，比重低于全国8个百分点，年均增长22.0%；个人现金卫生费用支出占卫生总费用比重比全国高0.72个百分点，年均增长16.6%（见图3）。在甘肃省卫生费用支出结构中，政府及个人卫生费用支出比重较高，社会卫生费用支出较少。全省卫生总费用占GDP比重高于全国平均水平2.78个百分点。

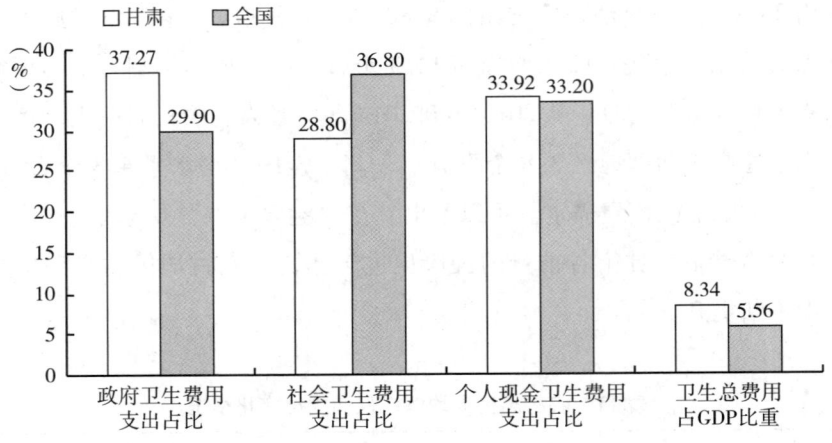

图3 2014年甘肃省卫生费用支出情况

资料来源：2015年甘肃省卫生计生事业发展统计公报，2014年全国卫生计生事业发展统计公报，2015年《甘肃发展年鉴》。

2014年甘肃省医疗费用支出占公共财政预算支出比重为8.03%，比2010年的6.8%高出1.23个百分点。从各地区医疗卫生财政支出情况看（见图4），全省有10个市（州）占比超过全省平均水平，天水市、陇南市医疗卫生财政支出较高，少数民族地区临夏州和甘南州医疗卫生财政支出较低。在贫困人口比重较高的陇南市、定西市、临夏州、甘南州、天水市、庆阳市等地区，医疗卫生费用支出不均衡。

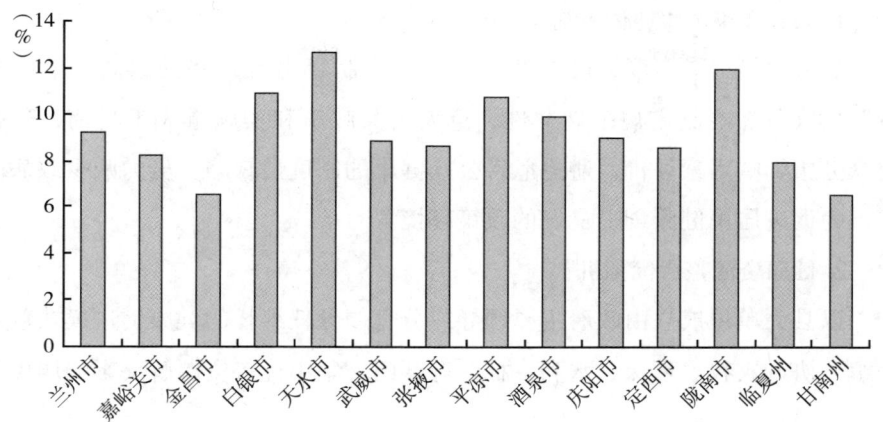

图4　2014年甘肃省各地区医疗卫生财政支出情况

资料来源：2015年《甘肃发展年鉴》。

三　深化医改促进居民健康的政策设计与实施

2008年初，国家卫生部组织实施了以医改为背景的"健康中国2020"战略计划，以此为契机，甘肃启动实施了"健康中国2020"甘肃战略研究计划，并把健康促进模式改革作为推进医改向纵深发展的一项重大举措。自2014年以来，甘肃省先在全省6个县（市、区）试点，初步探索健康促进模式改革的发展路径，并下发了《关于健康促进模式改革的指导意见》，率先在全国以省为单位全面推进健康促进模式，并与扶贫攻坚相结合，推进健康中国建设。2015年11月，省政府办公厅印发了《关于健康促进模式改革的指导意见》，在全省推行此项改革，改革覆盖面扩大到54个县（市、区）。

（一）建立健康政策融入机制，构建大卫生工作格局

针对土壤、空气、水质污染和食品安全等方面的问题，坚持源头控制、预防为主，建立完善"将健康融入所有政策"的工作机制，借助多部门力量促进全民健康。

1. 公共政策健康评估机制

加大政策引导力度，协调市（州）政府制定出台"将健康融入所有政策"的文件，在制定规范性文件、重大公共政策和实施重大工程前，进行公众健康影响因素评价，避免危害公众健康的制度性缺陷，努力减少致病因素，为促进居民健康创造良好的政策环境。

2. 健康资源整合优化机制

以县为单位成立由政府主要领导或分管领导任组长的健康促进模式领导小组，协调农牧、环保、水利、林业等部门，集中优势资源解决影响居民健康的突出环境问题。

3. 部门联动促进健康机制

发挥各级爱卫会组织优势，联合多部门广泛开展爱国卫生运动，着力创建健康生活环境，提升居民健康素养。在广泛开展疾病谱调查研究的基础上，联合相关部门对影响健康的共性因素进行科学防治。

（二）创新健康管理服务模式，促进公共卫生和医疗服务有机结合

1. 长期免费巡回体检，准确定位目标人群

在县级卫生计生部门统一组织下，从县、乡两级医疗、妇幼保健、疾病控制、计生服务机构抽调工作人员，在全县范围内对易患病人群长期开展巡回健康体检服务，甄别健康、亚健康人群和慢性病、老年病患病人群，将健康信息详尽录入个人动态电子健康档案。

2. 分层开展个体化服务，合理分流患病人群

村社成立由乡镇包村干部任组长，村主任和计生专干、村医、社队长以及掌握中医技术较好的人员为成员的健康管理小组，根据健康巡回体检结果，入户开展个体化健康指导。对确需医疗服务的，合理分流到相应机构使其接受门诊或住院治疗，并负责介绍各类医疗报销政策，指导患者报销医疗费用；对暂不需要医疗服务以及亚健康和健康人群，长期指导其健康生活习惯。

3. 推行乡村医生签约服务，有效提高服务实效

由乡镇卫生院和村卫生室医务人员、公共卫生人员、护士组成签约服务小组，在为签约群众提供基本医疗和基本公共卫生服务的基础上，积极开展健康管理服务，重点对留守儿童、空巢老人等人群提供跟踪服务，全面掌握服务对象的健康状况，不断提高服务质量。

4. 专家下沉基层多点执业，促进医疗资源公平享有

根据各地疾病谱排序，乡镇卫生院确定50种常见病、县级医院确定100种常见病实行中西医同病同价，并开展分级诊疗，同时选派省、市级医院副主任以上医师到基层医疗机构定期开展多点执业服务，使群众就近享受优质医疗服务。

（三）推行支付方式改革，节约医疗卫生费用

将改革新农合资金、公共卫生服务经费支付方式作为推动医疗卫生机构提高服务效能、主动节约医疗卫生费用的着力点加以推进。

1. 改革新农合资金支付方式

按照总费用包干、合理奖惩、按期结算与服务数量质量考核挂钩的原则，科学测算医疗机构年度合规医保费用总额，将现行的按项目付费方式改革为年度总额定额、定期预付方式，激励医疗机构和医生主动规范医疗行为，主动参与疾病预防和健康管理，节约医药费用和医保资金。

2. 改革公共卫生服务经费支付方式

基本公共卫生服务经费补助实行乡村一体化管理，按照公平与效率统一、谁服务谁获益、群众满意度与补助额相挂钩的原则，改革基本公共卫生服务支付方式，居民可在县域内自由选择基本公共卫生服务机构，财政部门根据服务记录给予服务机构经费补助。

3. 实施农合资金扣减和药品价格信息公开制度

出台《甘肃省新农合定点医疗机构违规医疗行为收费扣减办法》，严肃查处乱收费、重复计费、药品价格虚高和过度医疗等违规行为，对违反规定

的医疗机构扣减新农合资金，记录不良执业行为。严格控制住院患者自付费用比例，超出部分的费用全部由收治医疗机构承担。出台《药品价格信息公示办法》，定期公开医疗机构药品价格信息，对药品价格放开后的过度涨价行为进行公开曝光、全省通报。

（四）以卫生计生融合发展，完善基层健康服务体系

注重发挥基层计生服务机构的组织优势、队伍优势、网络优势，弥补全省基层卫生服务人力不足、群众基础薄弱的问题。

1. 利用机构融合健全健康管理机构

联合省编办下发文件，在全省所有县、乡计划生育技术服务机构加挂健康教育所的牌子，乡镇计划生育办公室与卫生办公室合并为卫生计生办公室，在原有计划生育管理服务职能基础上，增加健康管理服务职责，形成县、乡、村三级健康教育和管理机构。

2. 利用人员融合充实健康管理队伍

组织专家编辑出版《甘肃省城乡20种慢性病（症）健康管理手册》教材，由县卫生计生部门组织对计生专干轮训，将专干入户四项职能改为五项，增加健康教育和为群众提供医疗卫生服务内容，把计生专干充实到健康管理、新农合监督、疾病防控、卫生计生监督队伍中，有效完善基层服务网络。

3. 利用业务融合拓展健康服务内容

利用陇家福幸福寓所等乡村计生服务阵地，联合民政部等部门，探索推进"计生服务＋健康教育＋医养结合"的服务模式，打造养老照护、健康服务、生活扶助、心理慰藉、文体娱乐为一体的多功能卫生计生服务机构，为群众开展个性化、综合性服务，促进解决计划生育困难群体、空巢老人、留守儿童等的社会问题。

4. 利用计生协会群团优势加强公共卫生计生服务

探索政府职能转移、委托服务、购买服务等形式，将行业文化宣传、爱国卫生、健康教育、控烟宣传监督、出生缺陷防治项目实施、计划生育特困家庭扶助关怀等10多项卫生计生公共服务工作交给计生协会群团组织承担，

并通过项目经费、专项补助等途径，有效加大了公共卫生计生服务的推进力度。

（五）发挥中医药治未病优势作用，促进城乡居民健康水平提升

立足甘肃中医药资源优势，将中医药"未病先防、以病防变、瘥后防复"的治未病理念落实到健康促进模式改革全过程中。

1. 开展中西医结合大病调查干预

联合有关部门组织专家对疾病谱排序靠前、群众看病负担较重的高血压、糖尿病、高血脂、白血病、终末期肾病等10种大病进行流行病学调查，制定中西医预防干预的有效措施，广泛宣传培训，发动群众和社会主动干预。

2. 推广普及村级三件事

建设中医文化墙，宣传推广中医药防病治病知识；村医和社区医生每月组织健康沙龙，开展关于慢性病管理方法、急救方法、中医适宜技术等的知识讲座；给农民发放健康保健包，并每年培训6项中医适宜技术、食疗方法、民间单验方等，有效提高农村居民自我保健和疾病防御的能力。

3. 促进中医药相关产业发展

积极发展中医药生态养生保健旅游、中医文化、中药材种植、药菜两用蔬菜种植等产业，着力打造健康甘肃、养生甘肃。联合人社、民政部门利用两后生培训项目，在省妇幼保健院、省二院、省卫校和省中医学校成立培训基地，培养月嫂、医院护工以及老年家庭护理、药膳、食疗、等方面的健康服务从业人员，促进健康服务从业人员规范管理，提升服务水平，满足群众不同层次的健康需求。

4. 开展中医健康知识大众宣传

联合省电视台并协调地方电视台开办中医养生栏目，从北京电视台《养生堂》栏目组购买1000期中医养生节目，免费分发到各市（州），每天定时在市、县电视台健康栏目播放。同时发动全省1万多名卫生计生人员利用网站、微博、微信广泛宣传中医药养生保健知识和卫生计生惠民政策。目

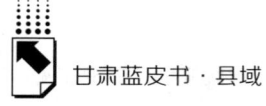

前，省卫计委与广电总台合办的电视专栏《健康甘肃》，已覆盖全省14个市（州）的86个县（区）。

截至2016年8月底，全省14个市（州）、86个县（市、区）和89.74%的乡（镇、街道）、77.1%的村（社区）开展健康促进模式改革。有258.7万群众（占目标人群的46.5%）接受了免费健康体检和健康指导，筛查出慢性病患者140.3万人，开展慢性病患者随访干预184.02万人次。

四 从"源头"探索建立维护居民健康的长效机制

总体上看，甘肃省农村居民健康服务这些年发展较快，但还存在卫生技术人员不足、就医环境和诊疗条件欠缺、个人卫生费用支出较高等问题。在实现"健康中国"的大背景下，甘肃结合省情和医改实践，把健康促进融入公共政策制定，引导农民主动参与防病强体，转变基层医疗服务方式，建立起健康与脱贫、健康与生活、健康与医改的良性互动，从"源头"探索建立维护居民健康的长效机制。

（一）重视居民健康预防

将卫生服务工作向基层深入，加强预防保健，实现卫生工作重心从医疗转向公共卫生服务，有效预防疾病发生，不断减少患病人数，从源头上缓解城市医院超负荷运转和群众看病难、看病贵的问题。

（二）秉持节约理念

医疗卫生资源是稀缺资源，对欠发达地区尤为如此。坚持用最简单、最经济的办法维护居民健康是行之有效的医改思路。在健康促进模式改革中，通过支付方式改革改变医院趋利行为，通过个体化健康服务引导患者理性就医，通过发挥中医药简、便、验、廉的优势减轻看病负担。这些措施可以防止医疗机构和患者恶意套取医保资金，减少资源浪费，同时又可以利用结余资金强化公共卫生，有效预防疾病，形成良性循环。

（三）实施大卫生战略

近年来，大气、水质、土壤污染和食品安全问题频发，人们对健康的需求不再是单一的看病就医，而是更加关注健康生活环境和健康行为养成。"没有全民小康，就没有全面小康"，只有从大卫生、大健康的高度出发，坚持将健康融入所有政策，强化公共政策健康审查，联合多部门对影响居民健康的因素进行综合治理，有效提升居民健康整体水平，才能促进卫生事业健康可持续发展。

（四）坚持走群众路线

卫生工作关系每个人的切身利益，具有很深的群众基础。坚持健康促进工作进家庭、进校园、进社区、进机关，将工作触角延伸到基层群众生活和工作中，组织和发动群众共同参与健康环境维护和疾病防控工作，使各项决策顺利实施。

（五）创新融合发展

通过机制创新，将卫生和计生的各种资源进行优化重组，促进优质资源互通共享和高效利用。利用卫生医疗资源可以提升计划生育技术服务水平，拓展服务范围，提高计划生育特困家庭抚慰实效。利用计生系统的全员人口数据库、基层阵地和队伍等优势资源加强基层卫生工作，既可以有效推进事业发展，又可以稳定基层计划生育队伍、保留工作阵地，为进一步强化基层卫生计生工作奠定基础。

B.12
精准扶贫背景下甘肃省农民市民化意愿调查

李振东 徐吉宏 潘从银 胡苗*

摘 要： 本文以甘肃省东南部××村为调查点，调查分析精准扶贫背景下甘肃省农民市民化意愿。调查发现：①假设提供城市户口农户的市民化意愿明显提升；②吸引农户市民化的最重要因素是子女可获得更好的教育；③阻碍农户市民化的最大因素是市民化门槛过高，个人成本难以承受；④在农业型农户、兼业型农户和非农型农户中愿意市民化的农户比重依次升高；⑤精准扶贫在一定程度上提升了农民市民化的意愿。本文针对性地提出了提升农民市民化意愿的对策建议。

关键词： 甘肃 建档立卡 市民化 农户 精准扶贫

城镇化是伴随工业化发展，非农产业在城镇集聚、农村人口向城镇集中的自然历史过程，是人类社会发展的客观趋势，是国家现代化的重要标志。城镇化的核心是农业转移人口的市民化。甘肃是一个贫困省份，

---

* 李振东，甘肃省社会科学院农村发展研究所副所长、副研究员，博士，主要从事生态经济方面的研究；徐吉宏，甘肃省社会科学院助理研究员，硕士，主要研究方向为农村发展及地理信息技术；潘从银，甘肃省社会科学院助理研究员，区域经济学硕士，主要从事农村经济发展研究；胡苗，甘肃省社会科学院农村发展研究所助理研究员，硕士，主要研究方向为农村经济学。

贫困面大、贫困程度深，近年来连续采取扶贫三大行动——联村联户扶贫行动（简称"双联"行动）、"1236"扶贫攻坚行动和"1+17"精准扶贫行动，据统计，"十二五"期间，甘肃共减贫525万人，年均减贫105万人，2015年底贫困群众收入5519元，年均增幅达15.1%，① 但农民市民化难度仍然较大。那么，在精准扶贫背景下甘肃省农民市民化意愿如何？本文以甘肃省东南部××村为调查点，调查分析精准扶贫背景下甘肃省农民市民化意愿。

一 调查概况

（一）调查点概况②

××村距镇政府所在地3公里，全村总户数220户，总人口1119人，农村劳动力486人，约占总人口的43.43%，男女比例约为47∶53。外出务工242人，占总劳动力人口的49.79%。总耕地面积4049亩，人均耕地约3.6亩。平均海拔1750米，年均降雨量580毫米，时空分布不均，降雨主要集中在7、8、9三个月。年均日照时长约2175小时，年平均气温7℃~8℃，最高气温22℃，最低气温-4℃，无霜期150天。农民收入主要来源于种植业、养殖业和劳务输出，种植业以小麦、玉米、胡麻、核桃树为主，养殖业以饲养猪为主，劳务输出以青壮年外出务工为主。

2014年××村人均纯收入为2780元，精准扶贫建档立卡户（以下简称建档立卡户）有98户，占全村总户数的44.55%，贫困人口489人，贫困发生率为43.7%。全村有45户农村低保户，占总户数的20.45%，共191人，占总人口的17.07%。2015年年底全村人均收入达到3050元，建档立

---

① 《甘肃省委书记王三运阐释精准扶贫 连出攻坚"组合拳"》，央广网，http://china.cnr.cn/yaowen/20160308/t20160308_521557807.shtml。

② 由××村所在镇政府提供。本文数据除特别注明外均来自问卷调查。

卡户脱贫85户，共430人，未脱贫13户，共59人。建档立卡户比重下降到5.91%，贫困发生率下降到5.27%。

（二）调查样本概况

本次调查采用整村入户调查法对220户逐一入户调查，获得有效问卷211份，样本详细构成如表1所示。

表1 调查样本农户基本情况

单位：户，%

	户数	家庭成员患重大或长期慢性疾病		受访者为户主或户主配偶		受访者为小学及以下文化程度	
		户数	比重	户数	比重	户数	比重
建档立卡户[①]	93	27	29.03	78	83.87	50	53.76
非建档立卡户	118	20	16.95	91	77.12	57	48.31
合计	211	47	22.27	169	80.09	107	50.71

样本农户家庭成员患有长期慢性疾病或重大疾病的比重达到22.27%，其中建档立卡户家庭成员患有长期慢性疾病或重大疾病的比重高达29.03%，已接近1/3，高出非精准扶贫建档立卡户（以下简称非建档立卡户）12.08个百分点。受访者平均年龄44.33岁，女性128人，占60.66%，男性83人，占39.34%；小学及以下文化程度的占50.71%，其中建档立卡户比重达到53.76%；受访者中户主或户主配偶的比重达到80.09%，建档立卡户达到83.87%。此次问卷调查中对样本信息的采集较为全面准确。

（三）样本农户享受扶贫项目情况

建档立卡户享受的扶贫项目集中在精准扶贫贷款项目、职业技能培训项

---

① 2014年年底确定的精准扶贫建档立卡户。

目和助学贷款项目 3 类，以精准扶贫贷款项目为主，有 94.62% 的建档立卡户贷到了精准扶贫贷款（见表 2）。享受 2 类扶贫项目的建档立卡户有 37 户，占 39.78%，其中，有 36 户既贷到了精准扶贫贷款，又参加了职业技能培训，还有 1 户既贷到了精准扶贫贷款，又贷到了助学贷款。扶贫项目对建档立卡户实现了全覆盖。

表 2 调查样本农户近年享受扶贫项目情况

单位：户，%

		农户数	占比
建档立卡户：	精准扶贫贷款	88	94.62
	职业技能培训	39	41.94
	助学贷款	3	3.23
非建档立卡户：	职业技能培训	66	55.93
	易地搬迁	19	16.10
	创业贷款	14	11.86
	精准扶贫贷款	9	7.63
	养殖项目	7	5.93
	扶贫贷款	6	5.08
	危房改造	6	5.08
	小额贷款	4	3.39
	助学贷款	3	2.54

非建档立卡户享受了 9 种扶贫项目，参加职业技能培训项目的农户有 66 户，占 55.93%，享受易地搬迁项目和创业贷款项目的农户分别占 16.10% 和 11.86%，享受精准扶贫贷款项目[①]、养殖项目、扶贫贷款项目、危房改造项目、小额贷款项目和助学贷款项目的农户占比均在 10% 以下（见表 2）。有 19 户非建档立卡户除参加了职业技能培训项目外，还享受了第二类扶贫项目，其中 7 户享受了创业贷款项目，6 户享受了危房改造项

---

① 2014 年享受了精准扶贫贷款项目，年底脱贫了，即 2015 年确定为非精准扶贫建档立卡户。

目，4户享受了扶贫贷款项目，2户享受了小额贷款项目。享受过扶贫项目的非建档立卡户共计达到115户，占非建档立卡户的97.46%，说明绝大多数非建档立卡户是在以前的扶贫项目的扶持下通过自身努力实现了脱贫致富。

（四）样本农户非农业收入占家庭收入的比重

收入结构能有效地反映农民的生产方式，非农业收入占家庭收入1/3以下的家庭以农业生产为主，简称农业型农户，非农业收入占家庭收入2/3以上的家庭以非农业生产为主，简称非农型农户，非农业收入占家庭收入在1/3至2/3之间的家庭从事的是农业生产和非农业生产，即兼业型生产，简称兼业型农户。在建档立卡户中农业型农户有18户，占19.35%，兼业型农户有48户，占51.62%，非农型农户有27户，占29.03%（见图1）。在非建档立卡户中农业型农户有28户，占23.73%，兼业型农户有14户，占11.86%，非农型农户有76户，占64.41%（见图2）。

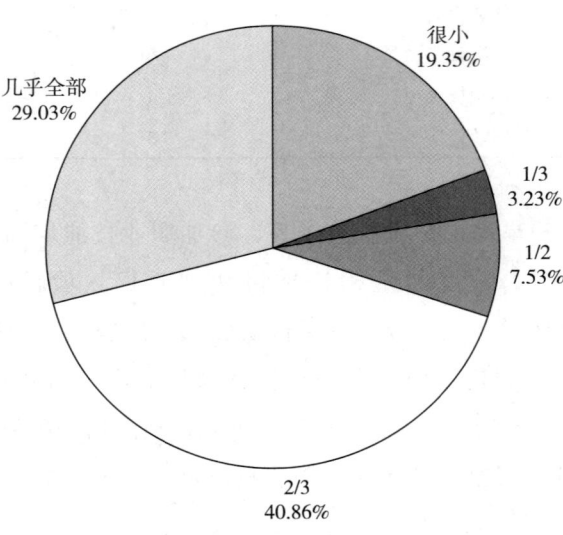

图1 建档立卡户非农收入占家庭收入的比重

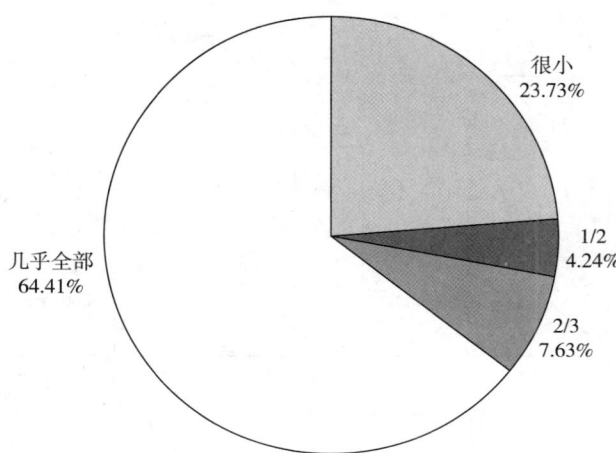

图 2 非建档立卡户非农收入占家庭收入比重

二 农民市民化意愿

(一)农民对城市户口的需求

1. 农民对城市户口①的需求

在关于是否希望获得城市户口的调查中，建档立卡户中有43户表示希望获得城市户口，有42户表示不希望获得城市户口，有8户表示是否获得城市户口无所谓；非建档立卡户中有71户表示希望获得城市户口，有33户表示不希望获得城市户口，有14户表示是否获得城市户口无所谓。从城市户口需求百分比看，建档立卡户中明确表示不希望获得城市户口的农户占45.16%，高出非建档立卡户17.19个百分点；建档立卡户中明确表示希望获得城市户口的农户占46.24%，比非建档立卡户低13.93个百分点；对是否获得城市户口持无所谓态度的建档立卡户比重比非建档立卡户比重低3.26个百分点（见图3）。建档立卡户对是否需要城市户口态度比较明确，对城市户口的需求低于非建档立卡户。

---

① 指非农业户口，在问卷调查中为了便于农户理解延用城市户口的称呼。

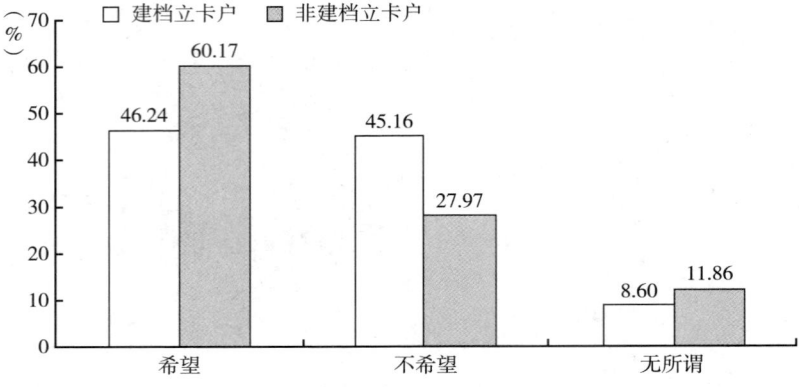

图3 农民对获得城市户口的态度

在关于是否希望子女获得城市户口的调查中,建档立卡户有88户表示希望子女获得城市户口,只有3户表示不希望子女获得城市户口,有2户表示子女是否获得城市户口无所谓;非建档立卡户有94户表示希望子女获得城市户口,有19户表示不希望子女获得城市户口,有5户表示子女是否获得城市户口无所谓。从子女城市户口需求百分比看,建档立卡户中明确表示希望子女获得城市户口的农户占94.62%,高出非建档立卡户14.96个百分点;建档立卡户中明确表示不希望子女获得城市户口的农户仅占3.23%,比非建档立卡户低12.87个百分点;对子女是否获得城市户口持无所谓态度的建档立卡户比重比非建档立卡户比重低2.09个百分点(见图4)。建档立

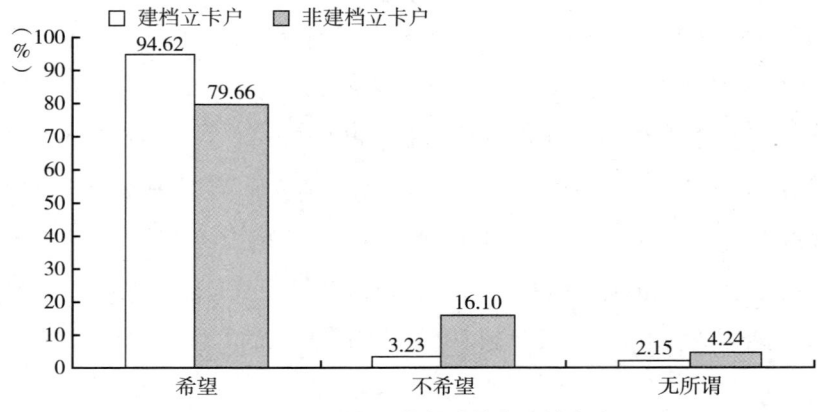

图4 农民对子女获得城镇户口的态度

卡户对是否愿意子女获得城市户口的态度非常明确，对子女获得城市户口的期望高于非建档立卡户，强烈期望子女能获得城市户口。

2. 城市户口对农民的吸引力

通过对上述希望获得城市户口农户进行城市户口吸引力影响因素调查发现：在城市户口吸引力影响因素排序中，建档立卡户中有95.35%的受访者选择把"城市中子女教育条件好"排在第一位，只有4.65%的受访者选择把"城市生活条件好"排在第一位；非建档立卡户中有94.37%的受访者选择把"城市中子女教育条件好"排在第一位，有5.63%的受访者选择把"城市中子女高考容易"排在第一位（见表3）。这说明，城市户口对建档立卡户和非建档立卡户的最大吸引力都在于能改善子女的教育条件，相比而言，非建档立卡户更加优先考虑子女教育问题。

表3 城市户口吸引农民的因素分析

单位：户，%

因素排名	农户类型	吸引因素	户数	占比
第一	建档立卡户	城市中子女教育条件好	41	95.35
		城市生活条件好	2	4.65
	非建档立卡户	城市中子女教育条件好	67	94.37
		城市中子女高考容易	4	5.63
第二	建档立卡户	城市中子女高考容易	24	55.81
		城市生活条件好	13	30.23
		能购买政府保障性住房或政府提供的廉租房	4	9.30
		城市比农村福利水平高	2	4.65
	非建档立卡户	城市中子女高考容易	22	30.99
		城市生活条件好	22	30.99
		能购买政府保障性住房或政府提供的廉租房	22	30.99
		有低保、下岗扶持等措施	5	7.04
第三	建档立卡户	城市生活条件好	21	48.84
		能购买政府保障性住房或政府提供的廉租房	15	34.88
		身份平等	3	6.98
		城市中子女高考容易	2	4.65
		城市比农村福利水平高	2	4.65
	非建档立卡户	城市生活条件好	49	69.01
		能购买政府保障性住房或政府提供的廉租房	18	25.35
		身份平等	4	5.63

在吸引力影响因素排序中排在第二位的主要是：建档立卡户有55.81%还在考虑子女高考问题，30.23%考虑城市生活条件好，9.30%考虑城市中能购买政府保障性住房或政府提供的廉租房；非建档立卡户考虑子女高考问题、城市生活条件好、城市中能购买政府保障性住房或政府提供的廉租房的各占30.99%（见表3）。这说明对所有调查农户而言，子女教育仍然排在第二影响因素的首位，城市便利的生活条件和保障性住房或廉租房也是重要的影响因素，但建档立卡户对子女教育的关注更多、更持久。

在吸引力影响因素排序中排在第三位的主要是：建档立卡户有48.84%考虑城市生活条件好，34.88%考虑城市中能购买政府保障性住房或政府提供的廉租房；非建档立卡户有69.01%考虑城市生活条件好，25.35%考虑城市中能购买政府保障性住房或政府提供的廉租房（见表3）。

总之，对所有调查农户而言，城市户口的吸引因素首先是城市优越的子女教育条件，其次是便利的城市生活条件和保障性住房或廉租房，而像城市有下岗扶持措施、较高水平的最低生活保障和身份平等等因素调查农户顾及很少。

（二）农民市民化意愿调查

在对样本农户进行市民化意愿调查时设计两种情形，第一，假设不提供城市户口，问其是否愿意市民化；第二，假设不设任何条件，直接提供城市户口，问其是否愿意市民化。

1. 不提供城市户口时农民市民化意愿调查

在假设不提供城市户口的情况下，建档立卡户中有28户表示愿意市民化，有55户表示不愿意市民化，有19户表示市民化与否无所谓；非建档立卡户中有15户表示愿意市民化，有84户表示不愿意市民化，有19户表示市民化与否无所谓。从市民化意愿百分比看，明确表示愿意市民化的建档立卡户比重为30.11%，高出非建档立卡户17.40个百分点，明确表示不愿意市民化的建档立卡户比重为59.14%，低于非建档立卡户12.05个百分点，对市民化与否持无所谓态度的建档立卡户比重低于非建档立卡户5.35个百分点(见图5)。在假设不提供城市户口的情况下建档立卡户对是否市民化的态度比较明确,市民化意愿明显强于非建档立卡户。

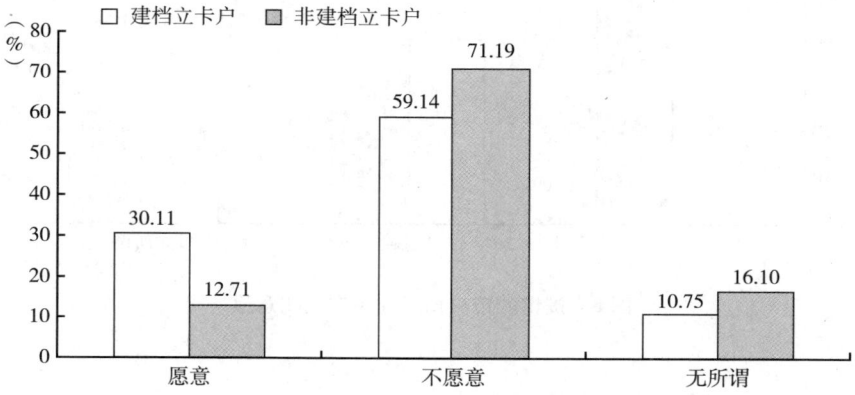

图5 不提供城市户口时农民市民化意愿

2. 提供城市户口时农民市民化意愿调查

在假设不设任何条件,直接提供城市户口的情况下,建档立卡户中有44户表示愿意市民化,有37户表示不愿意市民化,有12户表示市民化与否无所谓;非建档立卡户中有69户表示愿意市民化,有28户表示不愿意市民化,有21户表示市民化与否无所谓。从市民化意愿百分比看,明确表示愿意市民化的建档立卡户比重为47.31%,低于非建档立卡户11.16个百分点,明确表示不愿意市民化的建档立卡户比重为39.78%,高出非建档立卡户16.05个百分点,对市民化与否持无所谓态度的建档立卡户比重低于非建档立卡户4.90个百分点(见图6)。在假设不设任何条件,直接提供城市户口的情况下,建档立卡户对是否愿意市民化的态度比较明确,市民化意愿略弱于非建档立卡户。提供户口前后农户的市民化意愿发生了明显变化,建档立卡户提高了17.20个百分点,非建档立卡户提高了45.76个百分点,说明城市户口是影响农民市民化意愿的重要因素。

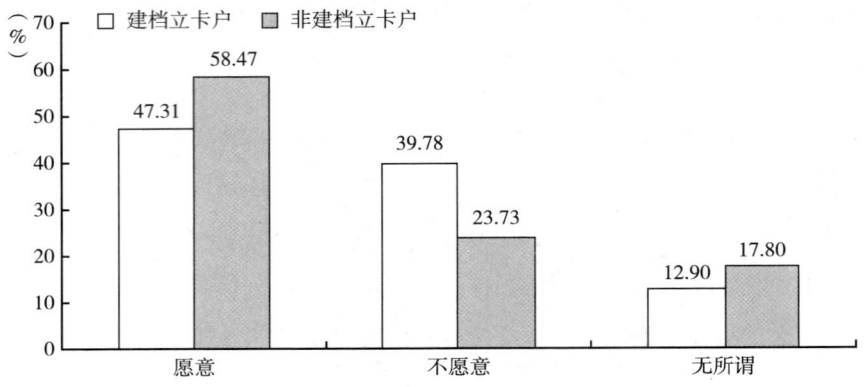

图6 提供城市户口时农民市民化意愿

（三）农民市民化意愿因素分析

1. 不提供户口时农民市民化意愿影响因素分析

对不提供户口时明确表示愿意和不愿意市民化的农户分别进行愿意和不愿意市民化影响因素分析，结果如下。

吸引建档立卡户市民化的因素有7种，其中，38.10%的农户认为市民化后子女可获得更好的教育，21.43%的农户认为市民化后可以提高生活质量，19.05%的农户喜欢城市的生活环境，还有部分农户认为市民化后可以获得更好的社会保障、更高的收入，享受更好的城市基础设施和更好的扶持政策，所占比重均在10%以下；吸引非建档立卡户市民化的因素有4种，其中，40.00%的农户认为市民化后子女可获得更好的教育，30.00%的农户认为市民化后可以提高生活质量，20.00%的农户喜欢城市的生活环境，10.00%的农户认为市民化后可以获得更好的社会保障（见图7）。建档立卡户和非建档立卡户都非常重视子女的教育问题，对子女教育因素的关注度均为最高；除此之外两者均关注生活质量、生活环境和社会保障3个方面的问题，对以上4个方面问题的关注度非建档立卡户均高于建档立卡户；与非建档立卡户不同的是建档立卡户还关注城市基础设施、城市收入和扶持政策3个方面的问题。

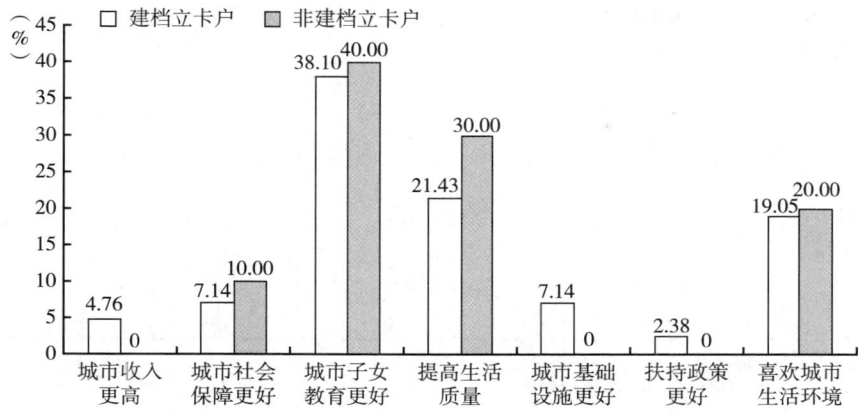

图7 不提供城市户口时吸引农民市民化的因素

阻碍建档立卡户市民化的因素有3种，其中，43.86%的农户认为市民化门槛过高，个人成本难以承受，31.58%的农户不愿意放弃农村所承包的土地带来的收益，24.56%的农户认为亲戚朋友都在这，离不开熟悉的生活圈子；阻碍非建档立卡户市民化的因素有4种，其中，69.57%的农户认为市民化门槛过高，个人成本难以承受，21.74%的农户认为亲戚朋友都在这，离不开熟悉的生活圈子，还有部分农户认为农村的生活质量也很高，不喜欢城市的生活环境（见图8）。阻碍建档立卡户和非建档立卡户市民化的共同因素：第一，两者都认为市民化门槛过高；第二，两者都认为自己离不开熟悉的生活圈子。不同点：第一，近1/3的建档立卡户不愿意放弃农村所承包的土地带来的收益，非建档立卡户不考虑这一问题；第二，超过2/3的非建档立卡户认为市民化门槛过高，高出建档立卡户25.71个百分点，说明建档立卡户更重视承包土地（既得利益）的预期收益，非建档立卡户不考虑承包土地的预期收益，更重视市民化的个人成本（付出的代价）；第三，部分非建档立卡户认为农村的生活质量也很高，不喜欢城市的生活环境，建档立卡户不考虑这两个问题。

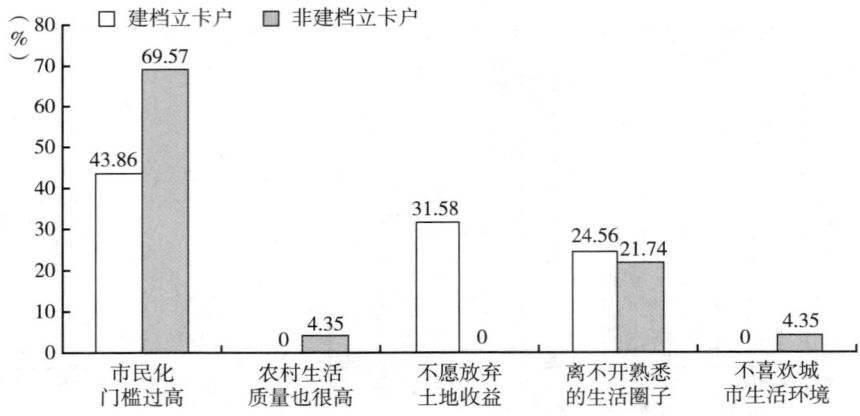

图 8　不提供城市户口时阻碍农民市民化的因素

2. 提供户口时农民市民化意愿影响因素分析

对提供户口时明确表示愿意和不愿意市民化的农户分别进行愿意和不愿意市民化影响因素分析，结果如下。

吸引建档立卡户市民化的因素有 7 种，其中，40.63％的农户认为市民化后子女可获得更好的教育，21.88％的农户认为市民化后可以提高生活质量，15.63％的农户喜欢城市的生活环境，还有部分农户认为市民化可以获得更好的社会保障、更高的收入，享受更好的城市基础设施和更好的扶持政策，所占比重均在 10％以下；吸引非建档立卡户市民化的因素有 5 种，其中，31.58％的农户认为市民化后子女可获得更好的教育，28.95％的农户认为市民化后可以提高生活质量，18.42％的农户认为市民化后可以获得更好的社会保障，15.79％的农户喜欢城市的生活环境，还有部分农户认为市民化后可以享受更好的城市基础设施（见图9）。建档立卡户和非建档立卡户都非常重视子女的教育问题，对子女教育因素的关注度均为最高，除此之外两者均关注生活质量、生活环境、社会保障和城市基础设施 4 个方面的问题，其中对子女教育问题和城市基础设施两个方面的关注度建档立卡户高于非建档立卡户；与非建档立卡户不同的是建档立卡户还关注城市收入和扶持政策两个方面的问题。

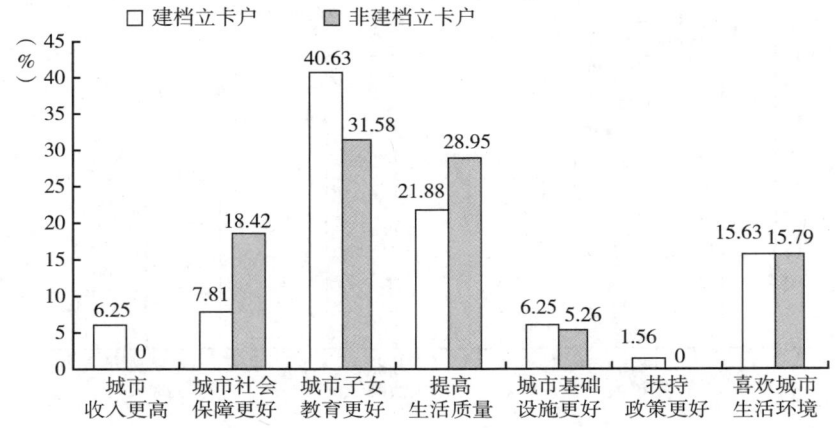

图 9　提供城市户口时吸引农民市民化的因素

阻碍建档立卡户和非建档立卡户市民化的因素均为市民化门槛过高、个人成本难以承受，亲戚朋友都在这、离不开熟悉的生活圈子，不愿意放弃农村所承包的土地带来的收益这 3 种。二者只存在关注度的差异：第一，有 30.00% 的建档立卡户关注亲戚朋友都在这、离不开熟悉的生活圈子的问题，比非建档立卡户低 15.45 个百分点；第二，有 1/4 的建档立卡户不愿意放弃农村所承包的土地带来的收益，比非建档立卡户高出 15.91 个百分点，建档立卡户更重视承包地的收益（见图 10）。

3. 城市户口提供与否对农民市民化的影响

在愿意市民化的农户中，假设提供城市户口前后吸引建档立卡户市民化的因素种类没有变化，但各种因素的关注度都发生了变化，对城市生活环境的关注度下降了 3.42 个百分点，对子女教育和城市收入的关注度分别上升了 2.53 个和 1.49 个百分点，对子女教育的关注度由假设提供户口前低于非建档立卡户 1.90 个百分点，转为假设提供户口后高于非建档立卡户 9.05 个百分点，相对提升了 10.95 个百分点，其他因素的升降变化均在 1 个百分点以内（见图 7、图 9）。在不愿意市民化的农户中，假设提供城市户口前后阻碍建档立卡户市民化的因素种类也没有变化，但各种因素的关注度都发生

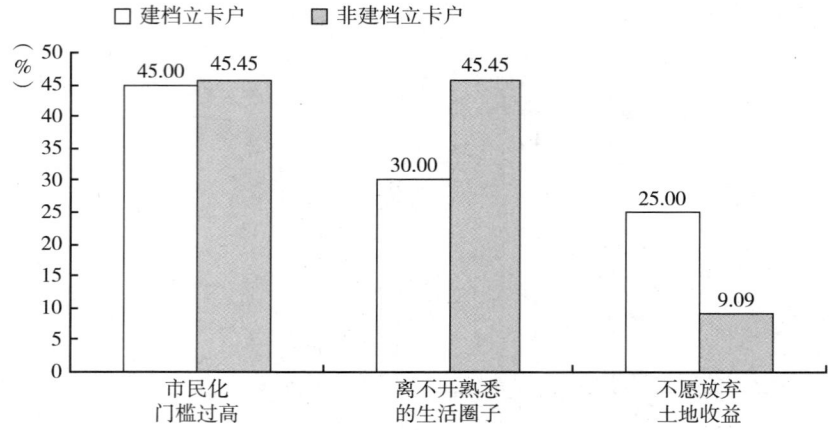

图10 提供城市户口时阻碍市民化的因素

了变化，对不愿意放弃农村所承包的土地带来收益的关注度下降了6.58个百分点，对离不了熟悉的生活圈子和市民化门槛过高的关注度分别上升了5.44个和1.14个百分点（见图8、图10）。城市户口的提供强化了建档立卡户对城市优质教育条件和较高收入的渴望，弱化农户不愿意放弃农村所承包的土地带来收益的想法，同时市民化门槛过高的忧虑基本没有变化，说明不设任何条件的提供城市户口对建档立卡户的市民化意愿有促进作用。

在愿意市民化的农户中，假设提供城市户口使非建档立卡户增加了对城市基础设施的考虑，其关注度为5.26%，市民化的阻碍因素由4种增加到5种；对社会保障的关注度提升了8.42个百分点，对子女教育、城市生活环境和生活质量的关注度分别下降了8.42个、4.21个和1.05个百分点。在不愿意市民化的农户中，假设提供城市户口使非建档立卡户增加了对不愿意放弃农村所承包的土地带来收益的关注度，其关注度为9.09%，放弃了农村的生活质量也很高和不喜欢城市的生活环境的想法，市民化阻碍因素由4种减少到3种；对离不开熟悉生活圈子的关注度上升了23.71个百分点，由假设提供户口前低于建档立卡户2.82个百分点，转为假设提供户口后高于建档立卡户15.45个百分点，相对提升了18.27个百分点；对市民化门槛过高的关注度下降了24.12个百分点。假设提供城市户口使吸引非建档立卡户市民化的因素增加了，阻碍非建档立卡户市民化的因素减少了，同时对阻碍最大的市民化门槛过高的关注度大幅下降，不设任何条件地提供城市户口对非建档立卡户的市民化意愿有较强的促进作用。

4. 不同收入结构农户市民化意愿

在假设不设任何条件，直接提供城市户口的情况下，农业型农户中有11户表示愿意市民化，有30户表示不愿意市民化，有5户表示市民化与否无所谓；兼业型农户中有28户表示愿意市民化，有25户表示不愿意市民化，有9户表示市民化与否无所谓；非农型农户中有74户表示愿意市民化，有10户表示不愿意市民化，有19户表示市民化与否无所谓。从市民化意愿百分比看，明确表示愿意市民化的农业型农户比重最低，只有25.58%，非农型农户比重最高，为71.84%，两者相差46.26个百分点；明确表示不愿意市民化的农业型农户比重最高，为69.77%，非农型农户比重最低，为9.71%，两者相差60.06个百分点；对市民化与否持无所谓态度的农业型农户比重最低，只有11.63%，非农型农户比重最高，为18.45%，两者相差6.82个百分点。在农业型农户、兼业型农户和非农型农户中不愿意市民化的农户比重依次降低，持无所谓态度的农户比重依次升高，愿意市民化的农户比重依次升高，并且增幅大于前者（见图11）。

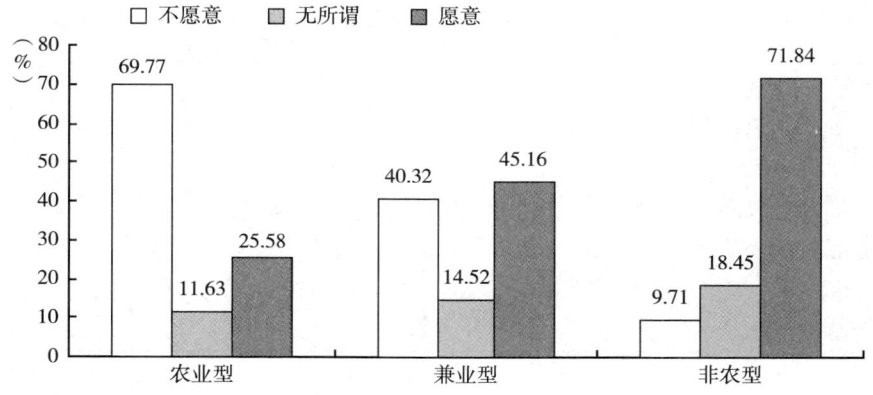

图11　不同收入结构农户市民化意愿

5.不同收入结构对农民市民化的影响

根据调查农户收入结构分农业型农户、兼业型农户和非农型农户3个组考察吸引和阻碍其市民化的因素。

在对愿意进行市民化的农户进行调查中发现：第一，吸引农业型农户、兼业型农户和非农型农户市民化的共同因素有5种，分别是市民化之后可以提高生活质量、获得更好的社会保障、子女可获得更好的教育、城市基础设施建设更好和喜欢城市的生活环境，农业型农户、兼业型农户和非农型农户对5种因素的关注度之和分别是93.42%、94.00%和99.99%；第二，农业型农户、兼业型农户和非农型农户关注度最高的因素均为市民化之后子女可获得更好的教育，关注度分别为36.84%、46.00%和45.45%，其次是市民化之后可以提高生活质量，关注度分别为25.00%、22.00%和27.27%；第三，吸引兼业型农户市民化的因素最多，城市中相关扶持政策对兼业型农户市民化有吸引力，但对农业型农户和非农型农户都没有吸引力；第四，吸引非农型农户市民化的因素最少，估计城市能够获得更高的收入和城市中相关扶持政策对非农型农户没有吸引力（见表4）。

表4 吸引不同收入结构农户市民化的因素

单位：%

	农业型农户	兼业型农户	非农型农户
估计城市能够获得更高的收入	6.58	4.00	—
市民化之后可以获得更好的社会保障	13.16	6.00	9.09
市民化之后子女可获得更好的教育	36.84	46.00	45.45
市民化之后可以提高生活质量	25.00	22.00	27.27
城市基础设施建设更好	6.58	6.00	9.09
城市中相关扶持政策	—	2.00	—
喜欢城市的生活环境	11.84	14.00	9.09

在对不愿意进行市民化的农户进行调查中发现：第一，阻碍农业型农户、兼业型农户和非农型农户市民化的共同因素有3种，分别是市民化的门

槛过高、个人成本难以承受,不愿意放弃农村所承包的土地带来的收益和离不开熟悉的生活圈子,农业型农户、兼业型农户和非农型农户对3种因素的关注度之和分别是90.25%、98.07%和100%;第二,农业型农户、兼业型农户和非农型农户关注度最高的因素均为市民化门槛过高,个人成本难以承受,关注度分别为56.10%、57.69%和47.06%;第三,阻碍农业型农户市民化的因素最多,兼业型农户次之,非农型农户最少;第四,农业型农户、兼业型农户和非农型农户对不愿意放弃农村所承包的土地带来的收益的关注度基本相同,该阻碍因素关注度在农业型农户和兼业型农户中排名第二,在非农型农户中排名第三(也是末位);第五,与农业型农户和兼业型农户相比,非农型农户对市民化门槛过高、个人成本难以承受和不愿意放弃农村所承包的土地带来的收益这两种因素的关注较低,对亲戚朋友都在这、离不开熟悉的生活圈子的关注度较高(见表5)。

表5 阻碍不同收入结构农户市民化的因素

单位:%

	农业型农户	兼业型农户	非农型农户
估计难以在城市获得更高的收入	2.44	1.92	—
市民化门槛过高,个人成本难以承受	56.10	57.69	47.06
农村的生活质量也很高	2.44	—	—
不愿意放弃农村所承包的土地带来的收益	26.83	25.00	23.53
农村的基础设施建设也能接受	2.44	—	—
亲戚朋友都在这,离不开熟悉的生活圈子	7.32	15.38	29.41
不喜欢城市的生活环境	2.44	—	—

(四)精准扶贫对农民市民化意愿的影响

精准扶贫不断提升了贫困户的收入,改善其生活水平,逐渐使其摆脱贫困,其对农民市民化意愿是否有促进作用呢?通过调查发现:所有调查农户都认为精准扶贫对农民市民化意愿没有促进作用;有44.09%的建档立卡户认为精准扶贫对农民市民化意愿没有影响,有55.91%的建档立卡户认为精准扶贫减弱了农民市民化意愿;有56.78%的非建档立卡户认为精准扶贫对农民市民化意愿没有影响,有43.22%的非建档立卡户认为精准扶贫减弱了农民市民化意愿(见图12)。农民只看到了表象,其认为农村的扶持政策多了,生活条件好了,愿意进城的人少了。在假设不提供城市户口时,拥有财富较少的建档立卡户的市民化意愿比非建档立卡户强烈,高出非建档立卡户17.40个百分点,原因是建档立卡户对自己的困难处境认真反思后抉择:通过进城提高子女的教育条件,让子女通过知识改变命运,摆脱贫穷。在假设提供城市户口时,拥有财富较少的建档立卡户的市民化意愿提升了,但是没有比拥有财富较多的非建档立卡户提升得快,也没有非建档立卡户强烈。本次调查的非建档立卡户中有97.46%的农户是因享受了扶贫项目脱贫致富的"贫困户",也就是说他们是已脱贫的曾经的"贫困户",在假设提供城市户口时,市民化意愿高于现在的贫困户11.16个百分点。因此,精准扶贫减弱了农民市民化意愿是表象,其本质是精准扶贫使贫困户通过自身努力不断积累财富,为贫困农民市民化准备资本,从而提升了其市民化的意愿。

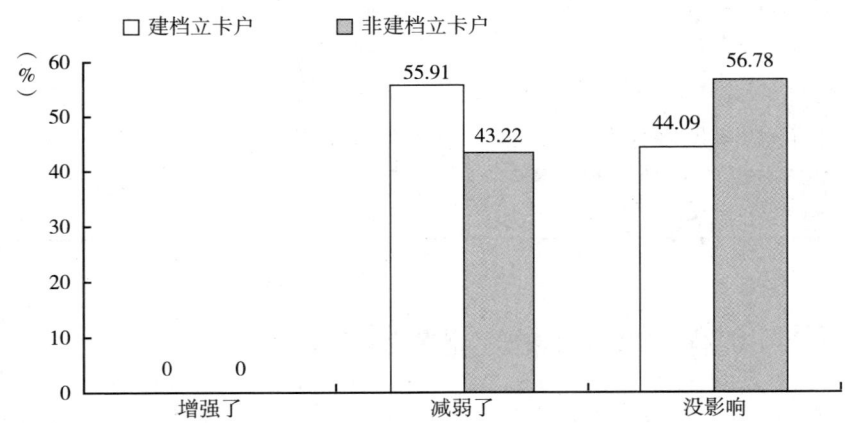

图12 精准扶贫对农民市民化的影响

三 提升农民市民化意愿的建议

（一）强化教育，构建农民子女市民化的通途

知识的匮乏制约了不少农民的发展，也是不少农民心中的痛，因此，子女教育问题是农民市民化过程中考虑最多的因素。城市优质的教育资源是城市户口对农民最大的吸引因素，通过知识改变子女命运是农民最朴实、最直接的途径。应加大政府教育投资，同时制定优惠政策，积极鼓励社会团体、外资、民营企业、自然人等投资当地教育，建立多种多样的资金筹集渠道，增加教育设施，改善和优化教育资源，提升乡村基础教育质量，降低城市教育成本，使进城的农村孩子享受优质的城市教育资源。拓宽农民子女接受良好教育的渠道，构建农民通过知识为子女改变命运并最终实现市民化的通途。

（二）强化精准，加速脱贫，为市民化积累财富

精准扶贫的本质是通过精确识别、精确帮扶对症下药，使贫困户有机会、有信心、有能力通过自身努力逐步实现脱贫致富，同时也为贫困农民市民化积累财富，提升其市民化的意愿。调查中发现，很多贫困户对贫困的原因认识很透彻，自己也有脱贫致富的想法，但在信心、能力、机会和经验等方面或多或少有所欠缺，因此，需要强化精准识别、精确帮扶，让每个贫困户树立信心，掌握技能和经验，并创造机会使其通过自身努力实现脱贫致富。

（三）强化"造血能力"培养

加强对农民的职业培训，有针对性地面向农村劳动力展开特色培训，提高其非农生产技能，增强农村劳动力的职业竞争力。完善面向农村劳动力的就业信息服务体系，定期向农村劳动力免费提供劳务信息，促使劳动力供需

双方有效对接。积极引导鼓励农民自主创业，提供创业贷款，为创业提供启动资金，并在政策、人才、配套服务和土地优惠等方面给予支持，营造农民创业的良好环境。家庭收入中非农收入比重的不断增加能有效提升农民市民化的意愿。

（四）完善农民市民化成本分担机制

市民化门槛过高，个人成本难以承受是制约农民市民化的最大障碍。借鉴《国家新型城镇化综合试点方案》和试点地区总结的经验，建立健全由政府、企业、个人共同参与的农业转移人口市民化成本分担机制，根据农业转移人口市民化成本分类，明确成本承担主体和支出责任。按照事权与支出责任相适应的原则，合理确定各级政府在教育、基本医疗、社会保障等公共服务方面的事权，建立健全城镇基本公共服务支出分担机制。

（五）加快土地流转，促进兼业型农户向专业型农户转变

农业小规模分散兼业型经营方式不仅制约了现代农业规模化、专业化和现代化高效率的发展，而且使兼业型农户处于鱼和熊掌兼得的困境，阻碍了兼业型农户致富的步伐。不愿意放弃农村所承包的土地带来的收益是制约农民市民化的重要因素之一。因此，认真贯彻落实中共中央办公厅、国务院办公厅印发的《关于完善农村土地所有权承包权经营权分置办法的意见》，完善"三权分置"，加快放活土地经营权，积极推进土地流转，让兼业型农户尽快专业化，摆脱鱼和熊掌兼得的困境，实现向规模化现代农业型或非农型转变。

B.13
农民生产行为视角下农村土地承包经营权流转调查研究

胡苗 徐吉宏*

摘　要： 本文以甘肃省民乐县为例，从农户特征、农户种植决策行为、农户生产用工行为、农户生产投资行为四个方面探寻影响农户土地流转意愿的主要因素，并对土地流转行为的特征与原因进行分析。研究结果表明：①目前的土地流转多为农村劳动力转移过程中的暂时性流转，土地流转供需矛盾突出，如何提高土地利用率，增加土地出让收益，成为土地流转过程中的关键性问题；②尽管农户的风险偏好会对土地流转行为产生一定的影响，但大多数农户仍偏好于土地的生产和保障功能，土地流转的意愿不强烈；③目前农户生产效率低，农业比较效益不高，主要原因在于土地的资金、劳动力、技术等资源配置效率低下；④农业合作组织在土地流转过程中对农户的帮扶还比较有限，没有真正发挥应该起到的作用；⑤由于农业比较效益低下，农业产业用工量不断减少，非农产业逐渐取代农业成为农户家庭主业，如何提高农业生产效率，实现土地的适度集中，从而转移农村劳动力，成为土地流转中需要解决的难题。

关键词： 生产行为　土地流转　民乐县

---

* 胡苗，甘肃省社会科学院农村发展研究所助理研究员，硕士，主要研究方向为农村经济学；徐吉宏，甘肃省社会科学院助理研究员，硕士，主要研究方向为农村发展及地理信息技术。

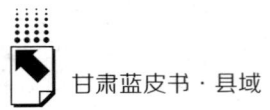

一 引言

农村土地所有权、经营权流转一直是学者们关注的焦点。William Petty 于 1662 年在《赋税论》中首次提出地租理论,为土地流转提供理论指导和价值评估基础。由于国内外土地产权属性不同,国外研究主要使用的是农村土地交易,其中既包括土地所有权的买卖,也包括土地租赁、置换、转让等使用权的流转。国内自 20 世纪 80 年代末期以来,为了克服家庭小规模经营引发的农业生产效率低下的问题,全国各地自发地开展了一系列农地流转的创新实践,① 党的十八大文件又提出了"稳定农村土地承包关系并保持长久不变,在坚持和完善最严格的耕地保护制度前提下,赋予农民对承包地占有、使用、收益、流转及承包经营权抵押、担保权能,允许农民以承包经营权入股发展农业产业化经营"。② 随着政策的实施,学界从多角度对农村土地流转这一热点问题进行了探讨,研究领域主要集中在农村土地流转状况、影响因素及土地流转的经济绩效等方面。

近年来,农户行为与农村土地制度研究也引起了国内外学者的关注。关于农户行为经济学理论的研究主要有三种流派:理性小农学派、组织生产学派和历史学派。国外有关农户行为的研究较多地使用各种农户模型,20 世纪 20 年代苏联经济学家 Chayanov 建立了用于分析苏联小农行为的模型,他可以说是使用农户模型的先驱,此后,贝克尔(Gary Bacher,1965)创建了新农户经济学模型,20 世纪 80 年代以后,出现了农户家庭成员具有不同效用函数的集体模型。国内学者在进一步借鉴这些研究成果的基础上,运用农户生产决策模型、农户生产决策的博弈模型、二元选择(logit)模型以及多元选择(probit)模型③对农村土地经营权流转相关问题进行了研究。主要的研究结论有:①土地经营规模受农户的生产用工、技术采用、农业投资

---

① 陈海磊:《农户土地流转是有效率的吗?——以山西为例》,《中国农村经济》2014 年第 7 期。
② 《近年来关于土地政策的有关文件精神》,《甘肃农业》2015 年第 6 期。
③ 康云海:《农业产业化中的农户行为分析》,《农业技术经济》1998 年第 1 期。

等生产行为的影响；①②农户土地经营规模、收入水平、户主特征、社会保障体系以及行为偏好与农户土地经营权流转之间存在相关关系；②③土地流转价格、非生产性收益、生产性成本、非生产性成本、土地使用成本、土地交易成本等因素对农户土地供求有重要影响；③④农户土地经营权流转意愿不仅受到理性经济人逻辑的支配，还受到其所处社会网络以及国家和集体的土地经营权流转政策的影响④。

总体而言，现有研究从多视角关注了农村土地流转问题，但普遍重视外部驱动因素，对土地经营权流转主体的关注不足。特别是从农民生产行为的视角，以干旱绿洲区为典型研究区域，在资源约束和农民强制合作的背景下，对农民生产行为偏好、合作意愿及农村土地经营权流转作用机理进行的综合性研究尚鲜有报道。

二 研究区基本概况

（一）数据来源

本文数据来自 2015 年对甘肃省民乐县农户的实地调查，选取民乐县作为调研样本的主要原因：一是农村土地承包经营权流转已初具规模，且具有一定的区域特点，农民对农村土地承包经营权流转具有初步的认识，土地流转意识逐步增强，有利于农民生产行为视角下农村土地承包经营权流转研究；二是目前多种土地流转模式（如各种专业大户、家庭农场、专业合作社、"公司+农户"等）是建立在农户合作的基础之上，民乐县农户在水资

---

① 张忠明、钱文荣：《不同土地规模下的农户生产行为分析》，《四川大学学报》（哲学社会科学版）2008 年第 1 期。
② 杨卫忠：《农村土地经营权流转中的农户羊群行为——来自浙江省嘉兴市农户的调查数据》，《中国农村经济》2015 年第 2 期。
③ 冯振东、霍丽、邰传林：《中国农村土地流转问题研究述评》，《西北大学学报》（哲学社会科学版）2010 年第 2 期。
④ 宋伟、任大延：《基于结构洞理论的农户农地流转行为研究》，《中国农学通报》2011 年第 8 期。

源等资源利用上强制合作性,有利于合作前提下农民生产行为偏好研究;三是民乐县在农村土地承包经营权流转和农民生产行为选择之间具有一些"互利共赢"的成功经验和模式,为此次调查的对策应用研究提供较大的指导和借鉴作用。

此次调查采取典型农户的抽样调查与村干部访谈的方式,共发出问卷350份,实际收回有效问卷317份,根据调查数据对农户土地经营规模实际状况、土地流转情况、农户的生产行为以及农民生产行为对土地承包经营权流转的影响予以实证分析。

(二)农户土地经营规模实际状况

从调查数据看,2015年被调查农户耕地面积为5138.45亩,劳均规模5.69亩,人均规模16.21亩。其中户均耕地面积小于5亩的有33户,占总样本户的10.41%,15~20亩的有62户,占19.56%,20亩以上的有91户,占28.71%(见表1)。

表1 不同土地经营规模样本农户构成

面积(亩)	户数(户)	不同土地经营规模农户占样本总体比例(%)
<5亩	33	10.41
5~10亩	57	17.98
10~15亩	74	23.34
15~20亩	62	19.56
>20亩	91	28.71
合计	317	100.00

资料来源:根据调查数据统计而来。

从表1可以看到,样本户中,户均耕地面积在10亩以下的占28.39%,20亩以上的占28.71%。如果基准人口按每户4人计算,家庭人均耕地面积不到2亩的占到14.46%。而且,平均每户的耕地又被划分为9.3块,其中1~9块规模的占16.77%,平均每块耕地面积仅有1.25亩。农户分配到的耕地分散,且每块规模比较小,绝大多数家庭属于小规模经营。

（三）土地流转情况分析

1. 实际流转

在调查农户中，实际发生土地流转的并不多，租入的有92户，占样本总体的29.02%，而租出的略少一些，有76户，占总体的23.97%。合同类型以口头协议为主，占68.33%；租金类型以货币为主，占56.45%，一般为500~1000元/亩，实物补偿占16.13%；没有约定流转期限的占58.06%；流转行为告知村委会并盖章的占15.45%，告知村委会但没有盖章的占21.68%，其余的都没有告知；在调查土地流转去向和来源时发现，流转给本村村民的占53.46%，给本村经营大户的占21.32%，给合作社或农业生产企业的占13.46%，说明农业合作组织在农户土地流转过程中发挥的中介作用还有待提高，这与土地流转以农民自发流转为主的调查情况相符合，但同时说明，土地流转过程中农户对农业合作组织存在着有效的需求。

2. 流转意向

在对农户土地流转情况进行调查的同时，我们也需要了解农户当前的土地流转意向。对于"如果您家没有租种土地，其主要原因是"，不需要更多土地的占23.98%，没有合适土地的占41.01%，收益不大、不划算的占17.03%，租入的地块容易被租出方收回的占0.95%；对于"如果您家没有租出土地，其主要原因是"，土地自家不够用的占78.04%，没人想租的占23.72%。

3. 流转动力

在调查土地流转的驱动力方面，选择"政府主导"的占42.67%，说明农户在土地流转中还是会选择以地方政府的推动为主，村集体和地方政府的有效推动在土地流转成效和农户主观认可方面有着不可替代的作用；选择"市场导向"的占28.28%，说明市场的流转动力作用并不明显，市场竞争这只无形之手对土地流转的推动并不像政府有形之手能获得农户的较高认可，也反映出农户抗拒市场风险的能力有限；选择"农业生产企业或公司带动"的占比为21.73%；有6.6%的农户选择土地流转交易平台，显现出农户对土地流转的中介服务有内在需求；有3户农户选择土地融资，显现出小部分农户对土地价值的渴望。

（四）农户生产行为分析

农户作为理性经济人，为实现收益最大化，在对外部的经济环境、政策环境和自然环境做出积极反应的同时，把握自身的生产行为、投资行为、投资决策及影响行为的因素，是实现农村土地资源可持续利用的核心。①

农户的主要农业生产行为调查结果见表2。

表2 农户的主要农业生产行为调查

单位：%

问题		比例
如何进一步增加家庭收入？	降低生产成本	10.58
	提高农产品价格	12.78
	扩大耕地面积	14.73
	提高单产	30.23
	增加土地投入	27.46
	其他	4.22
决定您进行农业生产的原因？	农产品价格	34.95
	生产成本	15.76
	非农就业收入	23.51
	家庭消费	19.33
	耕地面积	6.45
是否打算增加农业生产投入？	是	75.14
	否	24.86
若继续生产，您会选择哪方面？	粮食作物（小麦、玉米、土豆等）	21.22
	经济作物	53.35
	养殖业	25.43

资料来源：根据调查数据统计而来。

从对农户主要农业生产行为的调查中可以看出，大部分农户希望通过提高单产和增加土地投入来增加家庭收入，分别占30.23%和27.46%。在农

---

① 虎陈霞等：《黄土丘陵区农户生产决策行为和对土地政策的认知分析》，《生态环境学报》2009年第2期。

户对进行农业生产原因的回答中，34.95%的农户表示他们进行农业生产的主要原因还是市场价格。75.14%的农户表示愿意增加农业生产投入。

农民要追求以最小的经济支出换取自身利益的最大化，就会自发性地调整农业土地利用结构和方式，以便能够实现自己的既定目标。"若继续生产，您会选择哪方面？"的调查结果表明，有53.35%的农户表示愿意增加经济作物的种植，农户愿意增加投入主要是受市场价格机制的驱动，经济作物的价格较高，能为他们带来可观的经济效益；但同时，由于经济作物的市场价格变化大，种植存在价格风险。25.43%的农户认为若继续从事农业生产，会选择发展养殖业。风险较大的养殖业行情常受饲料价格的影响，且技术含量要求高，需要具备一定的养殖知识和专门的技术培训，部分农户目前还持观望和尝试的态度。

三 农民生产行为对土地承包经营权流转的影响分析

（一）农户土地流转决策模型的构建

根据当前农民行为经济学的理论框架和概念模型，选择农户土地流转意愿作为被解释变量，以体现农户生产行为影响下的土地流转偏好。各变量中农户没有回答的值都设为空值。因此实证分析模型采用多元回归计量模型。

logistic模型采用的是逻辑概率分布函数，它的具体形式为：

$$P_i = F(Z_i) = F(\alpha + \beta X_i) = 1/(1 + e^{-Z_i})$$
$$= 1/[1 + e^{-(\alpha + \beta X_i)}] = e^{\alpha + \beta X_i}/(1 + e^{\alpha + \beta X_i})$$
$$e^{-Z_i} = 1/P_i - 1 = (1 - P_i)/P_i$$

因为 $e^{-Z_i} = 1/e^{Z_i}$，所以

$$e^{-Z_i} = P_i/1 - P_i$$

对上式两边取自然对数，于是得

$$Z_i = \log[P_i/(1 - P_i)]$$

也即

$$\log[P_i/(1-P_i)] = Z_i = \alpha + \beta X_i$$

由此可以得出二分量 logistic 模型的一般形式。当有 K 个自变量的时候，logistic 模型就是多元 logistic 模型，即

$$P_i = [e^{\alpha+\beta_1 X_{1i}} + e^{\alpha+\beta_2 X_{2i}} + e^{\alpha+\beta_3 X_{3i}} + \cdots + e^{\alpha+\beta_k X_{ki}}]/$$
$$[1 + e^{\alpha+\beta_1 X_{1i}} + e^{\alpha+\beta_2 X_{2i}} + e^{\alpha+\beta_3 X_{3i}} + \cdots + e^{\alpha+\beta_k X_{ki}}]$$

相应地，多元 logistic 回归模型也有下列形式：

$$\log[P_i/(1-P_i)] = \alpha + \beta_1 X_{1i} + \beta_2 X_{2i} + \beta_3 X_{3i} + \cdots + \beta_k X_{ki}$$

其中，P_i 代表农户是否参加土地流转行为（租入土地/租出土地）。X_i 代表第 i 个解释变量，α 为常数项，β 为待估计参数。

（二）变量的选择与赋值

农地流转与农户的生产行为密切相关，为此我们综合考虑基于土地收益的农户种植决策行为、生产用工行为和生产投资行为。模型中被解释变量农户土地流转状况分别将维持不变、土地流入、土地流出取值 0、1、2，选择了农户特征变量和农户行为变量两类变量作为解释变量（见表3）。

1. 农户特征

农户兼业类型用于表示非农就业劳动力转移的兼业效应对土地流转的影响，兼业类型以非农收入占农户全部收入的比重衡量，非农收入占总收入的比重若等于 0 为纯农户，若小于 50% 为第 I 类型兼业户，若大于 50% 为第 II 类型兼业户，若等于 100% 则为非农户，因此，兼业类型可以反映出非农收入比重对农地流转的影响。①

农户的主观风险指数这一变量在一定程度上反映了农户对待风险的态度，对主观风险指数的计算主要根据问卷中以下 5 个问题的评价综合得出：

---

① 谈巧巧：《劳动力转移对农地流转模式选择的影响——基于六安市农户调查样本的研究》，硕士学位论文，南京师范大学，2014。

①我从来不会在村里第一个种植新品种，因为这样干的风险太大了；②我从来不会在部分缺水地块上种植农作物，因为可能会颗粒无收；③我并不想要平整土地，因为我害怕这些地块未来可能重新调整；④我不想租出土地，因为害怕租出土地在未来调整中被分给其他人；⑤如果拥有具有法律效力的土地产权证书，我愿意平整更多的土地。调查中由农户对这些问题进行打分，总分为10分，1分表示完全不同意，10分表示完全同意。

2. 种植决策行为

作为理性经济人的农户，选择比较收益水平较高的生产方式是研究农户种植决策行为的关键，因此选择土地生产效率和土地价格来衡量。

3. 生产用工行为

农户在衡量生产用工时，选取农业劳动力投入指标，即务农劳动力/家庭总人口。

4. 生产投资行为

在农户进行生产决策、衡量其预期收入时，投资成本是其考虑的一个主要因素。为了较为直接地反映农户生产性投资情况，生产性投资特指每单位土地面积流动资金投入。亩均流动资产投入 =（农药投入 + 化肥投入 + 种子投入 + 灌溉投入）/农户土地总面积；亩均固定资产投入 =（拖拉机估价 + 摩托车估价 + 其他农机具估价）/农户土地总面积。①

表3 相关变量的解释说明

	变量名称	变量定义	
被解释变量	土地流转状况	土地流入 =1,土地流出 =2,维持不变 =0	Y
农户特征	农户兼业类型	1 = Ⅰ兼业户（非农收入 <50%）,0 = 其他；1 = Ⅱ兼业户（非农收入 >50%）,0 = 其他	X_1
	农户的主观风险指数	1 = 风险偏好,10 = 风险厌恶,从 1 到 10 风险偏好程度递减	X_2

① 曹跃群、蒋为、张卫国：《农户经济视角下的我国农村土地流转影响因素》，《石家庄经济学院学报》2011 年第 2 期。

续表

	变量名称	变量定义	
种植决策行为	土地生产效率	农业产值/农户土地总面积	X_3
	土地价格	土地流转收益/农户土地总面积	X_4
生产用工行为	农业劳动力投入	务农劳动力/家庭总人口	X_5
生产投资行为	亩均流动资产投入	(农药投入+化肥投入+种子投入+灌溉投入)/农户土地总面积	X_6
	亩均固定资产投入	(拖拉机估价+摩托车估价+其他农机具估价)/农户土地总面积	X_7

（三）结果分析

本研究采用 SPSS 17.0 统计分析软件，对相关调查数据进行二元 logistic 回归处理。在运行过程中，首先把自变量全部代入模型进行检验，依据检验结果剔除对因变量影响不显著的自变量，模型回归结果如表4所示。

表4 模型结果

	B	Wald	Sig.		B	Wald	Sig.
X_1	5.337	8.394	0.006 ***	X_5	-3.401	2.196	-0.103
X_2	1.353	2.820	0.122	X_6	2.769	2.560	0.145
X_3	3.604	5.109	0.041 **	X_7	3.122	1.203	0.468
X_4	3.681	4.953	0.042 **				

注：**，*** 表示该变量的系数在0.05、0.01的可信水平下显著不为0。

在本回归模型的拟合度检验方面，卡方检验上呈显著状态，-2log likelihood 为28.332，Cox & Shell R^2 和 Nagelkerke R^2 分别为0.576和0.712，模型拟合度良好。

通过以上实证分析得到：

第一，农户兼业类型的变量系数为正值，并在0.01水平下显著，形成正相关关系。说明兼业程度越深，即非农业收入所占比例越大，对土地的依赖程度越小，农户就会越愿意将自己经营的土地流转出去。对于家庭收入绝大多数来自务农的农户，土地则是其收入的重要载体，与纯农户和一兼农户相比，二兼农户的收入来源更加多元化，农业收入在家庭总收入中所占的比例越来越小，因此他们更渴望流转土地，从而促进了农村土地流转市场的发展。

第二，农户的主观风险指数对土地流转意愿有一定的影响，分值越小表示越偏好风险，即农户越重视土地的收益功能，参与土地流转的可能性就会越大，因此该变量对农户参与土地流转具有正向影响。农户偏好风险对新技术的了解和接受就相对容易些，同时对新科技的辨识能力也强些，其大胆地选择新品种，以获得更大的收益，参与土地流转的可能性大。

第三，土地生产效率在 0.05 的水平下影响显著，相对于流入户，流出户在土地流转后其生产效率会得到提高。可能的原因是流出户在转出土地前，其资本和劳动力要素相对于土地要素偏少，没有达到最优的配备比例，生产效率低下；而在转出土地后，其剩余土地和其他生产要素配备水平提高，实现了要素之间的充分利用，经营规模和生产技术的应用恰到好处，技术效率和规模效率都得到提升。而转入户由于土地流转一定程度上促进了土地的规模经营，且在扩大经营规模后其生产效率得以提高。

第四，土地流转收益的变量系数为正值，并在 0.05 水平下显著，形成正相关关系。说明土地流转收益越大，土地流转意愿越强烈。土地流转收益是农户流转土地的收益保障，而根据调查有 72% 的农户认为土地流转价格低，因此土地流转收益极大地抑制了土地的流转规模；另外，农业收入对土地流转的影响并不十分显著，这可能是由于随着近些年外出务工人员的增多，土地农业收入已经不是农户收益的主要组成部分，土地的劳动收益功能在不断下降。

第五，农业劳动力投入系数为负值，二者成负相关关系，说明农户农业劳动力投入越多，土地流转的可能性越小。由于农业劳动力投入较多的家庭，在一定程度上其土地的经营规模相对较大，获得的农业收入较为丰厚，土地流转的可能性也就较小。

第六，亩均流动资产、固定资产投入变量对土地流转状况没有显著影响，这可能是因为被调查地区绝大多数家庭是小规模经营，农户流转农地的面积相对较小，缺乏从事农业规模化经营的条件，农地投入的边际效益不明显。

四 结论与政策建议

本文利用农户土地流转问卷调查所得到的微观数据，采用统计分析，将农户生产行为中的种植决策行为、生产用工行为、生产投资行为引入土地流转的实证研究领域。研究结果表明：①目前的土地流转多为农村劳动力转移过程中的暂时性流转，土地流转供需矛盾突出，如何提高土地利用率，增加土地出让收益，成为土地流转过程中的关键性问题；②尽管农户的风险偏好会对农地流转行为产生一定的影响，但大多数农户仍偏好于土地的生产和保障功能，土地流转的意愿不强烈；③目前农户生产效率低，农业比较效益不高，主要原因在于土地的资金、劳动力、技术等资源配置效率低下；④农业合作组织在土地流转过程中对农户的帮扶还比较有限，没有真正发挥应该起到的作用；⑤由于农业比较效益低下，农业产业用工量不断减少，非农产业逐渐取代农业成为农户家庭主业，如何提高农业生产效率，实现土地的适度集中，从而转移农村劳动力，成为土地流转中需要解决的难题。

根据上述分析，本文提出以下政策建议：①应加大政府在农业上的生产性服务投入以及对先进技术的推广，发挥政府、高校、科研院所及企业等不同主体在农业科技创新体系中的协同创新作用，以提高技术效率来提高综合生产效率；②创造非农就业机会，鼓励农民从事非农产业，减少对土地的依赖，为农地流转创造条件，鼓励有条件的家庭进行转出，让农民拥有最优比例的生产要素，从而提高生产效率，鼓励种田能手转入土地，把农业的规模化和集约化有机地结合起来，提高土地和其他资源的有效利用率；③政府要加大对农业合作组织的扶持力度，在资金、技术、政策上对农业合作组织进行优惠和倾斜，引导农业合作组织的建立和发展，同时加强示范引导，强化规范管理，健全利益分配机制，使农业合作组织与广大农户结成紧密的利益共同体，发挥合作组织的帮扶作用，调动农户参与土地流转的积极性；④建立健全农村土地流转服务体系，建立和完善覆盖市、县（市、区）、乡（镇）、村四级的土地流转管理服务体系，加强对土地流转的合理引导，建立全国统一的土地流转信息网络，由政府制定标准的合同范式，加快农村土地承包经营权纠纷仲裁机构建设，并要求企业设立风险基金账户，防止因流转关系变动导致农民土地权益受损。

B.14
创新甘肃农业生产经营体制研究

李忠东 冯展远*

摘 要： 改革开放以来，我国实行以家庭联产承包经营为基础、统分结合的双层经营体制，在一段时期内促进了我国农村经济发展。随着农业市场化、现代化、国际化发展，我国"三农"问题不断突出，家庭分散经营与市场化的矛盾愈加明显。通过研究创新农业双层生产经营体制发展，着力构建集约化、专业化、组织化、社会化相结合的新型农业生产经营体系，进一步解放农村社会生产力，促进农业经济快速发展，全面实现小康社会奋斗目标。

关键词： 创新 甘肃省 农业 生产经营体制

一 我国现阶段农业生产经营体制现状

（一）农业生产经营体制发展

我国实行家庭联产承包责任制为主的经营体制已有三十多年，实践证明其符合我国人口众多、地域辽阔、发展不平衡的国情。1978~1984年，农村发展取得巨大成功，城乡收入差距从2.57∶1降到1.71∶1，农村人口温饱

---

* 李忠东，甘肃省统计局农村工作处处长；冯展远，甘肃省统计局农村工作处中级统计师。

问题得以解决。1984年以后，随着城市改革进程加快，农村居民收入增长长期停滞，消费能力严重下降，城乡差距问题突出。为解决"三农"问题，从1994年山东实施农业产业化战略开始到1996年，我国进入农业产业化实施阶段，2004年实行"三项补贴"政策，2006年全面取消农业税。2014年中央提出加快构建新型经营体系，发展多种形式的规模经营，向农业输入现代生产要素和经营模式，加快城乡户籍制度改革，解决好地少水缺的资源环境约束问题，深入推进农业发展方式转变，稳定农村土地承包关系并保持长久不变，在坚持和完善最严格的耕地保护制度的前提下，赋予农民对承包地占有、使用、收益、流转及承包经营权抵押、担保权能。我国农业生产经营体制正在发生重大变化。

（二）家庭联产承包经营体制存在的问题

家庭联产承包经营体制实行三十多年来，出现了小生产与大市场衔接难、效益低下、资源浪费、农业环境污染等诸多问题。

一是农村土地产权不清。长期以来，我国农村土地权属管理工作薄弱，很难进入市场流通或流转。国家征用土地时，农民补偿受益较少，相关权益得不到保障。有些地方以公益为由，用计划经济方式低价征用农民的土地，在市场高价出售，这易引发灰色交易行为，使国家和农民两头利益受损。

二是耕地分散经营，效益较低。农村耕地承包基本上按人口、土地等级平均分配，家庭土地分散、地块小，不利于农业集约化、规模化、机械化发展。家庭大量购置小型农机具，在农业投入上造成重复投资和资源的严重浪费。农民易盲目种植，农产品生产、流通等成本过高，人工浪费严重，经济效率低下。

三是阻碍农村资源整合及效益提升。在取消农村耕地资源税费、加大农业补贴力度后，大量离土不离农的农户长期存在，制约农业生产投入及现代农业发展。在小宗农产品市场中，各种小规模经营产业链短、市场机制不畅，导致近年来绿豆、姜蒜、中药材等炒作严重，严重影响产业平稳发展。

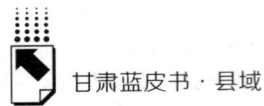

四是农产品品质控制困难。由于大量家庭分散经营的生产，农业生产中存在大量使用低标准农业生产资料，超标准使用化肥、农药等现象，造成农产品品质差、药残高，农业污染重、程度深，农产品监督检测、规范标示及质量追溯困难，对农产品出口及消费者健康产生较大影响。

在全球市场一体化背景下，我国农业已无法与欧美高度现代化农业抗衡和竞争。不加快改革创新现行的农业生产经营体制，就无法承受欧美现代化农业所带来的巨大冲击，这给粮食安全、农业产业链发展等都会带来难以解决的社会问题。

二 甘肃省农业生产经营体制创新的现状

近年来，甘肃各地积极开展农业生产经营体制创新探索及试点，培育新型农业经营主体，构建新型农业经营体系和社会化服务体系，农村发展活力进一步增强。

（一）农业经营主体不断增加

甘肃在坚持家庭经营基础性地位的基础上，积极推进家庭经营、合作经营、企业经营等农业经营方式创新。截至 2014 年底，全省已有各种经营类型的家庭农场 3627 个，增长 47.6%，家庭农场经营土地面积 92.3 万亩；全省工商登记的农民合作社 43384 家，成员 100 多万人，带动非成员农户 240 多万户。① 截至 2016 年 5 月，全省共有 27 家国家级农业产业化重点龙头企业和 405 家省级农业产业化重点龙头企业。②

（二）社会化服务体系不断健全

甘肃不断深化市场化改革，为农业社会化服务体系中各类经营性服务

---

① 《甘肃农牧简报》2015 年第 4 期。
② 《甘肃省省级以上农业产业化重点龙头企业名单》，http://www.gsny.gov.cn/apps/site/site/issue/cyhjy/ltqy/2016/05/20/1463716356831.html。

组织的发育创造良好的制度环境；逐步改革经济技术部门所属服务组织运行机制，增强服务功能，完善服务方式。大量非政府主体进入农业生产资料的供给和农产品的收购、储存、加工、销售等服务市场。目前，以家庭承包经营为基础、公共服务机构为主导，多元化和社会化的市场主体广泛参与的新型农业社会化服务体系已现雏形。2014年底，全省有经营性农业服务组织6130家，经营收入114.6亿元，从业人员15.5万人。其中农业经营性服务公司1784家、服务性农民合作社3042家、农业专业技术协会1304家。①

（三）资源权属管理体制不断完善

甘肃全面实行集体林权制度主体改革，把5500多万亩集体林地和价值数百亿元的森林资源资产确权到户，农民拥有充分的占有、使用、处置和收益权，理顺了林业生产主体关系。认真落实中央有关文件精神，稳妥推进农村土地承包经营权确权登记，创新农业生产经营体制机制，推动农村土地规范流转。截至2014年底，全省农村土地流转面积达982万亩，流转率达20.4%，增长32%。截至2014年底，全省建立县级土地流转中心85个，乡镇服务站1094个，村级服务点12250个。建立县级仲裁委员会84个，乡镇土地纠纷调解委员会1217个，村级土地纠纷调解小组12609个，聘任仲裁员1720名。2014年，争取农业部农村土地仲裁基础设施建设项目25个，获得项目资金1250万元。对16个县级流转中心、70个乡镇土地流转服务站、36个经营主体进行了奖励扶持。②

（四）补贴及保险范围不断扩大

近年来，甘肃不断完善农业补贴和农业保险机制，在粮食直补基础上，加大对全膜双垄沟播、中药材、蔬菜大县、牛羊产业大县等的财政补贴力

---

① 《甘肃农牧简报》2015年第4期。
② 《甘肃农牧简报》2015年第4期。

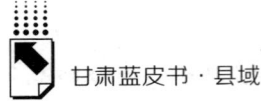

度，促进优势产业快速发展。各项政策极大地调动了农民生产积极性，促进了农业生产机械化、规模化发展。积极开展以玉米制种、啤酒大麦和设施农业等优势产业保险保费补贴试点工作，保险品种由能繁母猪、奶牛、玉米等普通种养产品向全省特色优势产业发展。

（五）特色区域布局不断优化

近年来，全省各地不断壮大特色优势产业规模，稳步提升农业科技支撑水平，农业区域化格局基本形成。河西灌溉农业区已发展成为全国重要制种、酿酒原料、高原夏菜和草食畜牧业基地；中部、陇东旱作农业区已成为全国重要的马铃薯、中药材、羊羔肉及肉牛基地；陇南山区成为油橄榄、花椒、苹果等特色林果业基地；甘南及河西牧区成为全国重要的肉牛、肉羊和细毛羊基地。2015年全省特色优势作物面积超过3000万亩，占农作物播种面积一半以上，提供了约三分之二的农民家庭经营收入。①

三 甘肃省农业生产经营体制创新的难点

（一）农业服务体系不健全

受计划体制及农民文化素质观念等影响，甘肃在产业发展上还过多采取行政指令性推广方式，在相关法律体系建设、市场准入、监管追溯等方面依然有所欠缺。从省到乡镇的农业协会组织体系不完善，结构调整方式及成效不高。甘肃马铃薯、中药材、玉米制种等产业在全国位列前茅，但由于营销体系小而分散，市场组织及控制能力低，过多增加产量容易导致市场供给饱和、价格下跌。

---

① 《甘肃省"十三五"农业现代化规划》。

（二）土地标准化确权难度加大

农村土地承包经营权确权登记颁证工作是当前农村综合改革中最艰巨、最复杂的基础性工作。家庭联产承包经营实行三十多年来，由于历史及现实因素，存在农户土地面积不实、四至不清等现象；质量好、发展潜力大的地块农户不愿流转，质量差、较偏远的地块没人要；部分农户的流转补偿与期望值差距过大；还有土地等农村资源流转后的农民收益、社会保障影响等问题制约着土地确权和流转效果的提升。政府在农业产权交易及服务保障体系方面的政策还不完善，在土地确权工作中因实际情况差异，还需要投入较多的配套资金、健全激励机制等，促进土地确权及流转水平提升。

（三）农业补贴增长机制还不够完善

我国还没有出台农业补贴方面的正式法规，甘肃在农业补贴方面也缺乏法律支撑，农业补贴缺少统一的增长机制，各地在实施中层次不一、相互制约。2014年，甘肃、青海、新疆三省（区）农民人均纯收入中转移支付部分分别占10.96%、26.52%、16.83%。[①] 在农业保险补贴上，甘肃省与上海、江苏、新疆等农业比较发达的省（区、市）相比覆盖面窄、规模小增长机制还不完善，对农业生产的保障能力相对有限。

（四）农业全社会投资规模较小

近年来，虽然农业投资逐年增长，但农业投资占全社会投资比重一直呈下降趋势。国外中等以上国家人均国民收入在300~1000美元时农业投资额稳定在5%~11%。甘肃与我国农业产业化发祥地和效益较好的山东相比差距较大，如人均全社会农业投资额比为1∶1.5，龙头企业数量比为1∶3，销售收入比为1∶25；农民合作社比为1∶3，家庭农场比为1∶5，农产品出口额比为1∶33。

---

① 2015年甘肃、青海、新疆统计年鉴。

（五）区域特色农业布局优势不明显

从甘肃各级地方政府制定的特色农业发展规划来看，目前还存在简单追求种植面积增加和养殖规模扩大的做法，产业发展与市场需求相脱节。还有部分市（州）战略性主导产业的地位没有完全确立，并且区域间不同程度存在大而全、小而全的问题，区域雷同现象还比较突出。各县（区）合作较少，在特色农业发展上贪大求全，导致地区间的低水平过度竞争，优势产业发展的"可持续性"面临挑战。

四 结论及对策建议

综上所述，创新甘肃农业生产经营体制，就是立足国情省情、借鉴国内外成功模式，理顺阻碍现代农业生产经营体制发展的政策制度、法律法规、经营理念等，逐步转变综合效益较低的分散经营生产模式，形成以适度规模化、现代化的农业生产经营模式为主，农业基础设施和资源市场体系完整，社会服务分工组织体系健全、结构合理、保障良好的现代农业产业化格局，进一步解放农村生产力，实现农产品质量和效益较快提升，促进现代农业生产经营模式的可持续发展。

（一）加强农业社会服务体系建设

加快建立农村资源产权交易中心，逐步建立农村土地与城市土地同权同价体制，促进农村经济快速发展。加大对水利建设、土地整理等农业基础设施建设的投资力度，促进农业生产条件改善。建立区域产业化发展和农业技术推广体系，转变政府行政职能。加快农产品期货市场、土地银行、农产品银行建设，方便农村资源流转，提升农产品投资的资产杠杆效应。在农业社会服务体系建设试点的基础上，加大宣传推广力度，促进农民合作组织发展。通过政府与农业生产相关的组织、企业、农场等联合，加快成立从全省到乡（镇）的农业协会组织，促进科研、加工、流通等增值和产业集群化发展。

(二)加快农业资源合理化配置

积极开展国家农村经营体制改革政策与农村资源现状、农民期盼担忧方面的调查分析,划分类别、制定措施、建立难点问题解决机制。加大城乡户籍制度改革、土地确权登记转让、新型农业社会服务体系等政策引导,以政策激励方式对农村退农进城农户、维持现状农户、流转后少量自营农户进行分类指导。通过加大补贴投入力度和健全激励机制,及时转变农民的经营理念;积极引导经营能力强的农户优先转让资源离农进城、开办农业服务企业、开办农场及二、三产业企业等,加大政策扶持力度和完善技术保障机制。在国家政策范围内,积极支持在以村集体为主、农户自愿的基础上,实行农村土地股份合作社改革,给予流转农户土地股份,减少对具体地块的权利,促进规模家庭农场产权稳定、流转方便基础上及规模扩大。加快旱作农业区及山区土地资源确权流转,提升适度规模经营效益。

(三)完善农业补贴政策调整机制

加快农业补贴法规建设,建立和完善农业补贴稳定增长机制,促进粮食安全战略的实施及农业产业区域化、新型农业经营主体发展,积极吸引社会资本投资农业,发展壮大现代农业产业体系。积极争取国家的转移支付补贴,力争补贴收入由目前占农民人均纯收入的10.9%提高到15%以上。在粮食直补的基础上,今后新增的农业补贴向新型农业生产经营主体、社会服务体系、大型农业机械化等转移,加快现代农业发展水平。加大旱作农业区、山区的现代农业及科技农业转变,促进落后地区加快发展。加大日光温室及高效设施农业补贴力度,促进集约高效设施农业发展。加大农业保险补贴力度,建立政府和保险机构农业发展调节基金。建立农业市场调控基金,在市场价格大起大落时,对农户和企业进行适当补贴。加大对甘肃省农业生态保护项目补贴的倾斜力度。

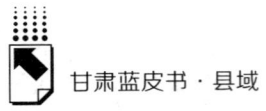

（四）加快农业产业化发展

根据发达国家经验，农业产业化必须以大型农业企业带动，或者成立以政府为主导的全国性农业协会组织体系，社会分工充分、农民生产轻松，提升产加销各环节的效益。加大现代农业示范基地建设，通过提升教育培训能力、发展"基地＋合作社＋家庭农场"的经营模式，加大新型农业经营主体投资力度。大力扶持龙头企业发展，在土地、水电、农业原料保障等方面加强合同建设和落实，保障龙头企业运转正常，获得有较稳定的效益。借鉴外省成功的农业企业发展模式，按照现代企业制度要求，不断发展壮大龙头企业，加强企业产品开发、研发能力和品牌建设，带动农户把优势产业做大做强。

（五）分区域农业生产经营体制创新模式

河西地区。农业经营以50～100公顷经营主体为主，主要发展粮食、制种、瓜果、啤酒大麦等优势产业，提高粮食补贴水平。在荒漠化土地较多的条件下，加强区域水利工程建设和水资源管理，发展生态林业、高效节水设施农业、养殖小区、免耕直播机械一体化等循环农业，促进沙化土地修复、农业生产效益提高、生态环境改善。牧业方面积极吸引规模化、现代设施养殖企业投资，牧区以草定畜，荒漠化地区杜绝野外放牧，保护脆弱的生态环境。

中东部旱作农业区。农业经营以5～20公顷经营主体为主，主要发展马铃薯、花卉、中药材产业等优势产业。加大畜牧业规模化养殖小区建设，积极利用河滩地、荒地等土地，加大循环畜牧业建设。加快旱作农业区现代农业各级政府资金投入，加快发展全膜双垄沟播技术，大力发展牧草产业和饲料作物，实现"饲料作物—菜—瓜果—畜牧—沼气—有机肥""退耕—林果—畜牧—沼气—梯田—水窖"等循环农业模式，促进畜牧养殖业和循环农业发展。

南部山区。农业经营以5公顷左右小型家庭农场为主，以绿色、特色为主，努力创建以特色产业为主体的农村经济新格局。积极开展退耕还林、植树造林、封山育林等，加大花椒、核桃、油橄榄、苹果等林果加工业和蘑菇、木耳等林产品发展。畜牧业以当地优势产业项目品种、适度规模经营为主，积极发展设施循环、生态放养畜牧业等现代养殖业。

少数民族地区。少数民族地区积极发展农村旅游业和畜牧产业，加快提升牧民居住、医疗、公共文化服务设施水平。农业以中药材、食用菌、小杂粮等为主，加大现代农产品科技研发力度。畜牧业以优势品种为主，加快家庭牧场建设，积极推行以草定畜、休牧轮牧制度，促进牧草、育肥、皮毛等优势产业发展壮大。加快林业确权发展，积极促进经济林、林果业发展，改善生态环境，增加经济效益。

（六）完善农业生态保护体系，促进农业可持续发展

根据甘肃干旱缺水实际，加强引大入秦、引洮等区域水利工程建设，促进农业产业化发展。加强农业生态、灌溉用水安全，提升农产品质量安全。改革沙化荒山荒地管理，通过政府资金支持、补贴粮食及按期回购等方式，加快公益林及林果业发展。加快建立农业生产法律法规体系，严格农业投入品管理，提高化肥、农药、地膜等生产标准，加大测土配方施肥力度。按照生态循环农业模式，实行有机肥加工使用优惠补贴政策，减少化肥、农药使用量。健全农产品标签标示制度，完善可追溯体系建设。

B.15
甘肃省小城镇发展研究

李忠东　高军*

摘　要： 小城镇是城乡结合的社会综合体，也是新型工业化和农业现代化发展的重要平台。本文在客观分析和把握全省小城镇发展的现状和存在问题的基础上，提出了甘肃省小城镇的发展思路、布局设想，并进一步提出未来小城镇发展的对策建议，对促进全省小城镇更快更好地发展，加快全省新农村建设乃至整个国民经济和社会发展将具有十分重要的历史和现实意义。

关键词： 甘肃省　小城镇　发展

一　甘肃小城镇发展现状

（一）发展历程

新中国成立以来甘肃小城镇的发展与国家实行的经济体制紧密相关。按小城镇的主要功能划分，其发展大致经历了以下三个阶段。

第一阶段：乡村行政中心地阶段。这一阶段，随着新生的人民政权的建立，区、乡在政府职能设置、人员配置及相关公共建设方面由新中国成立前的社区自治性质转向正式的官方性质，从而使作为区、乡政府驻地的集镇的行政中心地位得到强化，集镇的发展与农村行政因素的关系日益密切。

---

* 李忠东，甘肃省统计局农村工作处处长；高军，甘肃省统计局农村工作处中级统计师。

这一阶段，甘肃小城镇的发展有所增长，但不稳定。从小城镇的数量变化可以看出这一阶段小城镇发展的波动性。甘肃于1955年才开始设立建制镇，首批31个。随着国民经济的发展，小城镇数量迅速增加，1957年达到64个，1958年曾一度取消了镇的建制，1962年开始恢复，1964年达到43个，占全国4500个镇的0.96%。"文革"期间，小城镇的建设遭到破坏，到1977年，剩下30个，低于1955年的水平，占全国2173个镇的1.38%。

第二阶段：乡村集市贸易中心地阶段。这一阶段，伴随着农村经济体制改革的进程，农村小城镇取得了前所未有的发展，小城镇的行政中心地职能依然保持，小城镇作为集市贸易中心地的功能得到了恢复和壮大。

这一阶段，甘肃小城镇的发展呈现两个特点。一是大量调整恢复了建制镇的设置。1983年建制镇达到63个，占全国2968个镇的2.12%；1984年达到83个，占全国7186个镇的1.16%；1985年达到152个，占全国9140个镇的1.66%；1989年达到159个，占全国12544个镇的1.27%；1993年达到191个，占全国15600个镇的1.22%；2001年达到了326个。二是顺应经济发展需要，兴建集贸市场。农村经济制度的变革，给农民带来了剩余产品，农村小城镇成为这些剩余产品的流通中心，其集市贸易中心地的功能得到恢复和壮大。

第三阶段：乡村工业中心地阶段。这一阶段，农村小城镇的聚集功能结构发生了很大的变化，不仅行政职能被保留，小城镇的集市贸易的商业中心地功能重新恢复壮大，更为重要的是现在的小城镇还有了一个以往完全没有的聚集功能，即乡村工业发展中心。

这一阶段，甘肃小城镇，依靠乡镇企业和大规模资源开发项目，进入一个新的发展阶段。2003年建制镇达到460个，占全国19588个镇的2.35%；2014年达到494个，占全国20401个镇的2.42%。

（二）发展现状

甘肃小城镇经过多年特别是近年来的建设和发展，形成了一定的发展规模。截至 2014 年底,甘肃已建成小城镇(指全部建制镇,下同)494 个,占甘肃全省乡镇总数的 40.1%。2014 年,甘肃城镇化率达到 41.7%,人均 GDP 达到 4303 美元,已进入国际公认的工业化、城镇化快速发展阶段和关键路口。

总体规模逐渐扩大。近年来,甘肃省小城镇发展总体规模逐步扩大,镇区面积扩大,人口增多。到 2014 年底,全省小城镇个数达到 494 个,比 1979 年增加 448 个,是当年个数的 10.7 倍,比 2000 年增加 227 个,增长了 85%。2012 年,全省小城镇镇区占地面积 1655.91 平方公里,比 2007 年增加 248.71 平方公里,增长 17.7%。2014 年,全省小城镇常住人口达 1273.63 万人,占全省常住人口的 49.2%。

聚集功能有所增强。2014 年,全省小城镇共有工业企业 15831 个,占全部乡镇的 72.2%;工业企业从业人员达到 44.89 万人,占全部乡镇的 76.7%;工业企业平均从业人员比 2003 年增加 17 人。小城镇已经聚集了一定规模的企业,这些企业的发展促进了小城镇的发展。

2014 年全省小城镇一、二、三产业从业人员结构为 57.4∶15.9∶26.7,其中,第一产业从业人员比重比 2003 年下降 2.9 个百分点,第二产业从业人员比重比 2003 年上升 2.3 个百分点,第三产业从业人员比重比 2003 年上升 0.6 个百分点。外来从业人员占从业人员的比重比 2003 年提高 1.9 个百分点。2014 年,小城镇二、三产业从业人员比重分别比所有乡镇二、三产业从业人员比重高 2.3 个百分点和 1.9 个百分点。小城镇外来从业人员占所有乡镇外来从业人员的比重达 80.5%。2013 年甘肃省农民工监测结果显示,全省有 27.2% 的外出劳动力在乡外县内就业,即就地转移,并基本都在小城镇就业。这也印证了小城镇在二、三产业发展上已有的优势,甘肃省小城镇布局着一定量的工业企业,是全省农村工业发展的主阵地。

镇域特色产业逐步得到明晰。近年来,甘肃各地把发展特色产业作为支撑城镇建设的重中之重,找准产业的定位和主攻方向,千方百计地把产业做大做强。初步培育出了一批有自身优势的特色产业,形成了一批各具特色的小城镇,并逐步形成了旅游开发型、商贸带动型、工矿服务型、产业依托型、综合发展型等并存发展的格局,已逐步建成了永昌朱王堡、武山洛门等100多个各具特色的小城镇。目前,甘肃省榆中县青城镇、敦煌市阳关镇等9个镇被列入全国特色景观旅游名镇示范名单。

区域环境明显改善。近年来,全省各地坚持以人为本、优化布局、生态文明和传承文化的原则,统筹城乡发展规划,推进小城镇建设健康发展。尤其是2014年甘肃省提出在全省15个县和30个建制镇开展省级新型城镇化试点,各地以新型城镇化试点为契机,以点带面掀起了小城镇建设热潮。2014年,全省小城镇通宽带的村比重比全省所有乡镇通宽带的村比重高8.2个百分点;全省小城镇通有线电视的村比重、通自来水的村比重分别比全省通有线电视的村比重、通自来水的村比重高9.9个和3个百分点,分别比2003年提高38.4个和34.7个百分点;全省小城镇垃圾集中处理的村达到1654个,比2003年增加1560个。镇区绿化面积占镇区占地面积的比重由2003年的0.8%提高到2012年的2.4%。

社会事业发展迅速。截至2014年底,平均每个小城镇有医疗卫生机构3.9个,比2003年增加2.04个;平均每个小城镇有敬老院、福利院0.6个,收养人数12.3人,分别比2003年增加0.1个和7.5人。2013年,全省小城镇新型农村合作医疗参保人数和农村居民最低生活保障人数分别比2003年增长45.3倍和7.7倍;全省小城镇新型农村社会养老保险参保人数比2011年增长2倍。

二 甘肃小城镇发展的差距和问题

(一)规模小,经济发展水平低

"以乡建镇"的小城镇设置模式,使得甘肃省小城镇与一般乡差不多。2014年,全省小城镇行政区域面积最小的只有4.7平方公里,常住人口最少的只有1632人。2013年平均每个镇外来从业人员840人,仅为全国所有乡镇平均水平的45.5%;平均每个镇财政收入842.3万元,仅为全国所有乡镇平均水平的20.9%;平均每个镇工业企业个数33个,仅为全国所有乡镇平均水平的36%;平均每个镇社会消费品零售总额13210.6万元,仅为全国所有乡镇平均水平的46.6%。甘肃省小城镇的主要经济指标平均水平多数不及全国的一半,有的还不到全国的三分之一。可见甘肃省小城镇的经济发展总量和平均水平明显低下,小城镇整体发展水平不高。

(二)空间布局不合理,城镇化水平差距大

目前我国使用镇区实际居住人口占城镇总人口的比重计算城镇化水平,反映城镇化的实际进程。从表1可以看出,2014年,甘肃省建制镇城镇化水平仅为29.9%,且14个市(州)建制镇城镇化水平差异较大。全省小城镇主要分布在中南部,河西五市和陇东相对较少。另外,全省的大部分小城镇分布在铁路干线、国道公路沿线和主要河流两岸,仅陇海铁路和兰新铁路就分布有40多个主要城镇。

表1 2014年甘肃省市(州)小城镇个数及城镇化率

单位:个,%

	小城镇个数	占全省小城镇的比重	占当地乡镇的比重	建制镇城镇化水平
甘 肃 省	494	100	40.1	29.9
兰 州 市	36	7.3	56.3	42.5
嘉峪关市	3	0.6	100.0	14.7
金 昌 市	8	1.6	66.7	41.0
白 银 市	21	4.3	30.4	43.4
天 水 市	47	9.5	41.6	28.4
武 威 市	43	8.7	46.2	30.1
张 掖 市	38	7.7	64.4	23.2
平 凉 市	32	6.5	31.4	27.7
酒 泉 市	30	6.1	44.8	34.2
庆 阳 市	40	8.1	34.5	23.6
定 西 市	60	12.1	50.4	23.9
陇 南 市	74	15.0	37.9	30.7
临 夏 州	46	9.3	37.1	27.4
甘 南 州	16	3.2	16.8	45.3

（三）基础设施落后，社会发育水平低

2013年，全省小城镇通公共交通的村比重比全国所有乡镇通公共交通的村比重低8.6个百分点；通宽带的村比重比全国所有乡镇通宽带的村比重低13.6个百分点；通有线电视的村比重比全国所有乡镇通有线电视的村比重低32.7个百分点；通自来水的村比重比全国所有乡镇通自来水的村比重低0.2个百分点；垃圾集中处理的村比重比全国所有乡镇垃圾集中处理的村比重低31.4个百分点；污水集中处理的村比重比全国所有乡镇污水集中处理的村比重低9.8个百分点。

2013年，甘肃小城镇自来水用户占常住户比重比全国所有乡镇自来水用户占常住户比重低2.1个百分点；燃气用户占常住户比重比全国所有乡镇燃气用户占常住户比重低14.3个百分点；平均每个小城镇各种社会福利收养单位个数低于全国所有乡镇平均社会福利收养单位个数；平均每个社会福利收养性单位床位数比全国所有乡镇平均社会福利收养性单位床位数少36张。甘肃小城镇新农合参保率、新农保参保率与全国所有乡镇新农合参保率、新农保参保率基本持平。

甘肃小城镇基础设施普遍比较落后，卫生机构设备不足、医疗条件差。在市场体系的建设方面，劳务市场、专业技术市场和资本市场在绝大多数小城镇是空白，小城镇市场体系不健全，功能不全，效益低下。

（四）产业发展单一，聚集效益差

据英国经济学家的研究结果，小城镇镇区人口在5万人左右，其经济效益和聚集效应可达到最佳状态，我国经济学家研究发现，中国小城镇镇区人口为3万~4万人，其经济效益较高。甘肃大部分小城镇经济实力不强，优势主导产业和发展类型不明显、特色不鲜明，多数仍以农业为主，非农产业发展缓慢，产业布局不尽合理、产业支撑能力弱，缺乏必要的增长极，低水平产业聚集，难以提高人口聚集度，聚集效益差。2014年，甘肃省小城镇镇区人口在3万人以上的有26个，占5.3%，3万~4万人的只有14个，占2.8%，并且基本上都是城关镇。

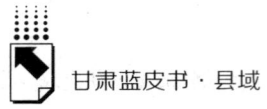

（五）规划意识不强，建设中短期行为严重

甘肃省小城镇在建设中也做了一些规划，但一些地方政府在小城镇申报和建设中随意性、盲目性较大。一是规划的统一性和整体性及有序管理不够，没有全省统一的小城镇宏观布局和发展的总体规划。二是小城镇的规划和布局缺乏长远性，重近期利益，轻长远规划和分阶段考虑，致使"规划赶不上变化"。三是有些小城镇规划在编制和实施过程中重硬件建设、轻运行机制建设和运行环境的培育，产业发展滞后，规划、建设与社会经济发展不协调。

三 甘肃小城镇发展思路

进一步推进全省小城镇建设，要以加快推进全省城镇化为目标，以人的城镇化为核心，按照"科学规划、分类指导、注重特色、统筹兼顾、突出重点、全面推进"的原则，多层次、全方位推进小城镇建设。进一步完善小城镇规划体系，实施重点小城镇优先发展计划，突出抓好基础设施建设，不断完善小城镇功能，增强小城镇的吸纳、辐射作用。抓好镇区新型社区建设，降低农村居民进镇门槛，努力扩大镇区人口规模。努力探索出一条以人为本、四化同步，具有甘肃特色的新型城镇化发展道路。

（一）科学规划

规划观念要更新，思路要宽，眼光要远，要坚持科学性、超前性、综合性，与经济规模、人口规模相适应，镇区规模适度。规划必须高起点，体现科学性、长期性、可行性和配套性，逐步建立起布局合理、设施配套、功能完善、经济繁荣、环境优美、各具特色的小城镇，坚决防止和克服随意性，维护规划的严肃性和连续性。

（二）突出重点

由于自然条件、经济基础、社会发展水平等条件的差异，全省494个小城镇的发展呈现不同的特征和层次。因此,发展小城镇不能平面推进,更不能一哄而上,必须要有重点,否则难以收到预期的效果。在现阶段甘肃省小城镇建设要选择经济发展潜力比较明显,有区位优势、规模优势和一定辐射带动能力的小城镇重点扶持,使其加快发展,发挥全省142个重点镇的示范带动作用促进小城镇人居环境的改善和经济社会的繁荣,增强其对周围乡村的辐射带动能力和综合服务功能。

(三)注重特色

主要是指小城镇的街景环境、绿化、文化、风俗等方面所表现出来的与众不同的村容镇貌和风格。没有特色就没有个性,没有个性就无法体现当地的独特风格,跟当地的自然、社会和经济环境就难以协调,不利于小城镇建设,也不利于地方经济发展。因此,在推进小城镇建设过程中不能搞"一刀切",而是宜工则工、宜商则商、宜旅游则旅游,彰显特色,实现小城镇建设从"数量型"扩张向"质量型"优化的转变,可以借鉴外省、外市的一些经验和做法,但不能照搬。

(四)因地制宜

全省各地情况千差万别,县与县之间、镇与镇之间社会经济发展也不平衡,小城镇建设应充分考虑当地区域优势及资源禀赋,因地制宜,循序渐进,分类指导。对于地处公路主干道和铁路沿线、经济条件好的小城镇,建设面可适当加大,并在加强基础设施配套工程的建设及努力改善经济发展环境上下功夫,以增强经济发展的凝聚力、向心力和对山区建设的影响力,形成"聚集效应"。对于相对偏僻的小城镇,建设应因地制宜、因财分步进行,切不可操之过急,单纯追求建设规模。

(五)统筹兼顾

小城镇建设的目的是提高居民的生活水平,改善居住条件,加快农村城镇化进程。因此,小城镇建设要坚持社会、经济、环境效益统一的原则,在大力发展特色优势产业的同时，加快基础设施的建设，加强文教体卫等社会福利事业的建设，还要做好绿化、美化工作，使小城镇和新农村建设、经济建设和环境保护相适应。只有坚持经济发展、小城镇建设和环境保护同时抓，小城镇建设才能进入良性循环的轨道，达到可持续发展的目的。

四 甘肃小城镇发展的布局设想

全省小城镇建设中不同程度地存在着片面追求"小而全"的问题，使小城镇特色不突出。我们的城镇化应该走"小而特"的路子，不同的小城镇打造不同的特点，或以产业特，或以文化风情特，或以区位特来突出特色，形成比较优势，实施差别化竞争战略，以鲜活的城镇特色形成"名镇效应"，带动农村经济社会发展，提升小城镇的竞争力，反过来又推动城镇规模的扩大。

（一）以大中城市为依托，建设服务型小城镇

大中城市近郊的小城镇因其特殊的区位条件，一般交通条件较好，发展较快，更多地表现出城市的特征，不仅是大中城市向外扩张的有机组成部分，而且是带动乡村经济发展的重要力量，如榆中县和平镇、金川区宁远堡镇、陇西县文峰镇。这些小城镇要以城市和县城为依托，通过充分发挥地处城郊或城乡接合部的特殊地理优势，并借助城市的市场、信息、技术以及资金和现代管理经验等，大力发展为城市服务的第三产业，全面搞活农村市场经济，由此赢得小城镇的快速发展，使镇区与城区连成一片。

（二）以矿产资源为依托，建设工矿型小城镇

在这种类型小城镇的经济结构中，工业占有绝对优势，且发展速度较快、规模也较大，具有较强的经济实力与辐射带动能力，对农村剩余劳动力转移以及城乡二元经济结构的改变具有较大的促进作用，如平川区王家山镇、华亭县安口镇、宁县长庆桥镇、徽县柳林镇。要立足当地的矿产等资源

优势，通过大力发展乡镇企业，并以此作为主导产业，逐步推进小城镇的健康发展。

（三）以旅游资源为依托，建设旅游型小城镇

这种类型的小城镇一般拥有较为丰富的人文景观、自然风光等，如皋兰县什川镇、会宁县会师镇、康县阳坝镇、临潭县冶力关镇。要通过充分利用得天独厚的自然、历史及人文等旅游资源，创造性地开发设计独具特色的旅游产品，有选择性地加大服务业招商引资的力度，加强住宿、餐饮、娱乐、商贸、旅游等配套设施建设，达到以游促农，带动农产品、工业品和第三产业的发展，逐步形成旅游特色很强的新型小城镇。

（四）以专业市场为依托，建设商贸型小城镇

这类小城镇长期以来就是当地比较有名的商贸镇，市场服务能力强。改革开放以来，交通、通信等基础设施和市场体系等的建设与改善吸引了大批客商，这些镇集市商贾云集，交易活跃，商品贸易更加繁荣，如广河县三甲集镇、武山县洛门镇、成县小川镇。要进一步完善市场功能，扩大市场规模，树立市场形象，建设专业名牌市场。通过改善交通和市场条件，力争建设成为在一定区域范围内有影响力的专业市场。用高新技术改造市场营销方式，以互联网支持下的电子商务市场替代传统的商品市场，使"有形市场无形化"，摆脱现有市场受区位、土地、时间等许多不利因素限制的局面，促进市场升级。

（五）以特色农业为依托，建设农业型小城镇

这类小城镇一般农业生产条件较好，如红古区花庄镇、永登县苦水镇、甘州区沙井镇、宁县早胜镇。要从当地的特色资源出发，以种养殖业为主导产业，通过农业产业化经营，形成独具特色的种植养殖基地，提高农业的综合生产能力以及农产品市场竞争力和经济效益。应当因地制宜，立足本地资源和市场条件，选准自己的主导产业和拳头产品，形成具有区域特色的农业

支柱产业和名牌优质农产品。加快农村土地流转步伐，探索土地流转新模式，在此基础上，加大农业招商力度，发展规模设施农业，进一步优化农业产业布局，提升农业产业发展的区域集中优势和规模化经营水平。

五 甘肃小城镇发展的对策建议

（一）走出小城镇数量扩张的误区，推进城镇体系升级

未来发展小城镇的重点不在于增加数量，而是完善功能。小城镇建设要立足当地实情，既要增加城镇的数量，又应注意提高城镇化质量，全面增强城镇的综合实力、聚集能力和经济辐射功能，逐步形成以重点城镇为支撑、各具特色的城镇体系。要把为农业、农村和农民服务，作为小城镇建设的出发点和归宿，按照现代新市镇、新社区的建设要求，规划和建设医疗卫生机构、学前教育机构、农村综合服务社、垃圾集中收集处理站、文体活动中心、公交停靠站点等社区公共服务设施，增强小城镇的吸引力和带动作用，使小城镇成为推动农村小康社会建设的战略支点。

（二）重视小城镇基础设施建设，建立多元化的投资格局

基础设施作为小城镇经济发展的硬件支撑系统，在很大程度上决定了小城镇发展的容量与空间，基础设施水平直接反映了城镇化和现代化的水平，也直接关系到小城镇的经济、社会发展及人民生活水平的提高。基础设施的完善程度是衡量小城镇投资环境和生活环境的重要标准，完善的基础设施可使小城镇吸引更多的投资和居住人口，应大力加强小城镇基础设施的投资与建设。

目前，甘肃省小城镇基础设施建设面临的最大困难是资金不足。虽然从全国来看，小城镇基础设施建设投融资呈现出多样化的特点，但长期以来，政府投资仍然是小城镇基础设施建设的主要力量，在很多地方甚至是唯一的投资渠道。建议实行吸纳民间资金为主、吸引外资为辅的多元化投融资体制，努力解决小城镇建设的资金"瓶颈"。按照市场经济的要求和"谁投

资，谁受益"的原则，以财政资金为引导，鼓励企业、外商、个人投资参与小城镇建设，多渠道吸引社会资金，初步建立起了政府、企业、个人多元化投融资体制，较好地解决了小城镇建设资金不足的问题，加快了小城镇建设速度。

（三）加快推进户籍制度改革，促进人口向城镇聚集

建议出台相关政策，加快推进户籍制度改革，建立居民户籍登记制度。实行以住户的职业、生活来源等为依据的落户标准，鼓励农民在中小城镇落户，围绕就业与社会保障、户籍管理、子女入学等方面的难点问题，制定更加优惠可行的政策，促进农民有序进入城镇就业居住，逐步实现非农业户口和农业户口的融合，在实质上提高人口城镇化水平。

（四）集约用地，加快小城镇土地使用制度改革

加快农村土地承包经营权确权登记工作进度，加大农村土地经营权有偿流转和宅基地改革力度，有效解除束缚，更多地给予农民进城的自由。要改革土地使用办法，在坚持稳定现有农村土地承包关系的同时，对农村土地使用流转制度进行创新，允许农民对土地进行出让、出租、转包、抵押等流转活动。明确农民转入城镇户口后，原有土地承包经营权、宅基地使用权、林地经营权、集体收益分配权保持不变，解决农民的后顾之忧，创新土地利用和管理制度，保证小城镇建设用地需要。

（五）进一步完善小城镇社会保障制度

进一步深化小城镇基本生活保障、养老保险、医疗保险、卫生事业等方面的改革，大力推进城乡均等的医疗、教育制度建设，建立规范的就业、养老、医疗等社会保障体系和服务体系，构筑一个规范、统一的小城镇社会保障体系，加大对失地农民的权益保护，取消各种限制劳动力合理流动的政策规定，推进公共服务均等化和一体化，以完善的社会保障制度推进我国城镇化的进程。

权威报告·热点资讯·特色资源

皮书数据库
ANNUAL REPORT(YEARBOOK) DATABASE

当代中国与世界发展高端智库平台

所获荣誉

- 2016年，入选"国家'十三五'电子出版物出版规划骨干工程"
- 2015年，荣获"搜索中国正能量 点赞2015""创新中国科技创新奖"
- 2013年，荣获"中国出版政府奖·网络出版物奖"提名奖
- 连续多年荣获中国数字出版博览会"数字出版·优秀品牌"奖

成为会员

通过网址www.pishu.com.cn或使用手机扫描二维码进入皮书数据库网站，进行手机号码验证或邮箱验证即可成为皮书数据库会员（建议通过手机号码快速验证注册）。

会员福利

- 使用手机号码首次注册会员可直接获得100元体验金，不需充值即可购买和查看数据库内容（仅限使用手机号码快速注册）。
- 已注册用户购书后可免费获赠100元皮书数据库充值卡。刮开充值卡涂层获取充值密码，登录并进入"会员中心"—"在线充值"—"充值卡充值"，充值成功后即可购买和查看数据库内容。

社会科学文献出版社 皮书系列
卡号：3000196900191820
密码：

数据库服务热线：400-008-6695
数据库服务QQ：2475522410
数据库服务邮箱：database@ssap.cn
图书销售热线：010-59367070/7028
图书服务QQ：1265056568
图书服务邮箱：duzhe@ssap.cn

子库介绍
Sub-Database Introduction

中国经济发展数据库

涵盖宏观经济、农业经济、工业经济、产业经济、财政金融、交通旅游、商业贸易、劳动经济、企业经济、房地产经济、城市经济、区域经济等领域，为用户实时了解经济运行态势、把握经济发展规律、洞察经济形势、做出经济决策提供参考和依据。

中国社会发展数据库

全面整合国内外有关中国社会发展的统计数据、深度分析报告、专家解读和热点资讯构建而成的专业学术数据库。涉及宗教、社会、人口、政治、外交、法律、文化、教育、体育、文学艺术、医药卫生、资源环境等多个领域。

中国行业发展数据库

以中国国民经济行业分类为依据，跟踪分析国民经济各行业市场运行状况和政策导向，提供行业发展最前沿的资讯，为用户投资、从业及各种经济决策提供理论基础和实践指导。内容涵盖农业，能源与矿产业，交通运输业，制造业，金融业，房地产业，租赁和商务服务业，科学研究，环境和公共设施管理，居民服务业，教育，卫生和社会保障，文化、体育和娱乐业等100余个行业。

中国区域发展数据库

对特定区域内的经济、社会、文化、法治、资源环境等领域的现状与发展情况进行分析和预测。涵盖中部、西部、东北、西北等地区，长三角、珠三角、黄三角、京津冀、环渤海、合肥经济圈、长株潭城市群、关中—天水经济区、海峡经济区等区域经济体和城市圈，北京、上海、浙江、河南、陕西等34个省份及中国台湾地区。

中国文化传媒数据库

包括文化事业、文化产业、宗教、群众文化、图书馆事业、博物馆事业、档案事业、语言文字、文学、历史地理、新闻传播、广播电视、出版事业、艺术、电影、娱乐等多个子库。

世界经济与国际关系数据库

以皮书系列中涉及世界经济与国际关系的研究成果为基础，全面整合国内外有关世界经济与国际关系的统计数据、深度分析报告、专家解读和热点资讯构建而成的专业学术数据库。包括世界经济、国际政治、世界文化与科技、全球性问题、国际组织与国际法、区域研究等多个子库。

法律声明

"皮书系列"（含蓝皮书、绿皮书、黄皮书）之品牌由社会科学文献出版社最早使用并持续至今，现已被中国图书市场所熟知。"皮书系列"的LOGO（ ）与"经济蓝皮书""社会蓝皮书"均已在中华人民共和国国家工商行政管理总局商标局登记注册。"皮书系列"图书的注册商标专用权及封面设计、版式设计的著作权均为社会科学文献出版社所有。未经社会科学文献出版社书面授权许可，任何使用与"皮书系列"图书注册商标、封面设计、版式设计相同或者近似的文字、图形或其组合的行为均系侵权行为。

经作者授权，本书的专有出版权及信息网络传播权为社会科学文献出版社享有。未经社会科学文献出版社书面授权许可，任何就本书内容的复制、发行或以数字形式进行网络传播的行为均系侵权行为。

社会科学文献出版社将通过法律途径追究上述侵权行为的法律责任，维护自身合法权益。

欢迎社会各界人士对侵犯社会科学文献出版社上述权利的侵权行为进行举报。电话：010-59367121，电子邮箱：fawubu@ssap.cn。

社会科学文献出版社

皮书品牌20年
YEAR BOOKS

皮书系列

2017年

智库成果出版与传播平台

社会科学文献出版社
SOCIAL SCIENCES ACADEMIC PRESS (CHINA)

社长致辞

伴随着今冬的第一场雪，2017年很快就要到了。世界每天都在发生着让人眼花缭乱的变化，而唯一不变的，是面向未来无数的可能性。作为个体，如何获取专业信息以备不时之需？作为行政主体或企事业主体，如何提高决策的科学性让这个世界变得更好而不是更糟？原创、实证、专业、前沿、及时、持续，这是1997年"皮书系列"品牌创立的初衷。

1997~2017，从最初一个出版社的学术产品名称到媒体和公众使用频率极高的热点词语，从专业术语到大众话语，从官方文件到独特的出版型态，作为重要的智库成果，"皮书"始终致力于成为海量信息时代的信息过滤器，成为经济社会发展的记录仪，成为政策制定、评估、调整的智力源，社会科学研究的资料集成库。"皮书"的概念不断延展，"皮书"的种类更加丰富，"皮书"的功能日渐完善。

1997~2017，皮书及皮书数据库已成为中国新型智库建设不可或缺的抓手与平台，成为政府、企业和各类社会组织决策的利器，成为人文社科研究最基本的资料库，成为世界系统完整及时认知当代中国的窗口和通道！"皮书"所具有的凝聚力正在形成一种无形的力量，吸引着社会各界关注中国的发展，参与中国的发展。

二十年的"皮书"正值青春，愿每一位皮书人付出的年华与智慧不辜负这个时代！

社会科学文献出版社社长
中国社会学会秘书长

2016年11月

社会科学文献出版社简介

社会科学文献出版社成立于1985年，是直属于中国社会科学院的人文社会科学专业学术出版机构。

成立以来，社科文献依托于中国社会科学院丰厚的学术出版和专家学者资源，坚持"创社科经典，出传世文献"的出版理念和"权威、前沿、原创"的产品定位，逐步走上了智库产品与专业学术成果系列化、规模化、数字化、国际化、市场化发展的经营道路，取得了令人瞩目的成绩。

学术出版　社科文献先后策划出版了"皮书"系列、"列国志"、"社科文献精品译库"、"全球化译丛"、"全面深化改革研究书系"、"近世中国"、"甲骨文"、"中国史话"等一大批既有学术影响又有市场价值的图书品牌和学术品牌，形成了较强的学术出版能力和资源整合能力。2016年社科文献发稿5.5亿字，出版图书2000余种，承印发行中国社会科学院院属期刊72种。

数字出版　凭借着雄厚的出版资源整合能力，社科文献长期以来一直致力于从内容资源和数字平台两个方面实现传统出版的再造，并先后推出了皮书数据库、列国志数据库、中国田野调查数据库等一系列数字产品。2016年数字化加工图书近4000种，文字处理量达10亿字。数字出版已经初步形成了产品设计、内容开发、编辑标引、产品运营、技术支持、营销推广等全流程体系。

国际出版　社科文献通过学术交流和国际书展等方式积极参与国际学术和国际出版的交流合作，努力将中国优秀的人文社会科学研究成果推向世界，从构建国际话语体系的角度推动学术出版国际化。目前已与英、荷、法、德、美、日、韩等国及港澳台地区近40家出版和学术文化机构建立了长期稳定的合作关系。

融合发展　紧紧围绕融合发展战略，社科文献全面布局融合发展和数字化转型升级，成效显著。以核心资源和重点项目为主的社科文献数据库产品群和数字出版体系日臻成熟，"一带一路"系列研究成果与专题数据库、阿拉伯问题研究国别基础库及中阿文化交流数据库平台等项目开启了社科文献向专业知识服务商转型的新篇章，成为行业领先。

此外，社科文献充分利用网络媒体平台，积极与各类媒体合作，并联合大型书店、学术书店、机场书店、网络书店、图书馆，构建起强大的学术图书内容传播平台，学术图书的媒体曝光率居全国之首，图书馆藏率居于全国出版机构前十位。

有温度，有情怀，有视野，更有梦想。未来社科文献将继续坚持专业化学术出版之路不动摇，着力搭建最具影响力的智库产品整合及传播平台、学术资源共享平台，为实现"社科文献梦"奠定坚实基础。

经济类 皮书系列 重点推荐

经 济 类

经济类皮书涵盖宏观经济、城市经济、大区域经济，提供权威、前沿的分析与预测

经济蓝皮书
2017年中国经济形势分析与预测

李扬/主编　2016年12月出版　定价：89.00元

◆ 本书为总理基金项目，由著名经济学家李扬领衔，联合中国社会科学院等数十家科研机构、国家部委和高等院校的专家共同撰写，系统分析了2016年的中国经济形势并预测2017年我国经济运行情况。

中国省域竞争力蓝皮书
中国省域经济综合竞争力发展报告（2015～2016）

李建平　李闽榕　高燕京/主编　2017年2月出版　估价：198.00元

◆ 本书融多学科的理论为一体，深入追踪研究了省域经济发展与中国国家竞争力的内在关系，为提升中国省域经济综合竞争力提供有价值的决策依据。

城市蓝皮书
中国城市发展报告No.10

潘家华　单菁菁/主编　2017年9月出版　估价：89.00元

◆ 本书是由中国社会科学院城市发展与环境研究中心编著的，多角度、全方位地立体展示了中国城市的发展状况，并对中国城市的未来发展提出了许多建议。该书有强烈的时代感，对中国城市发展实践有重要的参考价值。

经济类

人口与劳动绿皮书
中国人口与劳动问题报告 No.18

蔡昉　张车伟 / 主编　2017 年 10 月出版　估价：89.00 元

◆　本书为中国社科院人口与劳动经济研究所主编的年度报告，对当前中国人口与劳动形势做了比较全面和系统的深入讨论，为研究我国人口与劳动问题提供了一个专业性的视角。

世界经济黄皮书
2017 年世界经济形势分析与预测

张宇燕 / 主编　2016 年 12 月出版　定价：89.00 元

◆　本书由中国社会科学院世界经济与政治研究所的研究团队撰写，2016 年世界经济增速进一步放缓，就业增长放慢。世界经济面临许多重大挑战同时，地缘政治风险、难民危机、大国政治周期、恐怖主义等问题也仍然在影响世界经济的稳定与发展。预计 2017 年按 PPP 计算的世界 GDP 增长率约为 3.0%。

国际城市蓝皮书
国际城市发展报告（2017）

屠启宇 / 主编　2017 年 2 月出版　估价：89.00 元

◆　本书作者以上海社会科学院从事国际城市研究的学者团队为核心，汇集同济大学、华东师范大学、复旦大学、上海交通大学、南京大学、浙江大学相关城市研究专业学者。立足动态跟踪介绍国际城市发展时间中，最新出现的重大战略、重大理念、重大项目、重大报告和最佳案例。

金融蓝皮书
中国金融发展报告（2017）

李扬　王国刚 / 主编　2017 年 1 月出版　估价：89.00 元

◆　本书由中国社会科学院金融研究所组织编写，概括和分析了 2016 年中国金融发展和运行中的各方面情况，研讨和评论了 2016 年发生的主要金融事件，有利于读者了解掌握 2016 年中国的金融状况，把握 2017 年中国金融的走势。

经济类 | 皮书系列 重点推荐

农村绿皮书
中国农村经济形势分析与预测（2016～2017）

魏后凯　杜志雄　黄秉信/著　2017年4月出版　估价：89.00元

◆ 本书描述了2016年中国农业农村经济发展的一些主要指标和变化，并对2017年中国农业农村经济形势的一些展望和预测，提出相应的政策建议。

西部蓝皮书
中国西部发展报告（2017）

姚慧琴　徐璋勇/主编　2017年9月出版　估价：89.00元

◆ 本书由西北大学中国西部经济发展研究中心主编，汇集了源自西部本土以及国内研究西部问题的权威专家的第一手资料，对国家实施西部大开发战略进行年度动态跟踪，并对2017年西部经济、社会发展态势进行预测和展望。

经济蓝皮书·夏季号
中国经济增长报告（2016～2017）

李扬/主编　2017年9月出版　估价：98.00元

◆ 中国经济增长报告主要探讨2016~2017年中国经济增长问题，以专业视角解读中国经济增长，力求将其打造成一个研究中国经济增长、服务宏微观各级决策的周期性、权威性读物。

就业蓝皮书
2017年中国本科生就业报告

麦可思研究院/编著　2017年6月出版　估价：98.00元

◆ 本书基于大量的数据和调研，内容翔实，调查独到，分析到位，用数据说话，对我国大学生教育与发展起到了很好的建言献策作用。

皮书系列 重点推荐　　社会政法类

社会政法类

社会政法类皮书聚焦社会发展领域的热点、难点问题，提供权威、原创的资讯与视点

社会蓝皮书
2017年中国社会形势分析与预测

李培林　陈光金　张翼 / 主编　2016年12月出版　定价：89.00元

◆ 本书由中国社会科学院社会学研究所组织研究机构专家、高校学者和政府研究人员撰写，聚焦当下社会热点，对2016年中国社会发展的各个方面内容进行了权威解读，同时对2017年社会形势发展趋势进行了预测。

法治蓝皮书
中国法治发展报告 No.15（2017）

李林　田禾 / 主编　2017年3月出版　估价：118.00元

◆ 本年度法治蓝皮书回顾总结了2016年度中国法治发展取得的成就和存在的不足，并对2017年中国法治发展形势进行了预测和展望。

社会体制蓝皮书
中国社会体制改革报告 No.5（2017）

龚维斌 / 主编　2017年4月出版　估价：89.00元

◆ 本书由国家行政学院社会治理研究中心和北京师范大学中国社会管理研究院共同组织编写，主要对2016年社会体制改革情况进行回顾和总结，对2017年的改革走向进行分析，提出相关政策建议。

社会心态蓝皮书
中国社会心态研究报告（2017）

王俊秀 杨宜音/主编　2017年12月出版　估价：89.00元

◆ 本书是中国社会科学院社会学研究所社会心理研究中心"社会心态蓝皮书课题组"的年度研究成果，运用社会心理学、社会学、经济学、传播学等多种学科的方法进行了调查和研究，对于目前我国社会心态状况有较广泛和深入的揭示。

生态城市绿皮书
中国生态城市建设发展报告（2017）

刘举科 孙伟平 胡文臻/主编　2017年7月出版　估价：118.00元

◆ 报告以绿色发展、循环经济、低碳生活、民生宜居为理念，以更新民众观念、提供决策咨询、指导工程实践、引领绿色发展为宗旨，试图探索一条具有中国特色的城市生态文明建设新路。

城市生活质量蓝皮书
中国城市生活质量报告（2017）

中国经济实验研究院/主编　2017年7月出版　估价：89.00元

◆ 本书对全国35个城市居民的生活质量主观满意度进行了电话调查，同时对35个城市居民的客观生活质量指数进行了计算，为我国城市居民生活质量的提升，提出了针对性的政策建议。

公共服务蓝皮书
中国城市基本公共服务力评价（2017）

钟君 吴正杲/主编　2017年12月出版　估价：89.00元

◆ 中国社会科学院经济与社会建设研究室与华图政信调查组成联合课题组，从2010年开始对基本公共服务力进行研究，研创了基本公共服务力评价指标体系，为政府考核公共服务与社会管理工作提供了理论工具。

行业报告类

行业报告类皮书立足重点行业、新兴行业领域，提供及时、前瞻的数据与信息

企业社会责任蓝皮书
中国企业社会责任研究报告（2017）

黄群慧　钟宏武　张蒽　翟利峰 / 著　　2017年10月出版　　估价：89.00元

◆ 本书剖析了中国企业社会责任在2016~2017年度的最新发展特征，详细解读了省域国有企业在社会责任方面的阶段性特征，生动呈现了国内外优秀企业的社会责任实践。对了解中国企业社会责任履行现状、未来发展，以及推动社会责任建设有重要的参考价值。

新能源汽车蓝皮书
中国新能源汽车产业发展报告（2017）

黄中国汽车技术研究中心　日产（中国）投资有限公司　东风汽车有限公司 / 编著　　2017年7月出版　　估价：98.00元

◆ 本书对我国2016年新能源汽车产业发展进行了全面系统的分析，并介绍了国外的发展经验。有助于相关机构、行业和社会公众等了解中国新能源汽车产业发展的最新动态，为政府部门出台新能源汽车产业相关政策法规、企业制定相关战略规划，提供必要的借鉴和参考。

杜仲产业绿皮书
中国杜仲橡胶资源与产业发展报告（2016~2017）

杜红岩　胡文臻　俞锐 / 主编　　2017年1月出版　　估价：85.00元

◆ 本书对2016年来的杜仲产业的发展情况、研究团队在杜仲研究方面取得的重要成果、部分地区杜仲产业发展的具体情况、杜仲新标准的制定情况等进行了较为详细的分析与介绍，使广大关心杜仲产业发展的读者能够及时跟踪产业最新进展。

皮书系列 重点推荐

行业报告类

企业蓝皮书
中国企业绿色发展报告 No.2（2017）

李红玉 朱光辉 / 主编　　2017 年 8 月出版　　估价：89.00 元

◆ 本书深入分析中国企业能源消费、资源利用、绿色金融、绿色产品、绿色管理、信息化、绿色发展政策及绿色文化方面的现状，并对目前存在的问题进行研究，剖析因果，谋划对策。为企业绿色发展提供借鉴，为我国生态文明建设提供支撑。

中国上市公司蓝皮书
中国上市公司发展报告（2017）

张平 王宏淼 / 主编　　2017 年 10 月出版　　估价：98.00 元

◆ 本书由中国社会科学院上市公司研究中心组织编写的，着力于全面、真实、客观反映当前中国上市公司财务状况和价值评估的综合性年度报告。本书详尽分析了 2016 年中国上市公司情况，特别是现实中暴露出的制度性、基础性问题，并对资本市场改革进行了探讨。

资产管理蓝皮书
中国资产管理行业发展报告（2017）

智信资产管理研究院 / 编著　　2017 年 6 月出版　　估价：89.00 元

◆ 中国资产管理行业刚刚兴起，未来将中国金融市场最有看点的行业。本书主要分析了 2016 年度资产管理行业的发展情况，同时对资产管理行业的未来发展做出科学的预测。

体育蓝皮书
中国体育产业发展报告（2017）

阮伟 钟秉枢 / 主编　　2017 年 12 月出版　　估价：89.00 元

◆ 本书运用多种研究方法，在对于体育竞赛业、体育用品业、体育场馆业、体育传媒业等传统产业研究的基础上，紧紧围绕 2016 年体育领域内的各种热点事件进行研究和梳理，进一步拓宽了研究的广度、提升了研究的高度、挖掘了研究的深度。

国别与地区类

国别与地区类皮书关注全球重点国家与地区，提供全面、独特的解读与研究

美国蓝皮书
美国研究报告（2017）

郑秉文　黄平 / 主编　2017年6月出版　估价：89.00元

◆ 本书是由中国社会科学院美国所主持完成的研究成果，它回顾了美国2016年的经济、政治形势与外交战略，对2017年以来美国内政外交发生的重大事件及重要政策进行了较为全面的回顾和梳理。

日本蓝皮书
日本研究报告（2017）

杨伯江 / 主编　2017年5月出版　估价：89.00元

◆ 本书对2016年拉丁美洲和加勒比地区诸国的政治、经济、社会、外交等方面的发展情况做了系统介绍，对该地区相关国家的热点及焦点问题进行了总结和分析，并在此基础上对该地区各国2017年的发展前景做出预测。

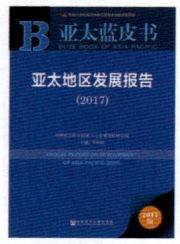

亚太蓝皮书
亚太地区发展报告（2017）

李向阳 / 主编　2017年3月出版　估价：89.00元

◆ 本书是中国社会科学院亚太与全球战略研究院的集体研究成果。2016年的"亚太蓝皮书"继续关注中国周边环境的变化。该书盘点了2016年亚太地区的焦点和热点问题，为深入了解2016年及未来中国与周边环境的复杂形势提供了重要参考。

国别与地区类

德国蓝皮书
德国发展报告（2017）

郑春荣 / 主编　2017 年 6 月出版　估价：89.00 元

◆ 本报告由同济大学德国研究所组织编撰，由该领域的专家学者对德国的政治、经济、社会文化、外交等方面的形势发展情况，进行全面的阐述与分析。

日本经济蓝皮书
日本经济与中日经贸关系研究报告（2017）

王洛林　张季风 / 编著　2017 年 5 月出版　估价：89.00 元

◆ 本书系统、详细地介绍了 2016 年日本经济以及中日经贸关系发展情况，在进行了大量数据分析的基础上，对 2017 年日本经济以及中日经贸关系的大致发展趋势进行了分析与预测。

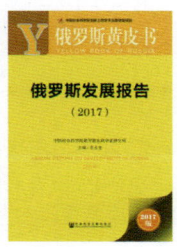

俄罗斯黄皮书
俄罗斯发展报告（2017）

李永全 / 编著　2017 年 7 月出版　估价：89.00 元

◆ 本书系统介绍了 2016 年俄罗斯经济政治情况，并对 2016 年该地区发生的焦点、热点问题进行了分析与回顾；在此基础上，对该地区 2017 年的发展前景进行了预测。

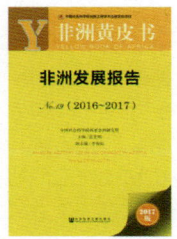

非洲黄皮书
非洲发展报告 No.19（2016~2017）

张宏明 / 主编　2017 年 8 月出版　估价：89.00 元

◆ 本书是由中国社会科学院西亚非洲研究所组织编撰的非洲形势年度报告，比较全面、系统地分析了 2016 年非洲政治形势和热点问题，探讨了非洲经济形势和市场走向，剖析了大国对非洲关系的新动向；此外，还介绍了国内非洲研究的新成果。

地方发展类

地方发展类皮书关注中国各省份、经济区域，提供科学、多元的预判与资政信息

北京蓝皮书
北京公共服务发展报告（2016~2017）

施昌奎 / 主编　2017年2月出版　估价：89.00元

◆ 本书是由北京市政府职能部门的领导、首都著名高校的教授、知名研究机构的专家共同完成的关于北京市公共服务发展与创新的研究成果。

河南蓝皮书
河南经济发展报告（2017）

张占仓 / 编著　2017年3月出版　估价：89.00元

◆ 本书以国内外经济发展环境和走向为背景，主要分析当前河南经济形势，预测未来发展趋势，全面反映河南经济发展的最新动态、热点和问题，为地方经济发展和领导决策提供参考。

广州蓝皮书
2017年中国广州经济形势分析与预测

庾建设　陈浩钿　谢博能 / 主编　2017年7月出版　估价：85.00元

◆ 本书由广州大学与广州市委政策研究室、广州市统计局联合主编，汇集了广州科研团体、高等院校和政府部门诸多经济问题研究专家、学者和实际部门工作者的最新研究成果，是关于广州经济运行情况和相关专题分析、预测的重要参考资料。

 文化传媒类

文 化 传 媒 类

文化传媒类皮书透视文化领域、文化产业，
探索文化大繁荣、大发展的路径

新媒体蓝皮书
中国新媒体发展报告 No.8（2017）
唐绪军 / 主编　2017 年 6 月出版　估价：89.00 元

◆ 本书是由中国社会科学院新闻与传播研究所组织编写的关于新媒体发展的最新年度报告，旨在全面分析中国新媒体的发展现状，解读新媒体的发展趋势，探析新媒体的深刻影响。

移动互联网蓝皮书
中国移动互联网发展报告（2017）
官建文 / 编著　2017 年 6 月出版　估价：89.00 元

◆ 本书着眼于对中国移动互联网 2016 年度的发展情况做深入解析，对未来发展趋势进行预测，力求从不同视角、不同层面全面剖析中国移动互联网发展的现状、年度突破及热点趋势等。

传媒蓝皮书
中国传媒产业发展报告（2017）
崔保国 / 主编　2017 年 5 月出版　估价：98.00 元

◆ "传媒蓝皮书"连续十多年跟踪观察和系统研究中国传媒产业发展。本报告在对传媒产业总体以及各细分行业发展状况与趋势进行深入分析基础上，对年度发展热点进行跟踪，剖析新技术引领下的商业模式，对传媒各领域发展趋势、内体经营、传媒投资进行解析，为中国传媒产业正在发生的变革提供前瞻行参考。

经济类

"三农"互联网金融蓝皮书
中国"三农"互联网金融发展报告（2017）
著(编)者：李勇坚 王弢　2017年8月出版 / 估价：98.00元
PSN B-2016-561-1/1

G20国家创新竞争力黄皮书
二十国集团（G20）国家创新竞争力发展报告（2016~2017）
著(编)者：李建平 李闽榕 赵新力 周天勇
2017年8月出版 / 估价：158.00元
PSN Y-2011-229-1/1

产业蓝皮书
中国产业竞争力报告（2017）No.7
著(编)者：张其仔　2017年12月出版 / 估价：98.00元
PSN B-2010-175-1/1

城市创新蓝皮书
中国城市创新报告（2017）
著(编)者：周天勇 旷建伟　2017年11月出版 / 估价：89.00元
PSN B-2013-340-1/1

城市蓝皮书
中国城市发展报告 No.10
著(编)者：潘家华 单菁菁　2017年9月出版 / 估价：89.00元
PSN B-2007-091-1/1

城乡一体化蓝皮书
中国城乡一体化发展报告（2016～2017）
著(编)者：汝信 付崇兰　2017年7月出版 / 估价：85.00元
PSN B-2011-226-1/2

城镇化蓝皮书
中国新型城镇化健康发展报告（2017）
著(编)者：张占斌　2017年8月出版 / 估价：89.00元
PSN B-2014-396-1/1

创新蓝皮书
创新型国家建设报告（2016～2017）
著(编)者：詹正茂　2017年12月出版 / 估价：89.00元
PSN B-2009-140-1/1

创业蓝皮书
中国创业发展报告（2016～2017）
著(编)者：黄群慧 赵卫星 钟宏武等
2017年11月出版 / 估价：89.00元
PSN B-2016-578-1/1

低碳发展蓝皮书
中国低碳发展报告（2016~2017）
著(编)者：齐晔 张希良　2017年3月出版 / 估价：98.00元
PSN B-2011-223-1/1

低碳经济蓝皮书
中国低碳经济发展报告（2017）
著(编)者：薛进军 赵忠秀　2017年6月出版 / 估价：85.00元
PSN B-2011-194-1/1

东北蓝皮书
中国东北地区发展报告（2017）
著(编)者：朱宇 张新颖　2017年12月出版 / 估价：89.00元
PSN B-2006-067-1/1

发展与改革蓝皮书
中国经济发展和体制改革报告No.8
著(编)者：邹东涛 王再文　2017年1月出版 / 估价：98.00元
PSN B-2008-122-1/1

工业化蓝皮书
中国工业化进程报告（2017）
著(编)者：黄群慧　2017年12月出版 / 估价：158.00元
PSN B-2007-095-1/1

管理蓝皮书
中国管理发展报告（2017）
著(编)者：张晓东　2017年10月出版 / 估价：98.00元
PSN B-2014-416-1/1

国际城市蓝皮书
国际城市发展报告（2017）
著(编)者：屠启宇　2017年2月出版 / 估价：89.00元
PSN B-2012-260-1/1

国家创新蓝皮书
中国创新发展报告（2017）
著(编)者：陈劲　2017年12月出版 / 估价：89.00元
PSN B-2014-370-1/1

金融蓝皮书
中国金融发展报告（2017）
著(编)者：李杨 王国刚　2017年12月出版 / 估价：89.00元
PSN B-2004-031-1/6

京津冀金融蓝皮书
京津冀金融发展报告（2017）
著(编)者：王爱俭 李向前
2017年3月出版 / 估价：89.00元
PSN B-2016-528-1/1

京津冀蓝皮书
京津冀发展报告（2017）
著(编)者：文魁 祝尔娟　2017年4月出版 / 估价：89.00元
PSN B-2012-262-1/1

经济蓝皮书
2017年中国经济形势分析与预测
著(编)者：李扬　2016年12月出版 / 定价：89.00元
PSN B-1996-001-1/1

经济蓝皮书·春季号
2017年中国经济前景分析
著(编)者：李扬　2017年6月出版 / 估价：89.00元
PSN B-1999-008-1/1

经济蓝皮书·夏季号
中国经济增长报告（2016～2017）
著(编)者：李扬　2017年9月出版 / 估价：98.00元
PSN B-2010-176-1/1

经济信息绿皮书
中国与世界经济发展报告（2017）
著(编)者：杜平　2017年12月出版 / 估价：89.00元
PSN G-2003-023-1/1

就业蓝皮书
2017年中国本科生就业报告
著(编)者：麦可思研究院　2017年6月出版 / 估价：98.00元
PSN B-2009-146-1/2

经济类 — 皮书系列 2017全品种

就业蓝皮书
2017年中国高职高专生就业报告
著(编)者：麦可思研究院　2017年6月出版／估价：98.00元
PSN B-2015-472-2/2

科普能力蓝皮书
中国科普能力评价报告（2017）
著(编)者：李富　张李群　2017年8月出版／估价：89.00元
PSN B-2016-556-1/1

临空经济蓝皮书
中国临空经济发展报告（2017）
著(编)者：连玉明　2017年9月出版／估价：89.00元
PSN B-2014-421-1/1

农村绿皮书
中国农村经济形势分析与预测（2016~2017）
著(编)者：魏后凯　杜志雄　黄秉信
2017年4月出版／估价：89.00元
PSN G-1998-003-1/1

农业应对气候变化蓝皮书
气候变化对中国农业影响评估报告 No.3
著(编)者：矫梅燕　2017年8月出版／估价：98.00元
PSN B-2014-413-1/1

气候变化绿皮书
应对气候变化报告（2017）
著(编)者：王伟光　郑国光　2017年6月出版／估价：89.00元
PSN G-2009-144-1/1

区域蓝皮书
中国区域经济发展报告（2016~2017）
著(编)者：赵弘　2017年6月出版／估价：89.00元
PSN B-2004-034-1/1

全球环境竞争力绿皮书
全球环境竞争力报告（2017）
著(编)者：李建平　李闽榕　王金南
2017年12月出版／估价：198.00元
PSN G-2013-363-1/1

人口与劳动绿皮书
中国人口与劳动问题报告 No.18
著(编)者：蔡昉　张车伟　2017年11月出版／估价：89.00元
PSN G-2000-012-1/1

商务中心区蓝皮书
中国商务中心区发展报告 No.3（2016）
著(编)者：李国红　单菁菁　2017年1月出版／估价：89.00元
PSN B-2015-444-1/1

世界经济黄皮书
2017年世界经济形势分析与预测
著(编)者：张宇燕　2016年12月出版／定价：89.00元
PSN Y-1999-006-1/1

世界旅游城市绿皮书
世界旅游城市发展报告（2017）
著(编)者：宋宇　2017年1月出版／估价：128.00元
PSN G-2014-400-1/1

土地市场蓝皮书
中国农村土地市场发展报告（2016~2017）
著(编)者：李光荣　2017年3月出版／估价：89.00元
PSN B-2016-527-1/1

西北蓝皮书
中国西北发展报告（2017）
著(编)者：高建龙　2017年3月出版／估价：89.00元
PSN B-2012-261-1/1

西部蓝皮书
中国西部发展报告（2017）
著(编)者：姚慧琴　徐璋勇　2017年9月出版／估价：89.00元
PSN B-2005-039-1/1

新型城镇化蓝皮书
新型城镇化发展报告（2017）
著(编)者：李伟　宋敏　沈体雁　2017年3月出版／估价：98.00元
PSN B-2014-431-1/1

新兴经济体蓝皮书
金砖国家发展报告（2017）
著(编)者：林跃勤　周文　2017年12月出版／估价：89.00元
PSN B-2011-195-1/1

长三角蓝皮书
2017年新常态下深化一体化的长三角
著(编)者：王庆五　2017年12月出版／估价：88.00元
PSN B-2005-038-1/1

中部竞争力蓝皮书
中国中部经济社会竞争力报告（2017）
著(编)者：教育部人文社会科学重点研究基地
　　　　　南昌大学中国中部经济社会发展研究院
2017年12月出版／估价：89.00元
PSN B-2012-276-1/1

中部蓝皮书
中国中部地区发展报告（2017）
著(编)者：宋亚平　2017年12月出版／估价：88.00元
PSN B-2007-089-1/1

中国省域竞争力蓝皮书
中国省域经济综合竞争力发展报告（2017）
著(编)者：李建平　李闽榕　高燕京
2017年2月出版／估价：198.00元
PSN B-2007-088-1/1

中三角蓝皮书
长江中游城市群发展报告（2017）
著(编)者：秦尊文　2017年9月出版／估价：89.00元
PSN B-2014-417-1/1

中小城市绿皮书
中国中小城市发展报告（2017）
著(编)者：中国城市经济学会中小城市经济发展委员会
　　　　　中国城镇化促进会中小城市发展委员会
　　　　　《中国中小城市发展报告》编纂委员会
　　　　　中小城市发展战略研究院
2017年11月出版／估价：128.00元
PSN G-2010-161-1/1

中原蓝皮书
中原经济区发展报告（2017）
著(编)者：李英杰　2017年6月出版／估价：88.00元
PSN B-2011-192-1/1

自贸区蓝皮书
中国自贸区发展报告（2017）
著(编)者：王力　2017年7月出版／估价：89.00元
PSN B-2016-559-1/1

社会政法类

北京蓝皮书
中国社区发展报告(2017)
著(编)者:于燕燕 2017年2月出版 / 估价:89.00元
PSN B-2007-083-5/8

殡葬绿皮书
中国殡葬事业发展报告(2017)
著(编)者:李伯森 2017年4月出版 / 估价:158.00元
PSN G-2010-180-1/1

城市管理蓝皮书
中国城市管理报告(2016~2017)
著(编)者:刘林 刘承水 2017年5月出版 / 估价:158.00元
PSN B-2013-336-1/1

城市生活质量蓝皮书
中国城市生活质量报告(2017)
著(编)者:中国经济实验研究院
2017年7月出版 / 估价:89.00元
PSN B-2013-326-1/1

城市政府能力蓝皮书
中国城市政府公共服务能力评估报告(2017)
著(编)者:何艳玲 2017年4月出版 / 估价:89.00元
PSN B-2013-338-1/1

慈善蓝皮书
中国慈善发展报告(2017)
著(编)者:杨团 2017年6月出版 / 估价:89.00元
PSN B-2009-142-1/1

党建蓝皮书
党的建设研究报告 No.2(2017)
著(编)者:崔建民 陈东平 2017年2月出版 / 估价:89.00元
PSN B-2016-524-1/1

地方法治蓝皮书
中国地方法治发展报告 No.3(2017)
著(编)者:李林 田禾 2017年3月出版 / 估价:108.00元
PSN B-2015-442-1/1

法治蓝皮书
中国法治发展报告 No.15(2017)
著(编)者:李林 田禾 2017年3月出版 / 估价:118.00元
PSN B-2004-027-1/1

法治政府蓝皮书
中国法治政府发展报告(2017)
著(编)者:中国政法大学法治政府研究院
2017年2月出版 / 估价:98.00元
PSN B-2015-502-1/2

法治政府蓝皮书
中国法治政府评估报告(2017)
著(编)者:中国政法大学法治政府研究院
2016年11月出版 / 估价:98.00元
PSN B-2016-577-2/2

反腐倡廉蓝皮书
中国反腐倡廉建设报告 No.7
著(编)者:张英伟 2017年12月出版 / 估价:89.00元
PSN B-2012-259-1/1

非传统安全蓝皮书
中国非传统安全研究报告(2016~2017)
著(编)者:余潇枫 魏志江 2017年6月出版 / 估价:89.00元
PSN B-2012-273-1/1

妇女发展蓝皮书
中国妇女发展报告 No.7
著(编)者:王金玲 2017年9月出版 / 估价:148.00元
PSN B-2006-069-1/1

妇女教育蓝皮书
中国妇女教育发展报告 No.4
著(编)者:张李玺 2017年10月出版 / 估价:78.00元
PSN B-2008-121-1/1

妇女绿皮书
中国性别平等与妇女发展报告(2017)
著(编)者:谭琳 2017年12月出版 / 估价:99.00元
PSN G-2006-073-1/1

公共服务蓝皮书
中国城市基本公共服务力评价(2017)
著(编)者:钟君 吴正杲 2017年12月出版 / 估价:89.00元
PSN B-2011-214-1/1

公民科学素质蓝皮书
中国公民科学素质报告(2016~2017)
著(编)者:李群 陈雄 马宗文
2017年1月出版 / 估价:89.00元
PSN B-2014-379-1/1

公共关系蓝皮书
中国公共关系发展报告(2017)
著(编)者:柳斌杰 2017年11月出版 / 估价:89.00元
PSN B-2016-580-1/1

公益蓝皮书
中国公益慈善发展报告(2017)
著(编)者:朱健刚 2017年4月出版 / 估价:118.00元
PSN B-2012-283-1/1

国际人才蓝皮书
海外华侨华人专业人士报告(2017)
著(编)者:王辉耀 苗绿 2017年8月出版 / 估价:89.00元
PSN B-2014-409-4/4

国际人才蓝皮书
中国国际移民报告(2017)
著(编)者:王辉耀 2017年2月出版 / 估价:89.00元
PSN B-2012-304-3/4

国际人才蓝皮书
中国留学发展报告(2017)No.5
著(编)者:王辉耀 苗绿 2017年10月出版 / 估价:89.00元
PSN B-2012-244-2/4

海洋社会蓝皮书
中国海洋社会发展报告(2017)
著(编)者:崔凤 宋宁而 2017年7月出版 / 估价:89.00元
PSN B-2015-478-1/1

社会政法类 — 皮书系列 2017全品种

行政改革蓝皮书
中国行政体制改革报告（2017）No.6
著(编)者：魏礼群　2017年5月出版 / 估价：98.00元
PSN B-2011-231-1/1

华侨华人蓝皮书
华侨华人研究报告（2017）
著(编)者：贾益民　2017年12月出版 / 估价：128.00元
PSN B-2011-204-1/1

环境竞争力绿皮书
中国省域环境竞争力发展报告（2017）
著(编)者：李建平　李闽榕　王金南
2017年11月出版 / 估价：198.00元
PSN G-2010-165-1/1

环境绿皮书
中国环境发展报告（2017）
著(编)者：刘鉴强　2017年11月出版 / 估价：89.00元
PSN G-2006-048-1/1

基金会蓝皮书
中国基金会发展报告（2016~2017）
著(编)者：中国基金会发展报告课题组
2017年4月出版 / 估价：85.00元
PSN B-2013-368-1/1

基金会绿皮书
中国基金会发展独立研究报告（2017）
著(编)者：基金会中心网　中央民族大学基金会研究中心
2017年6月出版 / 估价：88.00元
PSN G-2011-213-1/1

基金会透明度蓝皮书
中国基金会透明度发展研究报告（2017）
著(编)者：基金会中心网　清华大学廉政与治理研究中心
2017年12月出版 / 估价：89.00元
PSN B-2015-509-1/1

家庭蓝皮书
中国"创建幸福家庭活动"评估报告（2017）
国务院发展研究中心"创建幸福家庭活动评估"课题组著
2017年8月出版 / 估价：89.00元
PSN B-2012-261-1/1

健康城市蓝皮书
中国健康城市建设研究报告（2017）
著(编)者：王鸿春　解树江　盛继洪
2017年9月出版 / 估价：89.00元
PSN B-2016-565-2/2

教师蓝皮书
中国中小学教师发展报告（2017）
著(编)者：曾晓东　鱼霞　2017年6月出版 / 估价：89.00元
PSN B-2012-289-1/1

教育蓝皮书
中国教育发展报告（2017）
著(编)者：杨东平　2017年4月出版 / 估价：89.00元
PSN B-2006-047-1/1

科普蓝皮书
中国基层科普发展报告（2016~2017）
著(编)者：赵立　新陈玲　2017年9月出版 / 估价：89.00元
PSN B-2016-569-3/3

科普蓝皮书
中国科普基础设施发展报告（2017）
著(编)者：任福君　2017年6月出版 / 估价：89.00元
PSN B-2010-174-1/3

科普蓝皮书
中国科普人才发展报告（2017）
著(编)者：郑念　任嵘嵘　2017年4月出版 / 估价：98.00元
PSN B-2015-513-2/3

科学教育蓝皮书
中国科学教育发展报告（2017）
著(编)者：罗晖　王康友　2017年10月出版 / 估价：89.00元
PSN B-2015-487-1/1

劳动保障蓝皮书
中国劳动保障发展报告（2017）
著(编)者：刘燕斌　2017年9月出版 / 估价：188.00元
PSN B-2014-415-1/1

老龄蓝皮书
中国老年宜居环境发展报告（2017）
著(编)者：党俊武　周燕珉　2017年1月出版 / 估价：39.00元
PSN B-2013-320-1/1

连片特困区蓝皮书
中国连片特困区发展报告（2017）
著(编)者：游俊　冷志明　丁建军
2017年3月出版 / 估价：98.00元
PSN B-2013-321-1/1

民间组织蓝皮书
中国民间组织报告（2017）
著(编)者：黄晓勇　2017年12月出版 / 估价：89.00元
PSN B-2008-118-1/1

民调蓝皮书
中国民生调查报告（2017）
著(编)者：谢耘耕　2017年12月出版 / 估价：98.00元
PSN B-2014-398-1/1

民族发展蓝皮书
中国民族发展报告（2017）
著(编)者：郝时远　王延中　王希恩
2017年4月出版 / 估价：98.00元
PSN B-2006-070-1/1

女性生活蓝皮书
中国女性生活状况报告 No.11（2017）
著(编)者：韩湘景　2017年10月出版 / 估价：98.00元
PSN B-2006-071-1/1

汽车社会蓝皮书
中国汽车社会发展报告（2017）
著(编)者：王俊秀　2017年1月出版 / 估价：89.00元
PSN B-2011-224-1/1

皮书系列 2017全品种 — 社会政法类

青年蓝皮书
中国青年发展报告（2017）No.3
著（编）者：廉思 等　　2017年4月出版 / 估价：89.00元
PSN B-2013-333-1/1

青少年蓝皮书
中国未成年人互联网运用报告（2017）
著（编）者：李文革 沈杰 季为民
2017年11月出版 / 估价：89.00元
PSN B-2010-156-1/1

青少年体育蓝皮书
中国青少年体育发展报告（2017）
著（编）者：郭建军 杨桦　　2017年9月出版 / 估价：89.00元
PSN B-2015-482-1/1

群众体育蓝皮书
中国群众体育发展报告（2017）
著（编）者：刘国永 杨桦　　2017年12月出版 / 估价：89.00元
PSN B-2016-519-2/3

人权蓝皮书
中国人权事业发展报告 No.7（2017）
著（编）者：李君如　　2017年9月出版 / 估价：98.00元
PSN B-2011-215-1/1

社会保障绿皮书
中国社会保障发展报告（2017）No.9
著（编）者：王延中　　2017年4月出版 / 估价：89.00元
PSN G-2001-014-1/1

社会风险评估蓝皮书
风险评估与危机预警评估报告（2017）
著（编）者：唐钧　　2017年8月出版 / 估价：85.00元
PSN B-2016-521-1/1

社会工作蓝皮书
中国社会工作发展报告（2017）
著（编）者：民政部社会工作研究中心
2017年8月出版 / 估价：89.00元
PSN B-2009-141-1/1

社会管理蓝皮书
中国社会管理创新报告 No.5
著（编）者：连玉明　　2017年11月出版 / 估价：89.00元
PSN B-2012-300-1/1

社会蓝皮书
2017年中国社会形势分析与预测
著（编）者：李培林 陈光金 张翼
2016年12月出版 / 定价：89.00元
PSN B-1998-002-1/1

社会体制蓝皮书
中国社会体制改革报告 No.5（2017）
著（编）者：龚维斌　　2017年4月出版 / 估价：89.00元
PSN B-2013-330-1/1

社会心态蓝皮书
中国社会心态研究报告（2017）
著（编）者：王俊秀 杨宜音　　2017年12月出版 / 估价：89.00元
PSN B-2011-199-1/1

社会组织蓝皮书
中国社会组织评估发展报告（2017）
著（编）者：徐家良 廖鸿　　2017年12月出版 / 估价：89.00元
PSN B-2013-366-1/1

生态城市绿皮书
中国生态城市建设发展报告（2017）
著（编）者：刘举科 孙伟平 胡文臻
2017年9月出版 / 估价：118.00元
PSN G-2012-269-1/1

生态文明绿皮书
中国省域生态文明建设评价报告（ECI 2017）
著（编）者：严耕　　2017年12月出版 / 估价：98.00元
PSN G-2010-170-1/1

体育蓝皮书
中国公共体育服务发展报告（2017）
著（编）者：戴健　　2017年12月出版 / 估价：89.00元
PSN B-2013-367-2/4

土地整治蓝皮书
中国土地整治发展研究报告 No.4
著（编）者：国土资源部土地整治中心
2017年7月出版 / 估价：89.00元
PSN B-2014-401-1/1

土地政策蓝皮书
中国土地政策研究报告（2017）
著（编）者：高延利 李宪文
2017年12月出版 / 估价：89.00元
PSN B-2015-506-1/1

医改蓝皮书
中国医药卫生体制改革报告（2017）
著（编）者：文学国 房志武　　2017年11月出版 / 估价：98.00元
PSN B-2014-432-1/1

医疗卫生绿皮书
中国医疗卫生发展报告 No.7（2017）
著（编）者：申宝忠 韩玉珍　　2017年4月出版 / 估价：85.00元
PSN G-2004-033-1/1

应急管理蓝皮书
中国应急管理报告（2017）
著（编）者：宋英华　　2017年9月出版 / 估价：98.00元
PSN B-2016-563-1/1

政治参与蓝皮书
中国政治参与报告（2017）
著（编）者：房宁　　2017年9月出版 / 估价：118.00元
PSN B-2011-200-1/1

中国农村妇女发展蓝皮书
农村流动女性城市生活发展报告（2017）
著（编）者：谢丽华　　2017年12月出版 / 估价：89.00元
PSN B-2014-434-1/1

宗教蓝皮书
中国宗教报告（2017）
著（编）者：邱永辉　　2017年4月出版 / 估价：89.00元
PSN B-2008-117-1/1

行业报告类

SUV蓝皮书
中国SUV市场发展报告（2016~2017）
著(编)者：靳军　　2017年9月出版／估价：89.00元
PSN B-2016-572-1/1

保健蓝皮书
中国保健服务产业发展报告 No.2
著(编)者：中国保健协会　中共中央党校
2017年7月出版／估价：198.00元
PSN B-2012-272-3/3

保健蓝皮书
中国保健食品产业发展报告 No.2
著(编)者：中国保健协会
　　　　　中国社会科学院食品药品产业发展与监管研究中心
2017年7月出版／估价：198.00元
PSN B-2012-271-2/3

保健蓝皮书
中国保健用品产业发展报告 No.2
著(编)者：中国保健协会
　　　　　国务院国有资产监督管理委员会研究中心
2017年3月出版／估价：198.00元
PSN B-2012-270-1/3

保险蓝皮书
中国保险业竞争力报告（2017）
著(编)者：项俊波　　2017年12月出版／估价：99.00元
PSN B-2013-311-1/1

冰雪蓝皮书
中国滑雪产业发展报告（2017）
著(编)者：孙承华　伍斌　魏庆华　张鸿俊
2017年8月出版／估价：89.00元
PSN B-2016-560-1/1

彩票蓝皮书
中国彩票发展报告（2017）
著(编)者：益彩基金　　2017年4月出版／估价：98.00元
PSN B-2015-462-1/1

餐饮产业蓝皮书
中国餐饮产业发展报告（2017）
著(编)者：邢颖　　2017年6月出版／估价：98.00元
PSN B-2009-151-1/1

测绘地理信息蓝皮书
新常态下的测绘地理信息研究报告（2017）
著(编)者：库热西·买合苏提
2017年12月出版／估价：118.00元
PSN B-2009-145-1/1

茶业蓝皮书
中国茶产业发展报告（2017）
著(编)者：杨江帆　李闽榕　　2017年10月出版／估价：88.00元
PSN B-2010-164-1/1

产权市场蓝皮书
中国产权市场发展报告（2016~2017）
著(编)者：曹和平　　2017年5月出版／估价：89.00元
PSN B-2009-147-1/1

产业安全蓝皮书
中国出版传媒产业安全报告（2016~2017）
著(编)者：北京印刷学院文化产业安全研究院
2017年3月出版／估价：89.00元
PSN B-2014-384-13/14

产业安全蓝皮书
中国文化产业安全报告（2017）
著(编)者：北京印刷学院文化产业安全研究院
2017年12月出版／估价：89.00元
PSN B-2014-378-12/14

产业安全蓝皮书
中国新媒体产业安全报告（2017）
著(编)者：北京印刷学院文化产业安全研究院
2017年12月出版／估价：89.00元
PSN B-2015-500-14/14

城投蓝皮书
中国城投行业发展报告（2017）
著(编)者：王晨艳　丁伯康　　2017年11月出版／估价：300.00元
PSN B-2016-514-1/1

电子政务蓝皮书
中国电子政务发展报告（2016~2017）
著(编)者：李季　杜平　　2017年7月出版／估价：89.00元
PSN B-2003-022-1/1

杜仲产业绿皮书
中国杜仲橡胶资源与产业发展报告（2016~2017）
著(编)者：杜红岩　胡文臻　俞锐
2017年1月出版／估价：85.00元
PSN G-2013-350-1/1

房地产蓝皮书
中国房地产发展报告 No.14（2017）
著(编)者：李春华　王业强　　2017年5月出版／估价：89.00元
PSN B-2004-028-1/1

服务外包蓝皮书
中国服务外包产业发展报告（2017）
著(编)者：王晓红　刘德军
2017年6月出版／估价：89.00元
PSN B-2013-331-2/2

服务外包蓝皮书
中国服务外包竞争力报告（2017）
著(编)者：王力　刘春生　黄育华
2017年11月出版／估价：85.00元
PSN B-2011-216-1/2

工业和信息化蓝皮书
世界网络安全发展报告（2016~2017）
著(编)者：洪京一　　2017年4月出版／估价：89.00元
PSN B-2015-452-5/5

工业和信息化蓝皮书
世界信息化发展报告（2016~2017）
著(编)者：洪京一　　2017年4月出版／估价：89.00元
PSN B-2015-451-4/5

皮书系列 2017全品种 — 行业报告类

工业和信息化蓝皮书
世界信息技术产业发展报告（2016~2017）
著(编)者：洪京一　　2017年4月出版 / 估价：89.00元
PSN B-2015-449-2/5

工业和信息化蓝皮书
移动互联网产业发展报告（2016~2017）
著(编)者：洪京一　　2017年4月出版 / 估价：89.00元
PSN B-2015-448-1/5

工业和信息化蓝皮书
战略性新兴产业发展报告（2016~2017）
著(编)者：洪京一　　2017年4月出版 / 估价：89.00元
PSN B-2015-450-3/5

工业设计蓝皮书
中国工业设计发展报告（2017）
著(编)者：王晓红　于炜　张立群
2017年9月出版 / 估价：138.00元
PSN B-2014-420-1/1

黄金市场蓝皮书
中国商业银行黄金业务发展报告（2016~2017）
著(编)者：平安银行　　2017年3月出版 / 估价：98.00元
PSN B-2016-525-1/1

互联网金融蓝皮书
中国互联网金融发展报告（2017）
著(编)者：李东荣　　2017年9月出版 / 估价：128.00元
PSN B-2014-374-1/1

互联网医疗蓝皮书
中国互联网医疗发展报告（2017）
著(编)者：宫晓东　　2017年9月出版 / 估价：89.00元
PSN B-2016-568-1/1

会展蓝皮书
中外会展业动态评估年度报告（2017）
著(编)者：张敏　　2017年1月出版 / 估价：88.00元
PSN B-2013-327-1/1

金融监管蓝皮书
中国金融监管报告（2017）
著(编)者：胡滨　　2017年6月出版 / 估价：89.00元
PSN B-2012-281-1/1

金融蓝皮书
中国金融中心发展报告（2017）
著(编)者：王力　黄育华　　2017年11月出版 / 估价：85.00元
PSN B-2011-186-6/6

建筑装饰蓝皮书
中国建筑装饰行业发展报告（2017）
著(编)者：刘晓一　葛顺道　　2017年7月出版 / 估价：198.00元
PSN B-2016-554-1/1

客车蓝皮书
中国客车产业发展报告（2016~2017）
著(编)者：姚蔚　　2017年10月出版 / 估价：85.00元
PSN B-2013-361-1/1

旅游安全蓝皮书
中国旅游安全报告（2017）
著(编)者：郑向敏　谢朝武　　2017年5月出版 / 估价：128.00元
PSN B-2012-280-1/1

旅游绿皮书
2016~2017年中国旅游发展分析与预测
著(编)者：张广瑞　刘德谦　　2017年4月出版 / 估价：89.00元
PSN G-2002-018-1/1

煤炭蓝皮书
中国煤炭工业发展报告（2017）
著(编)者：岳福斌　　2017年12月出版 / 估价：85.00元
PSN B-2008-123-1/1

民营企业社会责任蓝皮书
中国民营企业社会责任报告（2017）
著(编)者：中华全国工商业联合会
2017年12月出版 / 估价：89.00元
PSN B-2015-511-1/1

民营医院蓝皮书
中国民营医院发展报告（2017）
著(编)者：庄一强　　2017年10月出版 / 估价：85.00元
PSN B-2012-299-1/1

闽商蓝皮书
闽商发展报告（2017）
著(编)者：李闽榕　王日根　林琛
2017年12月出版 / 估价：89.00元
PSN B-2012-298-1/1

能源蓝皮书
中国能源发展报告（2017）
著(编)者：崔民选　王军生　陈义和
2017年10月出版 / 估价：98.00元
PSN B-2006-049-1/1

农产品流通蓝皮书
中国农产品流通产业发展报告（2017）
著(编)者：贾敬敦　张东科　张玉玺　张鹏毅　周伟
2017年1月出版 / 估价：89.00元
PSN B-2012-288-1/1

企业公益蓝皮书
中国企业公益研究报告（2017）
著(编)者：钟宏武　汪杰　顾一　黄晓娟　等
2017年12月出版 / 估价：89.00元
PSN B-2015-501-1/1

企业国际化蓝皮书
中国企业国际化报告（2017）
著(编)者：王辉耀　　2017年11月出版 / 估价：98.00元
PSN B-2014-427-1/1

企业蓝皮书
中国企业绿色发展报告No.2（2017）
著(编)者：李红玉　朱光辉　　2017年8月出版 / 估价：89.00元
PSN B-2015-481-2/2

企业社会责任蓝皮书
中国企业社会责任研究报告（2017）
著(编)者：黄群慧　钟宏武　张蒽　翟利峰
2017年11月出版 / 估价：89.00元
PSN B-2009-149-1/1

汽车安全蓝皮书
中国汽车安全发展报告（2017）
著(编)者：中国汽车技术研究中心
2017年7月出版 / 估价：89.00元
PSN B-2014-385-1/1

行业报告类

汽车电子商务蓝皮书
中国汽车电子商务发展报告（2017）
著(编)者：中华全国工商业联合会汽车经销商商会
　　　　　北京易观智库网络科技有限公司
2017年10月出版／估价：128.00元
PSN B-2015-485-1/1

汽车工业蓝皮书
中国汽车工业发展年度报告（2017）
著(编)者：中国汽车工业协会 中国汽车技术研究中心
　　　　　丰田汽车（中国）投资有限公司
2017年4月出版／估价：128.00元
PSN B-2015-463-1/2

汽车工业蓝皮书
中国汽车零部件产业发展报告（2017）
著(编)者：中国汽车工业协会 中国汽车工程研究院
2017年10月出版／估价：98.00元
PSN B-2016-515-2/2

汽车蓝皮书
中国汽车产业发展报告（2017）
著(编)者：国务院发展研究中心产业经济研究部
　　　　　中国汽车工程学会 大众汽车集团（中国）
2017年8月出版／估价：98.00元
PSN B-2008-124-1/1

人力资源蓝皮书
中国人力资源发展报告（2017）
著(编)者：余兴安　2017年11月出版／估价：89.00元
PSN B-2012-287-1/1

融资租赁蓝皮书
中国融资租赁业发展报告（2016~2017）
著(编)者：李光荣 王力　2017年8月出版／估价：89.00元
PSN B-2015-443-1/1

商会蓝皮书
中国商会发展报告No.5（2017）
著(编)者：王钦敏　2017年7月出版／估价：89.00元
PSN B-2008-125-1/1

输血服务蓝皮书
中国输血行业发展报告（2017）
著(编)者：朱永明 耿鸿武　2016年8月出版／估价：89.00元
PSN B-2016-583-1/1

上市公司蓝皮书
中国上市公司社会责任信息披露报告（2017）
著(编)者：张旺 张杨　2017年11月出版／估价：89.00元
PSN B-2011-234-1/2

社会责任管理蓝皮书
中国上市公司社会责任能力成熟度报告（2017）No.2
著(编)者：肖红军 王晓光 李伟阳
2017年12月出版／估价：98.00元
PSN B-2015-507-2/2

社会责任管理蓝皮书
中国企业公众透明度报告(2017)No.3
著(编)者：黄速建 熊梦 王晓光 肖红军
2017年1月出版／估价：98.00元
PSN B-2015-440-1/2

食品药品蓝皮书
食品药品安全与监管政策研究报告（2016~2017）
著(编)者：唐民皓　2017年6月出版／估价：89.00元
PSN B-2009-129-1/1

世界能源蓝皮书
世界能源发展报告（2017）
著(编)者：黄晓勇　2017年6月出版／估价：99.00元
PSN B-2013-349-1/1

水利风景区蓝皮书
中国水利风景区发展报告（2017）
著(编)者：谢婵才 兰思仁　2017年5月出版／估价：89.00元
PSN B-2015-480-1/1

私募市场蓝皮书
中国私募股权市场发展报告（2017）
著(编)者：曹和平　2017年12月出版／估价：89.00元
PSN B-2010-162-1/1

碳市场蓝皮书
中国碳市场报告（2017）
著(编)者：定金彪　2017年11月出版／估价：89.00元
PSN B-2014-430-1/1

体育蓝皮书
中国体育产业发展报告（2017）
著(编)者：阮伟 钟秉枢　2017年12月出版／估价：89.00元
PSN B-2010-179-1/4

网络空间安全蓝皮书
中国网络空间安全发展报告（2017）
著(编)者：惠志斌 唐涛　2017年4月出版／估价：89.00元
PSN B-2015-466-1/1

西部金融蓝皮书
中国西部金融发展报告（2017）
著(编)者：李忠民　2017年8月出版／估价：85.00元
PSN B-2010-160-1/1

协会商会蓝皮书
中国行业协会商会发展报告（2017）
著(编)：景朝阳 李勇　2017年4月出版／估价：99.00元
PSN B-2015-461-1/1

新能源汽车蓝皮书
中国新能源汽车产业发展报告（2017）
著(编)者：中国汽车技术研究中心
　　　　　日产（中国）投资有限公司 东风汽车有限公司
2017年7月出版／估价：98.00元
PSN B-2013-347-1/1

新三板蓝皮书
中国新三板市场发展报告（2017）
著(编)者：王力　2017年6月出版／估价：89.00元
PSN B-2016-534-1/1

信托市场蓝皮书
中国信托业市场报告（2016~2017）
著(编)者：用益信托工作室
2017年1月出版／估价：198.00元
PSN B-2014-371-1/1

皮书系列 2017全品种 — 行业报告类

信息化蓝皮书
中国信息化形势分析与预测（2016~2017）
著(编)者：周宏仁　2017年8月出版 / 估价：98.00元
PSN B-2010-168-1/1

信用蓝皮书
中国信用发展报告（2017）
著(编)者：章政　田侃　2017年4月出版 / 估价：99.00元
PSN B-2013-328-1/1

休闲绿皮书
2017年中国休闲发展报告
著(编)者：宋瑞　2017年10月出版 / 估价：89.00元
PSN G-2010-158-1/1

休闲体育蓝皮书
中国休闲体育发展报告（2016～2017）
著(编)者：李相如　钟炳枢　2017年10月出版 / 估价：89.00元
PSN G-2016-516-1/1

养老金融蓝皮书
中国养老金融发展报告（2017）
著(编)者：董克用　姚余栋
2017年6月出版 / 估价：89.00元
PSN B-2016-584-1/1

药品流通蓝皮书
中国药品流通行业发展报告（2017）
著(编)者：佘鲁林　温再兴　2017年8月出版 / 估价：158.00元
PSN B-2014-429-1/1

医院蓝皮书
中国医院竞争力报告（2017）
著(编)者：庄一强　曾益新　2017年3月出版 / 估价：128.00元
PSN B-2016-529-1/1

医药蓝皮书
中国中医药产业园战略发展报告（2017）
著(编)者：裴长洪　房书亭　吴滌心
2017年8月出版 / 估价：89.00元
PSN B-2012-305-1/1

邮轮绿皮书
中国邮轮产业发展报告（2017）
著(编)者：汪泓　2017年10月出版 / 估价：89.00元
PSN G-2014-419-1/1

智能养老蓝皮书
中国智能养老产业发展报告（2017）
著(编)者：朱勇　2017年10月出版 / 估价：89.00元
PSN B-2015-488-1/1

债券市场蓝皮书
中国债券市场发展报告（2016～2017）
著(编)者：杨农　2017年10月出版 / 估价：89.00元
PSN B-2016-573-1/1

中国节能汽车蓝皮书
中国节能汽车发展报告（2016~2017）
著(编)者：中国汽车工程研究院股份有限公司
2017年9月出版 / 估价：98.00元
PSN B-2016-566-1/1

中国上市公司蓝皮书
中国上市公司发展报告（2017）
著(编)者：张平　王宏淼
2017年10月出版 / 估价：98.00元
PSN B-2014-414-1/1

中国陶瓷产业蓝皮书
中国陶瓷产业发展报告（2017）
著(编)者：左和平　黄速建　2017年10月出版 / 估价：98.00元
PSN B-2016-574-1/1

中国总部经济蓝皮书
中国总部经济发展报告（2016～2017）
著(编)者：赵弘　2017年9月出版 / 估价：89.00元
PSN B-2005-036-1/1

中医文化蓝皮书
中国中医药文化传播发展报告（2017）
著(编)者：毛嘉陵　2017年7月出版 / 估价：89.00元
PSN B-2015-468-1/1

装备制造业蓝皮书
中国装备制造业发展报告（2017）
著(编)者：徐东华　2017年12月出版 / 估价：148.00元
PSN B-2015-505-1/1

资本市场蓝皮书
中国场外交易市场发展报告（2016～2017）
著(编)者：高峦　2017年3月出版 / 估价：89.00元
PSN B-2009-153-1/1

资产管理蓝皮书
中国资产管理行业发展报告（2017）
著(编)者：智信资产管理研究院
2017年6月出版 / 估价：89.00元
PSN B-2014-407-2/2

 文化传媒类

文化传媒类

传媒竞争力蓝皮书
中国传媒国际竞争力研究报告(2017)
著(编)者:李本乾 刘强
2017年11月出版 / 估价: 148.00元
PSN B-2013-356-1/1

传媒蓝皮书
中国传媒产业发展报告(2017)
著(编)者:崔保国 2017年5月出版 / 估价: 98.00元
PSN B-2005-035-1/1

传媒投资蓝皮书
中国传媒投资发展报告(2017)
著(编)者:张向东 谭云明
2017年6月出版 / 估价: 128.00元
PSN B-2015-474-1/1

动漫蓝皮书
中国动漫产业发展报告(2017)
著(编)者:卢斌 郑玉明 牛兴侦
2017年9月出版 / 估价: 89.00元
PSN B-2011-198-1/1

非物质文化遗产蓝皮书
中国非物质文化遗产发展报告(2017)
著(编)者:陈平 2017年5月出版 / 估价: 98.00元
PSN B-2015-469-1/1

广电蓝皮书
中国广播电影电视发展报告(2017)
著(编)者:国家新闻出版广电总局发展研究中心
2017年7月出版 / 估价: 98.00元
PSN B-2006-072-1/1

广告主蓝皮书
中国广告主营销传播趋势报告 No.9
著(编)者:黄升民 杜国清 邵华冬 等
2017年10月出版 / 估价: 148.00元
PSN B-2005-041-1/1

国际传播蓝皮书
中国国际传播发展报告(2017)
著(编)者:胡正荣 李继东 姬德强
2017年11月出版 / 估价: 89.00元
PSN B-2014-408-1/1

纪录片蓝皮书
中国纪录片发展报告(2017)
著(编)者:何苏六 2017年9月出版 / 估价: 89.00元
PSN B-2011-222-1/1

科学传播蓝皮书
中国科学传播报告(2017)
著(编)者:詹正茂 2017年7月出版 / 估价: 89.00元
PSN B-2008-120-1/1

两岸创意经济蓝皮书
两岸创意经济研究报告(2017)
著(编)者:罗昌智 林咏能
2017年10月出版 / 估价: 98.00元
PSN B-2014-437-1/1

两岸文化蓝皮书
两岸文化产业合作发展报告(2017)
著(编)者:胡惠林 李保宗 2017年7月出版 / 估价: 89.00元
PSN B-2012-285-1/1

媒介与女性蓝皮书
中国媒介与女性发展报告(2016~2017)
著(编)者:刘利群 2017年9月出版 / 估价: 118.00元
PSN B-2013-345-1/1

媒体融合蓝皮书
中国媒体融合发展报告(2017)
著(编)者:梅宁华 宋建武 2017年7月出版 / 估价: 89.00元
PSN B-2015-479-1/1

全球传媒蓝皮书
全球传媒发展报告(2017)
著(编)者:胡正荣 李继东 唐晓芬
2017年11月出版 / 估价: 89.00元
PSN B-2012-237-1/1

少数民族非遗蓝皮书
中国少数民族非物质文化遗产发展报告(2017)
著(编)者:肖远平(彝) 柴立(满)
2017年8月出版 / 估价: 98.00元
PSN B-2015-467-1/1

视听新媒体蓝皮书
中国视听新媒体发展报告(2017)
著(编)者:国家新闻出版广电总局发展研究中心
2017年7月出版 / 估价: 98.00元
PSN B-2011-184-1/1

文化创新蓝皮书
中国文化创新报告(2017)No.7
著(编)者:于平 傅才武 2017年7月出版 / 估价: 98.00元
PSN B-2009-143-1/1

文化建设蓝皮书
中国文化发展报告(2016~2017)
著(编)者:江畅 孙伟平 戴茂堂
2017年6月出版 / 估价: 116.00元
PSN B-2014-392-1/1

文化科技蓝皮书
文化科技创新发展报告(2017)
著(编)者:于平 李凤亮 2017年11月出版 / 估价: 89.00元
PSN B-2013-342-1/1

文化蓝皮书
中国公共文化服务发展报告(2017)
著(编)者:刘新成 张永新 张旭
2017年12月出版 / 估价: 98.00元
PSN B-2007-093-2/10

文化蓝皮书
中国公共文化投入增长测评报告(2017)
著(编)者:王亚南 2017年4月出版 / 估价: 89.00元
PSN B-2014-435-10/10

皮书系列 2017全品种
文化传媒类·地方发展类

文化蓝皮书
中国少数民族文化发展报告（2016~2017）
著（编）者：武翠英 张晓明 任乌晶
2017年9月出版／估价：89.00元
PSN B-2013-369-9/10

文化蓝皮书
中国文化产业发展报告（2016~2017）
著（编）者：张晓明 王家新 章建刚
2017年2月出版／估价：89.00元
PSN B-2002-019-1/10

文化蓝皮书
中国文化产业供需协调检测报告（2017）
著（编）者：王亚南 2017年2月出版／估价：89.00元
PSN B-2013-323-8/10

文化蓝皮书
中国文化消费需求景气评价报告（2017）
著（编）者：王亚南 2017年4月出版／估价：89.00元
PSN B-2011-236-4/10

文化品牌蓝皮书
中国文化品牌发展报告（2017）
著（编）者：欧阳友权 2017年5月出版／估价：98.00元
PSN B-2012-277-1/1

文化遗产蓝皮书
中国文化遗产事业发展报告（2017）
著（编）者：苏杨 张颖岚 王宇飞
2017年8月出版／估价：98.00元
PSN B-2008-119-1/1

文学蓝皮书
中国文情报告（2016~2017）
著（编）者：白烨 2017年5月出版／估价：49.00元
PSN B-2011-221-1/1

新媒体蓝皮书
中国新媒体发展报告No.8（2017）
著（编）者：唐绪军 2017年6月出版／估价：89.00元
PSN B-2010-169-1/1

新媒体社会责任蓝皮书
中国新媒体社会责任研究报告（2017）
著（编）者：钟瑛 2017年11月出版／估价：89.00元
PSN B-2014-423-1/1

移动互联网蓝皮书
中国移动互联网发展报告（2017）
著（编）者：官建文 2017年6月出版／估价：89.00元
PSN B-2012-282-1/1

舆情蓝皮书
中国社会舆情与危机管理报告（2017）
著（编）者：谢耘耕 2017年9月出版／估价：128.00元
PSN B-2011-235-1/1

影视风控蓝皮书
中国影视舆情与风控报告（2017）
著（编）者：司若 2017年4月出版／估价：138.00元
PSN B-2016-530-1/1

地方发展类

安徽经济蓝皮书
合芜蚌国家自主创新综合示范区研究报告（2016~2017）
著（编）者：王开玉 2017年11月出版／估价：89.00元
PSN B-2014-383-1/1

安徽蓝皮书
安徽社会发展报告（2017）
著（编）者：程桦 2017年4月出版／估价：89.00元
PSN B-2013-325-1/1

安徽社会建设蓝皮书
安徽社会建设分析报告（2016~2017）
著（编）者：黄家海 王开玉 蔡宪
2016年4月出版／估价：89.00元
PSN B-2013-322-1/1

澳门蓝皮书
澳门经济社会发展报告（2016~2017）
著（编）者：吴志良 郝雨凡 2017年6月出版／估价：98.00元
PSN B-2009-138-1/1

北京蓝皮书
北京公共服务发展报告（2016~2017）
著（编）者：施昌奎 2017年2月出版／估价：89.00元
PSN B-2008-103-7/8

北京蓝皮书
北京经济发展报告（2016~2017）
著（编）者：杨松 2017年6月出版／估价：89.00元
PSN B-2006-054-2/8

北京蓝皮书
北京社会发展报告（2016~2017）
著（编）者：李伟东 2017年6月出版／估价：89.00元
PSN B-2006-055-3/8

北京蓝皮书
北京社会治理发展报告（2016~2017）
著（编）者：殷星辰 2017年5月出版／估价：89.00元
PSN B-2014-391-8/8

北京蓝皮书
北京文化发展报告（2016~2017）
著（编）者：李建盛 2017年4月出版／估价：89.00元
PSN B-2007-082-4/8

北京律师绿皮书
北京律师发展报告No.3（2017）
著（编）者：王隽 2017年7月出版／估价：88.00元
PSN G-2012-301-1/1

地方发展类 皮书系列 2017全品种

北京旅游蓝皮书
北京旅游发展报告（2017）
著（编）者：北京旅游学会　2017年1月出版 / 估价：88.00元
PSN B-2011-217-1/1

北京人才蓝皮书
北京人才发展报告（2017）
著（编）者：于淼　2017年12月出版 / 估价：128.00元
PSN B-2011-201-1/1

北京社会心态蓝皮书
北京社会心态分析报告（2016～2017）
著（编）者：北京社会心理研究所
2017年8月出版 / 估价：89.00元
PSN B-2014-422-1/1

北京社会组织管理蓝皮书
北京社会组织发展与管理（2016～2017）
著（编）者：黄江松　2017年4月出版 / 估价：88.00元
PSN B-2015-446-1/1

北京体育蓝皮书
北京体育产业发展报告（2016～2017）
著（编）者：钟秉枢　陈杰　杨铁黎
2017年9月出版 / 估价：89.00元
PSN B-2015-475-1/1

北京养老产业蓝皮书
北京养老产业发展报告（2017）
著（编）者：周明明　冯喜良　2017年8月出版 / 估价：89.00元
PSN B-2015-465-1/1

滨海金融蓝皮书
滨海新区金融发展报告（2017）
著（编）者：王爱俭　张锐钢　2017年12月出版 / 估价：89.00元
PSN B-2014-424-1/1

城乡一体化蓝皮书
中国城乡一体化发展报告·北京卷（2016～2017）
著（编）者：张宝秀　黄序　2017年5月出版 / 估价：89.00元
PSN B-2012-258-2/2

创意城市蓝皮书
北京文化创意产业发展报告（2017）
著（编）者：张京成　王国华　2017年10月出版 / 估价：89.00元
PSN B-2012-263-1/7

创意城市蓝皮书
青岛文化创意产业发展报告（2017）
著（编）者：马达　张丹妮　2017年8月出版 / 估价：89.00元
PSN B-2011-235-1/1

创意城市蓝皮书
天津文化创意产业发展报告（2016～2017）
著（编）者：谢思全　2017年6月出版 / 估价：89.00元
PSN B-2016-537-7/7

创意城市蓝皮书
无锡文化创意产业发展报告（2017）
著（编）者：谭军　张鸣年　2017年10月出版 / 估价：89.00元
PSN B-2013-346-3/7

创意城市蓝皮书
武汉文化创意产业发展报告（2017）
著（编）者：黄永林　陈汉桥　2017年9月出版 / 估价：99.00元
PSN B-2013-354-4/7

创意上海蓝皮书
上海文化创意产业发展报告（2016～2017）
著（编）者：王慧敏　王兴全　2017年8月出版 / 估价：89.00元
PSN B-2016-562-1/1

福建妇女发展蓝皮书
福建省妇女发展报告（2017）
著（编）者：刘群英　2017年11月出版 / 估价：88.00元
PSN B-2011-220-1/1

福建自贸区蓝皮书
中国（福建）自由贸易实验区发展报告（2016～2017）
著（编）者：黄茂兴　2017年4月出版 / 估价：108.00元
PSN B-2017-532-1/1

甘肃蓝皮书
甘肃经济发展分析与预测（2017）
著（编）者：朱智文　罗哲　2017年1月出版 / 估价：89.00元
PSN B-2013-312-1/6

甘肃蓝皮书
甘肃社会发展分析与预测（2017）
著（编）者：安文华　包晓霞　谢增虎
2017年1月出版 / 估价：89.00元
PSN B-2013-313-2/6

甘肃蓝皮书
甘肃文化发展分析与预测（2017）
著（编）者：安文华　周小华　2017年1月出版 / 估价：89.00元
PSN B-2013-314-3/6

甘肃蓝皮书
甘肃县域和农村发展报告（2017）
著（编）者：刘进军　柳民　王建兵
2017年1月出版 / 估价：89.00元
PSN B-2013-316-5/6

甘肃蓝皮书
甘肃舆情分析与预测（2017）
著（编）者：陈双梅　郝树声　2017年1月出版 / 估价：89.00元
PSN B-2013-315-4/6

甘肃蓝皮书
甘肃商贸流通发展报告（2017）
著（编）者：杨志武　王福生　王晓芳
2017年1月出版 / 估价：89.00元
PSN B-2016-523-6/6

广东蓝皮书
广东全面深化改革发展报告（2017）
著（编）者：周林生　涂成林　2017年12月出版 / 估价：89.00元
PSN B-2015-504-3/3

广东蓝皮书
广东社会工作发展报告（2017）
著（编）者：罗观翠　2017年6月出版 / 估价：89.00元
PSN B-2014-402-2/3

广东蓝皮书
广东省电子商务发展报告（2017）
著（编）者：程晓　邓顺国　2017年7月出版 / 估价：89.00元
PSN B-2013-360-1/3

皮书系列 2017全品种 — 地方发展类

广东社会建设蓝皮书
广东省社会建设发展报告（2017）
著(编)者：广东省社会工作委员会
2017年12月出版 / 估价：99.00元
PSN B-2014-436-1/1

广东外经贸蓝皮书
广东对外经济贸易发展研究报告（2016~2017）
著(编)者：陈万灵　2017年8月出版 / 估价：98.00元
PSN B-2012-286-1/1

广西北部湾经济区蓝皮书
广西北部湾经济区开放开发报告（2017）
著(编)者：广西北部湾经济区规划建设管理委员会办公室
　　　　　广西社会科学院广西北部湾发展研究院
2017年2月出版 / 估价：89.00元
PSN B-2010-181-1/1

巩义蓝皮书
巩义经济社会发展报告（2017）
著(编)者：丁同民　朱军　2017年4月出版 / 估价：58.00元
PSN B-2016-533-1/1

广州蓝皮书
2017年中国广州经济形势分析与预测
著(编)者：庾建设　陈浩钿　谢博能
2017年7月出版 / 估价：85.00元
PSN B-2011-185-9/14

广州蓝皮书
2017年中国广州社会形势分析与预测
著(编)者：张强　陈怡霓　杨秦　2017年6月出版 / 估价：85.00元
PSN B-2008-110-5/14

广州蓝皮书
广州城市国际化发展报告（2017）
著(编)者：朱名宏　2017年8月出版 / 估价：79.00元
PSN B-2012-246-11/14

广州蓝皮书
广州创新型城市发展报告（2017）
著(编)者：尹涛　2017年7月出版 / 估价：79.00元
PSN B-2012-247-12/14

广州蓝皮书
广州经济发展报告（2017）
著(编)者：朱名宏　2017年7月出版 / 估价：79.00元
PSN B-2005-040-1/14

广州蓝皮书
广州农村发展报告（2017）
著(编)者：朱名宏　2017年8月出版 / 估价：79.00元
PSN B-2010-167-8/14

广州蓝皮书
广州汽车产业发展报告（2017）
著(编)者：杨再高　冯兴亚　2017年7月出版 / 估价：79.00元
PSN B-2006-066-3/14

广州蓝皮书
广州青年发展报告（2016～2017）
著(编)者：徐柳　张强　2017年9月出版 / 估价：79.00元
PSN B-2013-352-13/14

广州蓝皮书
广州商贸业发展报告（2017）
著(编)者：李江涛　肖振宇　荀振英
2017年7月出版 / 估价：79.00元
PSN B-2012-245-10/14

广州蓝皮书
广州社会保障发展报告（2017）
著(编)者：蔡国萱　2017年8月出版 / 估价：79.00元
PSN B-2014-425-14/14

广州蓝皮书
广州文化创意产业发展报告（2017）
著(编)者：徐咏虹　2017年7月出版 / 估价：79.00元
PSN B-2008-111-6/14

广州蓝皮书
中国广州城市建设与管理发展报告（2017）
著(编)者：董皞　陈小钢　李江涛
2017年7月出版 / 估价：85.00元
PSN B-2007-087-4/14

广州蓝皮书
中国广州科技创新发展报告（2017）
著(编)者：邹采荣　马正勇　陈爽
2017年7月出版 / 估价：79.00元
PSN B-2006-065-2/14

广州蓝皮书
中国广州文化发展报告（2017）
著(编)者：徐俊忠　陆志强　顾涧清
2017年7月出版 / 估价：79.00元
PSN B-2009-134-7/14

贵阳蓝皮书
贵阳城市创新发展报告No.2（白云篇）
著(编)者：连玉明　2017年10月出版 / 估价：89.00元
PSN B-2015-491-3/10

贵阳蓝皮书
贵阳城市创新发展报告No.2（观山湖篇）
著(编)者：连玉明　2017年10月出版 / 估价：89.00元
PSN B-2011-235-1/1

贵阳蓝皮书
贵阳城市创新发展报告No.2（花溪篇）
著(编)者：连玉明　2017年10月出版 / 估价：89.00元
PSN B-2015-490-2/10

贵阳蓝皮书
贵阳城市创新发展报告No.2（开阳篇）
著(编)者：连玉明　2017年10月出版 / 估价：89.00元
PSN B-2015-492-4/10

贵阳蓝皮书
贵阳城市创新发展报告No.2（南明篇）
著(编)者：连玉明　2017年10月出版 / 估价：89.00元
PSN B-2015-496-8/10

贵阳蓝皮书
贵阳城市创新发展报告No.2（清镇篇）
著(编)者：连玉明　2017年10月出版 / 估价：89.00元
PSN B-2015-489-1/10

地方发展类

皮书系列 2017全品种

贵阳蓝皮书
贵阳城市创新发展报告No.2（乌当篇）
著(编)者：连玉明　2017年10月出版 / 估价：89.00元
PSN B-2015-495-7/10

贵阳蓝皮书
贵阳城市创新发展报告No.2（息烽篇）
著(编)者：连玉明　2017年10月出版 / 估价：89.00元
PSN B-2015-493-5/10

贵阳蓝皮书
贵阳城市创新发展报告No.2（修文篇）
著(编)者：连玉明　2017年10月出版 / 估价：89.00元
PSN B-2015-494-6/10

贵阳蓝皮书
贵阳城市创新发展报告No.2（云岩篇）
著(编)者：连玉明　2017年10月出版 / 估价：89.00元
PSN B-2015-498-10/10

贵州房地产蓝皮书
贵州房地产发展报告No.4（2017）
著(编)者：武廷方　2017年7月出版 / 估价：89.00元
PSN B-2014-426-1/1

贵州蓝皮书
贵州册亨经济社会发展报告(2017)
著(编)者：黄德林　2017年3月出版 / 估价：89.00元
PSN B-2016-526-8/9

贵州蓝皮书
贵安新区发展报告（2016~2017）
著(编)者：马长青　吴大华　2017年6月出版 / 估价：89.00元
PSN B-2016-459-4/9

贵州蓝皮书
贵州法治发展报告（2017）
著(编)者：吴大华　2017年5月出版 / 估价：89.00元
PSN B-2012-254-2/9

贵州蓝皮书
贵州国有企业社会责任发展报告（2016~2017）
著(编)者：郭丽　周航　万强
2017年12月出版 / 估价：89.00元
PSN B-2015-512-6/9

贵州蓝皮书
贵州民航业发展报告（2017）
著(编)者：申振东　吴大华　2017年10月出版 / 估价：89.00元
PSN B-2015-471-5/9

贵州蓝皮书
贵州民营经济发展报告（2017）
著(编)者：杨静　吴大华　2017年3月出版 / 估价：89.00元
PSN B-2016-531-9/9

贵州蓝皮书
贵州人才发展报告（2017）
著(编)者：于杰　吴大华　2017年9月出版 / 估价：89.00元
PSN B-2014-382-3/9

贵州蓝皮书
贵州社会发展报告（2017）
著(编)者：王兴骥　2017年6月出版 / 估价：89.00元
PSN B-2010-166-1/9

贵州蓝皮书
贵州国家级开放创新平台发展报告（2017）
著(编)者：申晓庆　吴大华　李泓
2017年6月出版 / 估价：89.00元
PSN B-2016-518-1/9

海淀蓝皮书
海淀区文化和科技融合发展报告（2017）
著(编)者：陈名杰　孟景伟　2017年5月出版 / 估价：85.00元
PSN B-2013-329-1/1

杭州都市圈蓝皮书
杭州都市圈发展报告（2017）
著(编)者：沈翔　戚建国　2017年5月出版 / 估价：128.00元
PSN B-2012-302-1/1

杭州蓝皮书
杭州妇女发展报告（2017）
著(编)者：魏颖　2017年6月出版 / 估价：89.00元
PSN B-2014-403-1/1

河北经济蓝皮书
河北省经济发展报告（2017）
著(编)者：马树强　金浩　张贵
2017年4月出版 / 估价：89.00元
PSN B-2014-380-1/1

河北蓝皮书
河北经济社会发展报告（2017）
著(编)者：郭金平　2017年1月出版 / 估价：89.00元
PSN B-2014-372-1/1

河北食品药品安全蓝皮书
河北食品药品安全研究报告（2017）
著(编)者：丁锦霞　2017年6月出版 / 估价：89.00元
PSN B-2015-473-1/1

河南经济蓝皮书
2017年河南经济形势分析与预测
著(编)者：胡五岳　2017年2月出版 / 估价：89.00元
PSN B-2007-086-1/1

河南蓝皮书
2017年河南社会形势分析与预测
著(编)者：刘道兴　牛苏林　2017年4月出版 / 估价：89.00元
PSN B-2005-043-1/8

河南蓝皮书
河南城市发展报告（2017）
著(编)者：张占仓　王建国　2017年5月出版 / 估价：89.00元
PSN B-2009-131-3/8

河南蓝皮书
河南法治发展报告（2017）
著(编)者：丁同民　张林海　2017年5月出版 / 估价：89.00元
PSN B-2014-376-6/8

河南蓝皮书
河南工业发展报告（2017）
著(编)者：张占仓　丁同民　2017年5月出版 / 估价：89.00元
PSN B-2013-317-5/8

河南蓝皮书
河南金融发展报告（2017）
著(编)者：河南省社会科学院
2017年6月出版 / 估价：89.00元
PSN B-2014-390-7/8

皮书系列重点推荐

地方发展类

河南蓝皮书
河南经济发展报告（2017）
著(编)者：张占仓　2017年3月出版 / 估价：89.00元
PSN B-2010-157-4/8

河南蓝皮书
河南农业农村发展报告（2017）
著(编)者：吴海峰　2017年4月出版 / 估价：89.00元
PSN B-2015-445-8/8

河南蓝皮书
河南文化发展报告（2017）
著(编)者：卫绍生　2017年3月出版 / 估价：88.00元
PSN B-2008-106-2/8

河南商务蓝皮书
河南商务发展报告（2017）
著(编)者：焦锦淼　穆荣国　2017年6月出版 / 估价：88.00元
PSN B-2014-399-1/1

黑龙江蓝皮书
黑龙江经济发展报告（2017）
著(编)者：朱宇　2017年1月出版 / 估价：89.00元
PSN B-2011-190-2/2

黑龙江蓝皮书
黑龙江社会发展报告（2017）
著(编)者：谢宝禄　2017年1月出版 / 估价：89.00元
PSN B-2011-189-1/2

湖北文化蓝皮书
湖北文化发展报告（2017）
著(编)者：吴成国　2017年10月出版 / 估价：95.00元
PSN B-2016-567-1/1

湖南城市蓝皮书
区域城市群整合
著(编)者：童中贤　韩未名
2017年12月出版 / 估价：89.00元
PSN B-2006-064-1/1

湖南蓝皮书
2017年湖南产业发展报告
著(编)者：梁志峰　2017年5月出版 / 估价：128.00元
PSN B-2011-207-2/8

湖南蓝皮书
2017年湖南电子政务发展报告
著(编)者：梁志峰　2017年5月出版 / 估价：128.00元
PSN B-2014-394-6/8

湖南蓝皮书
2017年湖南经济展望
著(编)者：梁志峰　2017年5月出版 / 估价：128.00元
PSN B-2011-206-1/8

湖南蓝皮书
2017年湖南两型社会与生态文明发展报告
著(编)者：梁志峰　2017年5月出版 / 估价：128.00元
PSN B-2011-208-3/8

湖南蓝皮书
2017年湖南社会发展报告
著(编)者：梁志峰　2017年5月出版 / 估价：128.00元
PSN B-2014-393-5/8

湖南蓝皮书
2017年湖南县域经济社会发展报告
著(编)者：梁志峰　2017年5月出版 / 估价：128.00元
PSN B-2014-395-7/8

湖南蓝皮书
湖南城乡一体化发展报告（2017）
著(编)者：陈文胜　王文强　陆福兴　邝奕轩
2017年6月出版 / 估价：89.00元
PSN B-2015-477-8/8

湖南县域绿皮书
湖南县域发展报告 No.3
著(编)者：袁准　周小毛　2017年9月出版 / 估价：89.00元
PSN G-2012-274-1/1

沪港蓝皮书
沪港发展报告（2017）
著(编)者：尤安山　2017年9月出版 / 估价：89.00元
PSN B-2013-362-1/1

吉林蓝皮书
2017年吉林经济社会形势分析与预测
著(编)者：马克　2015年12月出版 / 估价：89.00元
PSN B-2013-319-1/1

吉林省城市竞争力蓝皮书
吉林省城市竞争力报告（2017）
著(编)者：崔岳春　张磊　2017年3月出版 / 估价：89.00元
PSN B-2015-508-1/1

济源蓝皮书
济源经济社会发展报告（2017）
著(编)者：喻新安　2017年4月出版 / 估价：89.00元
PSN B-2014-387-1/1

健康城市蓝皮书
北京健康城市建设研究报告（2017）
著(编)者：王鸿春　2017年8月出版 / 估价：89.00元
PSN B-2015-460-1/2

江苏法治蓝皮书
江苏法治发展报告 No.6（2017）
著(编)者：蔡道通　龚廷泰　2017年8月出版 / 估价：98.00元
PSN B-2012-290-1/1

江西蓝皮书
江西经济社会发展报告（2017）
著(编)者：张勇　姜玮　梁勇　2017年10月出版 / 估价：89.00元
PSN B-2015-484-1/2

江西蓝皮书
江西设区市发展报告（2017）
著(编)者：姜玮　梁勇　2017年10月出版 / 估价：79.00元
PSN B-2016-517-2/2

江西文化蓝皮书
江西文化产业发展报告（2017）
著(编)者：张圣才　汪春翔
2017年10月出版 / 估价：128.00元
PSN B-2015-499-1/1

皮书系列 重点推荐 — 地方发展类

街道蓝皮书
北京街道发展报告No.2（白纸坊篇）
著(编)者：连玉明　2017年8月出版／估价：98.00元
PSN B-2016-544-7/15

街道蓝皮书
北京街道发展报告No.2（椿树篇）
著(编)者：连玉明　2017年8月出版／估价：98.00元
PSN B-2016-548-11/15

街道蓝皮书
北京街道发展报告No.2（大栅栏篇）
著(编)者：连玉明　2017年8月出版／估价：98.00元
PSN B-2016-552-15/15

街道蓝皮书
北京街道发展报告No.2（德胜篇）
著(编)者：连玉明　2017年8月出版／估价：98.00元
PSN B-2016-551-14/15

街道蓝皮书
北京街道发展报告No.2（广安门内篇）
著(编)者：连玉明　2017年8月出版／估价：98.00元
PSN B-2016-540-3/15

街道蓝皮书
北京街道发展报告No.2（广安门外篇）
著(编)者：连玉明　2017年8月出版／估价：98.00元
PSN B-2016-547-10/15

街道蓝皮书
北京街道发展报告No.2（金融街篇）
著(编)者：连玉明　2017年8月出版／估价：98.00元
PSN B-2016-538-1/15

街道蓝皮书
北京街道发展报告No.2（牛街篇）
著(编)者：连玉明　2017年8月出版／估价：98.00元
PSN B-2016-545-8/15

街道蓝皮书
北京街道发展报告No.2（什刹海篇）
著(编)者：连玉明　2017年8月出版／估价：98.00元
PSN B-2016-546-9/15

街道蓝皮书
北京街道发展报告No.2（陶然亭篇）
著(编)者：连玉明　2017年8月出版／估价：98.00元
PSN B-2016-542-5/15

街道蓝皮书
北京街道发展报告No.2（天桥篇）
著(编)者：连玉明　2017年8月出版／估价：98.00元
PSN B-2016-549-12/15

街道蓝皮书
北京街道发展报告No.2（西长安街篇）
著(编)者：连玉明　2017年8月出版／估价：98.00元
PSN B-2016-543-6/15

街道蓝皮书
北京街道发展报告No.2（新街口篇）
著(编)者：连玉明　2017年8月出版／估价：98.00元
PSN B-2016-541-4/15

街道蓝皮书
北京街道发展报告No.2（月坛篇）
著(编)者：连玉明　2017年8月出版／估价：98.00元
PSN B-2016-539-2/15

街道蓝皮书
北京街道发展报告No.2（展览路篇）
著(编)者：连玉明　2017年8月出版／估价：98.00元
PSN B-2016-550-13/15

经济特区蓝皮书
中国经济特区发展报告（2017）
著(编)者：陶一桃　2017年12月出版／估价：98.00元
PSN B-2009-139-1/1

辽宁蓝皮书
2017年辽宁经济社会形势分析与预测
著(编)者：曹晓峰　梁启东
2017年1月出版／估价：79.00元
PSN B-2006-053-1/1

洛阳蓝皮书
洛阳文化发展报告（2017）
著(编)者：刘福兴　陈启明　2017年7月出版／估价：89.00元
PSN B-2015-476-1/1

南京蓝皮书
南京文化发展报告（2017）
著(编)者：徐宁　2017年10月出版／估价：89.00元
PSN B-2014-439-1/1

南宁蓝皮书
南宁经济发展报告（2017）
著(编)者：胡建华　2017年9月出版／估价：79.00元
PSN B-2016-570-2/3

南宁蓝皮书
南宁社会发展报告（2017）
著(编)者：胡建华　2017年9月出版／估价：79.00元
PSN B-2016-571-3/3

内蒙古蓝皮书
内蒙古反腐倡廉建设报告 No.2
著(编)者：张志华　无极　2017年12月出版／估价：79.00元
PSN B-2013-365-1/1

浦东新区蓝皮书
上海浦东经济发展报告（2017）
著(编)者：沈开艳　周奇　2017年1月出版／估价：89.00元
PSN B-2011-225-1/1

青海蓝皮书
2017年青海经济社会形势分析与预测
著(编)者：陈玮　2015年12月出版／估价：79.00元
PSN B-2012-275-1/1

人口与健康蓝皮书
深圳人口与健康发展报告（2017）
著(编)者：陆杰华　罗乐宣　苏杨
2017年11月出版／估价：89.00元
PSN B-2011-228-1/1

皮书系列重点推荐

地方发展类

山东蓝皮书
山东经济形势分析与预测（2017）
著(编)者：李广杰　2017年7月出版／估价：89.00元
PSN B-2014-404-1/4

山东蓝皮书
山东社会形势分析与预测（2017）
著(编)者：张华　唐洲雁　2017年6月出版／估价：89.00元
PSN B-2014-405-2/4

山东蓝皮书
山东文化发展报告（2017）
著(编)者：涂可国　2017年11月出版／估价：98.00元
PSN B-2014-406-3/4

山西蓝皮书
山西资源型经济转型发展报告（2017）
著(编)者：李志强　2017年7月出版／估价：89.00元
PSN B-2011-197-1/1

陕西蓝皮书
陕西经济发展报告（2017）
著(编)者：任宗哲　白宽犁　裴成荣
2015年12月出版／估价：89.00元
PSN B-2009-135-1/5

陕西蓝皮书
陕西社会发展报告（2017）
著(编)者：任宗哲　白宽犁　牛昉
2015年12月出版／估价：89.00元
PSN B-2009-136-2/5

陕西蓝皮书
陕西文化发展报告（2017）
著(编)者：任宗哲　白宽犁　王长寿
2015年12月出版／估价：89.00元
PSN B-2009-137-3/5

上海蓝皮书
上海传媒发展报告（2017）
著(编)者：强荧　焦雨虹　2017年1月出版／估价：89.00元
PSN B-2012-295-5/7

上海蓝皮书
上海法治发展报告（2017）
著(编)者：叶青　2017年6月出版／估价：89.00元
PSN B-2012-296-6/7

上海蓝皮书
上海经济发展报告（2017）
著(编)者：沈开艳　2017年1月出版／估价：89.00元
PSN B-2006-057-1/7

上海蓝皮书
上海社会发展报告（2017）
著(编)者：杨雄　周海旺　2017年1月出版／估价：89.00元
PSN B-2006-058-2/7

上海蓝皮书
上海文化发展报告（2017）
著(编)者：荣跃明　2017年1月出版／估价：89.00元
PSN B-2006-059-3/7

上海蓝皮书
上海文学发展报告（2017）
著(编)者：陈圣来　2017年6月出版／估价：89.00元
PSN B-2012-297-7/7

上海蓝皮书
上海资源环境发展报告（2017）
著(编)者：周冯琦　汤庆合　任文伟
2017年1月出版／估价：89.00元
PSN B-2006-060-4/7

社会建设蓝皮书
2017年北京社会建设分析报告
著(编)者：宋贵伦　冯虹　2017年10月出版／估价：89.00元
PSN B-2010-173-1/1

深圳蓝皮书
深圳法治发展报告（2017）
著(编)者：张骁儒　2017年6月出版／估价：89.00元
PSN B-2015-470-6/7

深圳蓝皮书
深圳经济发展报告（2017）
著(编)者：张骁儒　2017年7月出版／估价：89.00元
PSN B-2008-112-3/7

深圳蓝皮书
深圳劳动关系发展报告（2017）
著(编)者：汤庭芬　2017年6月出版／估价：89.00元
PSN B-2007-097-2/7

深圳蓝皮书
深圳社会建设与发展报告（2017）
著(编)者：张骁儒　陈东平　2017年7月出版／估价：89.00元
PSN B-2008-113-4/7

深圳蓝皮书
深圳文化发展报告(2017)
著(编)者：张骁儒　2017年7月出版／估价：89.00元
PSN B-2016-555-7/7

四川法治蓝皮书
丝绸之路经济带发展报告（2016～2017）
著(编)者：任宗哲　白宽犁　谷孟宾
2017年12月出版／估价：85.00元
PSN B-2014-410-1/1

四川法治蓝皮书
四川依法治省年度报告 No.3（2017）
著(编)者：李林　杨天宗　田禾
2017年3月出版／估价：108.00元
PSN B-2015-447-1/1

四川蓝皮书
2017年四川经济形势分析与预测
著(编)者：杨钢　2017年1月出版／估价：98.00元
PSN B-2007-098-2/7

四川蓝皮书
四川城镇化发展报告（2017）
著(编)者：侯水平　陈炜　2017年4月出版／估价：85.00元
PSN B-2015-456-7/7

地方发展类・国际问题类 | **皮书系列 重点推荐**

四川蓝皮书
四川法治发展报告（2017）
著（编）者：郑泰安　2017年1月出版 / 估价：89.00元
PSN B-2015-441-5/7

四川蓝皮书
四川企业社会责任研究报告（2016～2017）
著（编）者：侯水平　盛毅　翟刚
2017年4月出版 / 估价：89.00元
PSN B-2014-386-4/7

四川蓝皮书
四川社会发展报告（2017）
著（编）者：李羚　2017年5月出版 / 估价：89.00元
PSN B-2008-127-3/7

四川蓝皮书
四川生态建设报告（2017）
著（编）者：李晟之　2017年4月出版 / 估价：85.00元
PSN B-2015-455-6/7

四川蓝皮书
四川文化产业发展报告（2017）
著（编）者：向宝云　张立伟
2017年4月出版 / 估价：89.00元
PSN B-2006-074-1/7

体育蓝皮书
上海体育产业发展报告（2016～2017）
著（编）者：张林　黄海燕
2017年10月出版 / 估价：89.00元
PSN B-2015-454-4/4

体育蓝皮书
长三角地区体育产业发展报告（2016～2017）
著（编）者：张林　2017年4月出版 / 估价：89.00元
PSN B-2015-453-3/4

天津金融蓝皮书
天津金融发展报告（2017）
著（编）者：王爱俭　孔德昌
2017年12月出版 / 估价：98.00元
PSN B-2014-418-1/1

图们江区域合作蓝皮书
图们江区域合作发展报告（2017）
著（编）者：李铁　2017年6月出版 / 估价：98.00元
PSN B-2015-464-1/1

温州蓝皮书
2017年温州经济社会形势分析与预测
著（编）者：潘忠强　王春光　金浩
2017年4月出版 / 估价：89.00元
PSN B-2008-105-1/1

西咸新区蓝皮书
西咸新区发展报告（2016~2017）
著（编）者：李扬　王军　2017年6月出版 / 估价：89.00元
PSN B-2016-535-1/1

扬州蓝皮书
扬州经济社会发展报告（2017）
著（编）者：丁纯　2017年12月出版 / 估价：98.00元
PSN B-2011-191-1/1

长株潭城市群蓝皮书
长株潭城市群发展报告（2017）
著（编）者：张萍　2017年12月出版 / 估价：89.00元
PSN B-2008-109-1/1

中医文化蓝皮书
北京中医文化传播发展报告（2017）
著（编）者：毛嘉陵　2017年5月出版 / 估价：79.00元
PSN B-2015-468-1/2

珠三角流通蓝皮书
珠三角商圈发展研究报告（2017）
著（编）者：王先庆　林至颖
2017年7月出版 / 估价：98.00元
PSN B-2012-292-1/1

遵义蓝皮书
遵义发展报告（2017）
著（编）者：曾征　龚永育　雍思强
2017年12月出版 / 估价：89.00元
PSN B-2014-433-1/1

国际问题类

"一带一路"跨境通道蓝皮书
"一带一路"跨境通道建设研究报告（2017）
著（编）者：郭业洲　2017年8月出版 / 估价：89.00元
PSN B-2016-558-1/1

"一带一路"蓝皮书
"一带一路"建设发展报告（2017）
著（编）者：孔丹　李永全　2017年7月出版 / 估价：89.00元
PSN B-2016-553-1/1

阿拉伯黄皮书
阿拉伯发展报告（2016～2017）
著（编）者：罗林　2017年11月出版 / 估价：89.00元
PSN Y-2014-381-1/1

北部湾蓝皮书
泛北部湾合作发展报告（2017）
著（编）者：吕余生　2017年12月出版 / 估价：85.00元
PSN B-2008-114-1/1

大湄公河次区域蓝皮书
大湄公河次区域合作发展报告（2017）
著（编）者：刘稚　2017年8月出版 / 估价：89.00元
PSN B-2011-196-1/1

大洋洲蓝皮书
大洋洲发展报告（2017）
著（编）者：喻常森　2017年10月出版 / 估价：89.00元
PSN B-2013-341-1/1

皮书系列 重点推荐 — 国际问题类

德国蓝皮书
德国发展报告（2017）
著(编)者：郑春荣　2017年6月出版 / 估价：89.00元
PSN B-2012-278-1/1

东盟黄皮书
东盟发展报告（2017）
著(编)者：杨晓强　庄国土
2017年3月出版 / 估价：89.00元
PSN Y-2012-303-1/1

东南亚蓝皮书
东南亚地区发展报告（2016～2017）
著(编)者：厦门大学东南亚研究中心　王勤
2017年12月出版 / 估价：89.00元
PSN B-2012-240-1/1

俄罗斯黄皮书
俄罗斯发展报告（2017）
著(编)者：李永全　2017年7月出版 / 估价：89.00元
PSN Y-2006-061-1/1

非洲黄皮书
非洲发展报告 No.19（2016～2017）
著(编)者：张宏明　2017年8月出版 / 估价：89.00元
PSN Y-2012-239-1/1

公共外交蓝皮书
中国公共外交发展报告（2017）
著(编)者：赵启正　雷蔚真
2017年4月出版 / 估价：89.00元
PSN B-2015-457-1/1

国际安全蓝皮书
中国国际安全研究报告(2017)
著(编)者：刘慧　2017年7月出版 / 估价：98.00元
PSN B-2016-522-1/1

国际形势黄皮书
全球政治与安全报告（2017）
著(编)者：李慎明　张宇燕
2016年12月出版 / 估价：89.00元
PSN Y-2001-016-1/1

韩国蓝皮书
韩国发展报告（2017）
著(编)者：牛林杰　刘宝全
2017年11月出版 / 估价：89.00元
PSN B-2010-155-1/1

加拿大蓝皮书
加拿大发展报告（2017）
著(编)者：仲伟合　2017年9月出版 / 估价：89.00元
PSN B-2014-389-1/1

拉美黄皮书
拉丁美洲和加勒比发展报告（2016～2017）
著(编)者：吴白乙　2017年6月出版 / 估价：89.00元
PSN Y-1999-007-1/1

美国蓝皮书
美国研究报告（2017）
著(编)者：郑秉文　黄平　2017年6月出版 / 估价：89.00元
PSN B-2011-210-1/1

缅甸蓝皮书
缅甸国情报告（2017）
著(编)者：李晨阳　2017年12月出版 / 估价：86.00元
PSN B-2013-343-1/1

欧洲蓝皮书
欧洲发展报告（2016～2017）
著(编)者：黄平　周弘　江时学
2017年6月出版 / 估价：89.00元
PSN B-1999-009-1/1

葡语国家蓝皮书
葡语国家发展报告（2017）
著(编)者：王成安　张敏　2017年12月出版 / 估价：89.00元
PSN B-2015-503-1/2

葡语国家蓝皮书
中国与葡语国家关系发展报告·巴西（2017）
著(编)者：张曙光　2017年8月出版 / 估价：89.00元
PSN B-2016-564-2/2

日本经济蓝皮书
日本经济与中日经贸关系研究报告（2017）
著(编)者：张季风　2017年5月出版 / 估价：89.00元
PSN B-2008-102-1/1

日本蓝皮书
日本研究报告（2017）
著(编)者：杨柏江　2017年5月出版 / 估价：89.00元
PSN B-2002-020-1/1

上海合作组织黄皮书
上海合作组织发展报告（2017）
著(编)者：李进峰　吴宏伟　李少捷
2017年6月出版 / 估价：89.00元
PSN Y-2009-130-1/1

世界创新竞争力黄皮书
世界创新竞争力发展报告（2017）
著(编)者：李闽榕　李建平　赵新力
2017年1月出版 / 估价：148.00元
PSN Y-2013-318-1/1

泰国蓝皮书
泰国研究报告（2017）
著(编)者：庄国土　张禹东
2017年8月出版 / 估价：118.00元
PSN B-2016-557-1/1

土耳其蓝皮书
土耳其发展报告（2017）
著(编)者：郭长刚　刘义　2017年9月出版 / 估价：89.00元
PSN B-2014-412-1/1

亚太蓝皮书
亚太地区发展报告（2017）
著(编)者：李向阳　2017年3月出版 / 估价：89.00元
PSN B-2001-015-1/1

印度蓝皮书
印度国情报告（2017）
著(编)者：吕昭义　2017年12月出版 / 估价：89.00元
PSN B-2012-241-1/1

国际问题类 皮书系列重点推荐

印度洋地区蓝皮书
印度洋地区发展报告（2017）
著（编）者：汪戎　2017年6月出版 / 估价：89.00元
PSN B-2013-334-1/1

英国蓝皮书
英国发展报告（2016~2017）
著（编）者：王展鹏　2017年11月出版 / 估价：89.00元
PSN B-2015-486-1/1

越南蓝皮书
越南国情报告（2017）
著（编）者：广西社会科学院　罗梅　李碧华
2017年12月出版 / 估价：89.00元
PSN B-2006-056-1/1

以色列蓝皮书
以色列发展报告（2017）
著（编）者：张倩红　2017年8月出版 / 估价：89.00元
PSN B-2015-483-1/1

伊朗蓝皮书
伊朗发展报告（2017）
著（编）者：冀开远　2017年10月出版 / 估价：89.00元
PSN B-2016-575-1/1

中东黄皮书
中东发展报告No.19（2016~2017）
著（编）者：杨光　2017年10月出版 / 估价：89.00元
PSN Y-1998-004-1/1

中亚黄皮书
中亚国家发展报告（2017）
著（编）者：孙力　吴宏伟　2017年7月出版 / 估价：98.00元
PSN Y-2012-238-1/1

皮书序列号是社会科学文献出版社专门为识别皮书、管理皮书而设计的编号。皮书序列号是出版皮书的许可证号，是区别皮书与其他图书的重要标志。

它由一个前缀和四部分构成。这四部分之间用连字符"-"连接。前缀和这四部分之间空半个汉字（见示例）。

《国际人才蓝皮书：中国留学发展报告》序列号示例

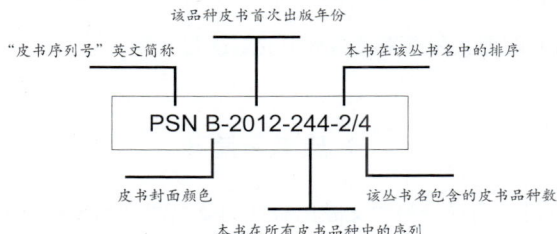

从示例中可以看出，《国际人才蓝皮书：中国留学发展报告》的首次出版年份是2012年，是社科文献出版社出版的第244个皮书品种，是"国际人才蓝皮书"系列的第2个品种（共4个品种）。

社会科学文献出版社　　皮书系列

❖ 皮书起源 ❖

"皮书"起源于十七、十八世纪的英国，主要指官方或社会组织正式发表的重要文件或报告，多以"白皮书"命名。在中国，"皮书"这一概念被社会广泛接受，并被成功运作、发展成为一种全新的出版形态，则源于中国社会科学院社会科学文献出版社。

❖ 皮书定义 ❖

皮书是对中国与世界发展状况和热点问题进行年度监测，以专业的角度、专家的视野和实证研究方法，针对某一领域或区域现状与发展态势展开分析和预测，具备原创性、实证性、专业性、连续性、前沿性、时效性等特点的公开出版物，由一系列权威研究报告组成。

❖ 皮书作者 ❖

皮书系列的作者以中国社会科学院、著名高校、地方社会科学院的研究人员为主，多为国内一流研究机构的权威专家学者，他们的看法和观点代表了学界对中国与世界的现实和未来最高水平的解读与分析。

❖ 皮书荣誉 ❖

皮书系列已成为社会科学文献出版社的著名图书品牌和中国社会科学院的知名学术品牌。2016年，皮书系列正式列入"十三五"国家重点出版规划项目；2012~2016年，重点皮书列入中国社会科学院承担的国家哲学社会科学创新工程项目；2017年，55种院外皮书使用"中国社会科学院创新工程学术出版项目"标识。

中国皮书网

www.pishu.cn

发布皮书研创资讯，传播皮书精彩内容
引领皮书出版潮流，打造皮书服务平台

栏目设置

关于皮书：何谓皮书、皮书分类、皮书大事记、皮书荣誉、
皮书出版第一人、皮书编辑部
最新资讯：通知公告、新闻动态、媒体聚焦、网站专题、视频直播、下载专区
皮书研创：皮书规范、皮书选题、皮书出版、皮书研究、研创团队
皮书评奖评价：指标体系、皮书评价、皮书评奖
互动专区：皮书说、皮书智库、皮书微博、数据库微博

所获荣誉

2008年、2011年，中国皮书网均在全国新闻出版业网站荣誉评选中获得"最具商业价值网站"称号；

2012年，获得"出版业网站百强"称号。

网库合一

2014年，中国皮书网与皮书数据库端口合一，实现资源共享。更多详情请登录www.pishu.cn。

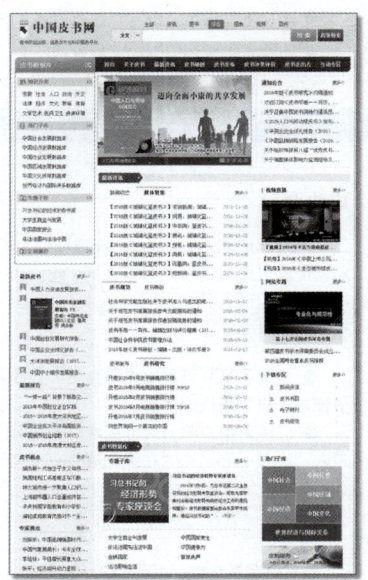

权威报告·热点资讯·特色资源

皮书数据库
ANNUAL REPORT(YEARBOOK) DATABASE

当代中国与世界发展高端智库平台

所获荣誉

- 2016年，入选"国家'十三五'电子出版物出版规划骨干工程"
- 2015年，荣获"搜索中国正能量 点赞2015" "创新中国科技创新奖"
- 2013年，荣获"中国出版政府奖·网络出版物奖"提名奖
- 连续多年荣获中国数字出版博览会"数字出版·优秀品牌"奖

成为会员

通过网址www.pishu.com.cn或使用手机扫描二维码进入皮书数据库网站，进行手机号码验证或邮箱验证即可成为皮书数据库会员（建议通过手机号码快速验证注册）。

会员福利

- 使用手机号码首次注册会员可直接获得100元体验金，不需充值即可购买和查看数据库内容（仅限使用手机号码快速注册）。
- 已注册用户购书后可免费获赠100元皮书数据库充值卡。刮开充值卡涂层获取充值密码，登录并进入"会员中心"—"在线充值"—"充值卡充值"，充值成功后即可购买和查看数据库内容。

数据库服务热线：400-008-6695
数据库服务QQ：2475522410
数据库服务邮箱：database@ssap.cn

图书销售热线：010-59367070/7028
图书服务QQ：1265056568
图书服务邮箱：duzhe@ssap.cn

皮书品牌20年
1997~2017
YEAR BOOKS

更多信息请登录

皮书数据库
http://www.pishu.com.cn

中国皮书网
http://www.pishu.cn

皮书微博
http://weibo.com/pishu

皮书博客
http://blog.sina.com.cn/pishu

皮书微信"皮书说"

请到当当、亚马逊、京东或各地书店购买,也可办理邮购

咨询/邮购电话:010-59367028　59367070
邮　　箱:duzhe@ssap.cn
邮购地址:北京市西城区北三环中路甲29号院3号
　　　　　楼华龙大厦13层读者服务中心
邮　　编:100029
银行户名:社会科学文献出版社
开户银行:中国工商银行北京北太平庄支行
账　　号:0200010019200365434